The new course in French

M000045912

Voici!

*To Fleur, Laurie, Ivey and Vincent who supported the development
of the book during visits to France and long winter evenings
back in Britain.*

Acknowledgements

Thanks are due to the editorial team at Hodder Educational Plc, in
particular Lucy Purkis, Sue Hart and Helen Green.

Thanks are also due:
• for the photograph of the Caves de Roquefort: G. Boutoli
(photographer)
• for loan of the coffee and teamaker, Phil Shade who designed and
made the prototype
• to Giles Lowe who designed and made the card dealer
• to the well-known French chef Madame Martine Gonthier for the
preparation of the assiettes de crudités.

Thanks are also due to the following for the supply of realia:
• for the material on Loches: avec le soutien (le concours) technique de
l'OT Loches Touraine du Sud
• for the material on Quebec: Office du tourisme et des congrès de la
communauté urbaine de Québec.

The publishers would like to thank Crispin Geoghegan for all
photographs.

Ordes: pleas contact Bookpoint Ltd, 130 Milton Park, Abingdon, Oxon
OX 14 4SB. Telephone: (44) 01235 827720, Fax : (44) 01235 400454.
Lines are open from 9.00 - 6.00, Monday to Saturday, with a 24 hours
message answering service. Email address: orders@bookpoint.co.uk

British Library Cataloguing in Publication Data
A catalogue record for this title is available from The British Library

ISBN 0 340 68848 3

First published 1998
Impression number 10 9 8 7 6 5 4 3
Year 2004 2003 2002 2001

Copyright © 1998 Jacqueline Gonthier and Crispin Geoghegan

All rights reserved. No part of this publication may be reproduced or
transmitted in any form or by any means, electronic or mechanical,
including photocopy, recording, or any information storage and
retrieval system, without permission in writing from the publisher or
under licence from the Copyright Licensing Agency Limited. Further
details of such licences (for reprographic reproduction) may be
obtained from the Copyright Licensing Agency Limited, of 90
Tottenham Court Road, London W1P 9HE

Designed and typeset by Carla Turchini
Printed in Italy for Hodder & Stoughton Educational, a
division of Hodder Headline Plc, 338 Euston Road, London, NW1 3BH.

The new course in French for adults

Voici!

Jacqueline Gonthier and
Crispin Geoghegan

Hodder & Stoughton
A MEMBER OF THE HODDER HEADLINE GROUP

Introduction

Welcome to *Voici!*, a new second level French course for adults.

Voici! has been carefully designed to provide plenty of self-study opportunities as well as a variety of class activities. The coursebook and accompanying cassettes and support book provide a complete self-contained French course for study at home or in class.

Voici! has also been developed to introduce grammar and vocabulary in a range of general and vocational situations appropriate for higher tier GCSE examinations, NVQ level 2 and some NVQ level 3 skills.

For those who have not studied French for some time, the book includes regular reminders of basic grammar points. There are also regular grammar exercises.

Learning French with *Voici!*

You can use *Voici!* on your own or in class, whether you have just completed a beginner's course, or are beginning your study of French after a long break.

The book is divided into thematic sections, and each section contains a number of *Unités* devoted to carefully defined objectives.

The sections in the book are: *Des gens et des vies, C'était le bon temps!, Sorties et invitations, Services et clients.*

Each *Unité* includes group and pair work as well as clearly-marked individual *Activités* and *En pratique* grammar exercises, making it easy to work at home or in the classroom. Some grammar exercises have been recorded on the cassettes and give an opportunity for oral practise.

Faisons le point exercises give you an opportunity to check that you have mastered the important new grammar points in the *Unité*. The vocabulary list at the end of each *Unité* provides a reminder of key vocabulary as well as introducing useful supplementary vocabulary for NVQ level 2 and GCSE studies.

As you work through each *Unité* you will also be able to gain knowledge of aspects of French culture by reading *Info France* passages and other practical information in the ⬚ *Vie Pratique* ⬚ items.

Answers are provided in the booklet accompanying the cassettes.

The following icons are provided to help you study French with *Voici!*:

 indicates *Activités* which have been designed for students to work through on their own, either at home or in class.

 introduces a brief revision of a basic grammar point which you will have met at some stage of a beginner's course in French.

 symbol introduces *Mots-clés*, key words which you need to work through a listening or reading task. To help with revision, the most important *Mots-clés* are listed at the end of the *Unité*.

 introduce useful words and phrases for you to use when working on an *Activité*.

 introduces a brief note on a new point of grammar. More complete information and exercises on grammar points are given in the *Notes* section at the end of each *Unité*.

 indicates dialogues or grammar exercises which have been recorded on the cassettes.

Study Programme

Vous êtes comment?

- Appearance
- Clothes
- Adjectives
- Demonstrative pronouns

A Vous êtes comment?

ACTIVITÉ 1

Ils sont comment? Étudiez les **Mots-clés** et la note **Agreement of adjectives** à la page 22. Complétez.

a) Je suis …

b) Je suis …

c) Il est …

d) Elle est …

mince	thin
petit(e)	small
fort(e)	big
gros(se)	large, fat
grand(e)	tall

J'ai les cheveux longs, châtains et bouclés

longs
courts

châtains
blonds
gris
roux
blancs
noirs

bouclés
raides

!

Agreement of adjectives

Remember that most adjectives come after the noun and have feminine, masculine and plural forms.

➤ **page 22**

J'ai les yeux verts

bleus
verts
gris
marron

ACTIVITÉ 2

Vous êtes comment? Étudiez le vocabulaire ci-dessus.
Faites votre autoportrait pour un correspondant. Écrivez.

exemple:

Je suis gros, j'ai les yeux verts, et les cheveux gris, courts …

ACTIVITÉ 3

Étudiez les **Mots-clés** à la page 11.
Écoutez la conversation téléphonique.
Complétez la fiche signalétique
d'Alain Rollat et Pierre Georges.

FICHE SIGNALÉTIQUE

Alain Rollat
âge ....
taille ....
corpulence ....
cheveux ....
autres signes distinctifs ....

FICHE SIGNALÉTIQUE

Pierre Georges
âge ....
taille ....
corpulence ....
cheveux ....
autres signes distinctifs ....

Alain Rollat	… alors entendu, je vous rencontre à la gare, demain, à 18 heures 30.
Pierre Georges	C'est très gentil à vous … Ah, un petit problème! Je ne vais pas vous reconnaître.
Alain Rollat	Eh bien, j'ai 37 ans, je suis grand, 1 m 85 et mince, j'ai les cheveux châtains très courts, une moustache, je porte des lunettes … et vous?
Pierre Georges	Je suis désolé, je suis très moyen! Taille moyenne, corpulence moyenne, âge moyen (j'ai 49 ans!), pas de lunettes, les cheveux gris … . Mais écoutez, vous allez reconnaître mon attaché-case; il est rouge, un beau rouge, et quand je vais à Lille je prends toujours mon parapluie!

taille (f.)	(here) height
de corpulence (f.)	
moyenne	average build
carré(e)	square
teint (m.)	complexion
clair(e)	light
foncé(e)	dark
moyen(ne)	average
il/elle est comment?	what is he/she like?, what does he/she look like?
reconnaître	to recognise
néant	none, does not apply

c'est très gentil à vous	it's very kind of you
pas de …	no …
vous êtes comment?	(here) what do you look like?

j'ai **les cheveux courts**; note the use of the plural.

➤ **page 22**

➤ **page 22**

ACTIVITÉ

4

Étudiez les **Mots-clés** ci dessous. Écoutez l'annonce et choisissez le bon portrait robot.

a

b

c

d

évasion (f.)	escape
signalement (m.)	description
visage (m.)	face
barbe (f.)	beard

À vous!

Selon vous quelle est la morphologie typique des gens de votre région ou de votre pays? Présentez votre opinion au groupe.

expressions utiles

> selon moi …
> je crois que …
> les Américains(-aines)
> sont …
> les Écossais(es)
> sont …

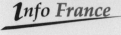

MORPHOLOGIES REGIONALES

La morphologie des Français varie selon les régions

- les gens du Nord ont en général une taille haute, des cheveux et des yeux clairs, un visage carré
- dans l'Est, la taille et la forme du visage sont semblables à celles du Nord, mais les cheveux et les yeux sont foncés
- dans le Sud, les personnes sont plus petites, les cheveux et les yeux sont foncés
- les Bretons sont aussi de petite taille, leurs cheveux sont plus ou moins clairs, leurs yeux clairs

(d'après G. Mermet, Francoscopie, 1995)

ACTIVITÉ 5

B Il y a une nouvelle directrice dans le service

Regardez le dessin. Écoutez et complétez le dialogue – deux employés discutent, il y a une nouvelle directrice dans le service!

Sophie	Tu connais notre nouvelle directrice?
Roland	Oui! Elle est _____ et je dois dire très _____ et _____!
Sophie	Elle est comment alors? Raconte!
Roland	Eh bien elle est _____ et _____, elle a les cheveux _____, ils sont assez _____ et _____.
Sophie	Et qu'est-ce qu'elle porte aujourd'hui?
Roland	Un _____ très strict, _____ avec un chemisier _____.

mots à utiliser

> élégante, jolie,
> longs
> tailleur (m.) *woman's suit*
> grande, bouclés,
> blanc, bleu marine,
> châtains, mince,
> jeune

!

blanc
châtains
bleu marine

➤ **page 23**

ACTIVITÉ 6

A vous!

Qui est-ce? Devinez le portrait surprise!

a) Préparez le portrait d'un des membres de votre groupe sur une carte.

b) Échangez les descriptions – reconnaissez-vous la personne?

C Quelles qualités?

ACTIVITÉ 7

Étudiez les **Mots-clés** et les petites annonces ci-dessous et répondez aux questions.

1 What are the qualities required from the young lady in **b**?

2 What qualities is the 42-year-old woman seeking in a man in **c**?

3 In **c** how old should the candidate be?

4 In **d** what is the situation of the man seeking a companion?

5 In **d** what type of relationship does the 40-year-old farmer intend to build?

a **37 ans**, divorcé, recherche jeune fille ou femme sympa pour sorties. ÉCRIRE JOURNAL REF: **11096X**

b **Jeune homme**, 28 ans, cherche JF 23–27 ans, cultivée, sensible, intelligente pour partager loisirs sports, musique, discussions et échanges intéressants. TÉL 03 …

c **Vraie blonde**, 42 ans, grande, jolie, sensuelle, profession libérale, rencontre monsieur la cinquantaine, généreux, esprit ouvert, affectueux.

Région Centre, célibataire, 40 ans, agriculteur, catholique, travailleur, simple, gentil, cherche femme 35–40 ans aimant vie calme à la campagne pour bâtir mariage–amour. ÉCRIRE À … **d**

JF, JH jeune femme, jeune homme
sympa, sympathique *friendly*
sensible *sensitive*
sensuel(le) *sensual*

info France

LES PETITES ANNONCES DU *CHASSEUR FRANÇAIS*

Créé en 1885 *Le Chasseur Français* est un magazine bien connu des habitants de la France rurale. Il est surtout célèbre (*famous*) pour ses petites annonces qui permettent aux personnes de la campagne, souvent isolées, de se rencontrer. Un certain nombre d'agriculteurs des régions défavorisées (*depressed areas*) en particulier utilisent ce média pour trouver l'âme sœur (*the soul mate*) ou plus simplement une femme qui accepte de vivre à la ferme!

LES PETITES ANNONCES DU CHASSEUR FRANÇAIS

• **Couple trentaine** cherche gardiennage entretien propriété, femme de ménage, logés, souhaite région Sud.- 34-17-73-28.

• **Maître chien**, sérieux, emploi nuit "La Courneuve", assure présence dissuasive propriété, contre logement, Paris Nord Ouest.- Tél. (16) 43-45-45-32.

• **Couple quarantaine**, sans enfant, recherche gardiennage.- Tél. 40-70-68-80, province.

• **Couple 37-42**, expérience, recherche gardiennage moitié Nord. LUI: garde-chasse particulier, sylviculture, piégeur, 20 ans agricul-

• **13, Provence.-** Sous préfecture centre ville, vends fonds institut capillaire coiffure, bon C.A., tenu 12 ans, bail 3-6-9. Loyer 3075/mois.- Tél. 42-55-18-94. Le soir après 20 heures.

• **CHAMONIX.- Magasins Sports**, chasse, pêche, archerie, vêtements, affaire saine, possibilité extension par autres activités, achats murs possible. S'adresser: A.I.M BP 93, 74402 Chamonix.- 50-53-10-57.

• **Vends fonds de commerce** chasse pêche coutellerie, région Sud-Ouest, CA 2.300.000, possibilité achat murs + extension. Bonne im-

• **Vendez vos bois** aux meilleures conditions, vos annonces dans journal professionnel forestier, 10.000 exemplaires France entière.- 45-89-08-28 matin.

• **Achète bois châtaignier**, sur pied, région Ouest, Sud-Ouest, Centre, Centre-Ouest, chêne, frène, hêtre.- 46-06-34-45 soir.

• **ACHETE VIEUX VINS.** Estimation gratuite de votre cave. Contactez-nous au (16-1) 44-74-51-79 ou Fax (16-1) 44-74-51-80. Demandez Gérald.

• **Particulier recherche MOTO** très ancienne ou pièces détachées (même en très mauvais état) pour plaisir de refaire marcher, préfé-... Tél. 76-81-17-75. H.R.

• **TO**
lique,
enfan
atte

• **R**
RAI
rant
gent
natu
CHAL

• **48** a
études
pour u
peut-êt

ACTIVITÉ 8

Étudiez les ***Mots-clés*** et lisez l'article sur les voitures de fonction.

- People who choose a red car are _____ and _____ .
- People who like blue cars lack _____ .
- People who like green cars tend to work in _____ .
- _____ usually choose grey cars.

Est-ce que le journaliste a raison?

défi (m.)	*challenge*
devoir (m.)	*duty*
sobriété (f.)	*moderation, restraint*
équipe (f.)	*team*
manquer de	*to lack*
être soucieux de	*to care about*
méthodique	*methodical*
tranquillité (f.)	*peace*
dénoter	*to show*
droit(e)	*upright, straight*
honnête	*honest*
comptable (m.)	*accountant*
conscience (f.) professionnelle	*professional conscientiousness*
voiture (f.) de fonction	*company car*
représentant (m.)	*representative*
ressources (f.pl.) humaines	*human resources*

Vous choisissez votre voiture de fonction? Attention! Vous révélez votre personnalité et le Directeur des Ressources Humaines va peut-être vouloir réévaluer votre profil!

La couleur bleue est pour ceux qui aiment travailler en équipe: ils sont travailleurs mais manquent peut-être d'imagination, ils sont très soucieux de leur image.

La voiture blanche dénote une personnalité droite, honnête: vous avez le sens du devoir et vous aimez la sobriété dans tous les domaines.

Vous choisissez une voiture grise? Vous êtes sans doute comptable: vos principales qualités sont la prudence et la conscience professionnelle mais vous pensez que tout le monde doit suivre votre exemple!

Si le vert vous attire vous êtes très prudent et méthodique dans votre travail: vous aimez la vie de famille et la tranquillité.

Ceux qui choisissent le vert ont en général un poste dans les relations clientèle ou relations publiques.

*i*nfo *France*

LES COULEURS DES VOITURES EN FRANCE

En France 46% des Citroën sont grises ou blanches, alors que la moyenne européenne est seulement de 20%. En Europe du Nord les conducteurs préfèrent les couleurs vives. En France les conducteurs privilégient les teintes plus sobres et les grosses voitures rouges ou jaunes sont assez rares. Aujourd'hui, les moins de 35 ans préfèrent du classique, noir ou gris métallisé. Les plus de 35 ans sont plus disposés à élargir leurs préférences, à exprimer leur personnalité. Aujourd'hui le vert fait sérieux.

(d'après *Le Monde*, le 17 janvier, 1995)

Si vous choisissez une voiture rouge ou noire vous êtes impulsif, extraverti et ambitieux, vous aimez les défis. C'est la couleur généralement choisie par les représentants.

De quelle couleur est votre voiture?
Devinez de quelle couleur est la voiture
de votre partenaire / des personnes de
votre groupe?

À vous!

Qui est-ce qui choisit les voitures orange,
marron …? Vous êtes le journaliste.
Présentez vos idées (écrivez ou parlez).

expressions utiles

je crois que …
je pense que …
selon moi …

*i*nfo France

LES ANNONCES

Les annonces d'emploi comme celle-ci
révèlent les qualités que recherchent les
employeurs. En général, les annonces citent
toutes les mêmes qualités.

Nous souhaitons trouver en vous les
qualités professionnelles suivantes:

● excellente présentation et sens
  relationnel
● communication orale et écrite de
  haut niveau
● autonomie, adaptabilité et esprit
  concret
● aptitude démontrée à
  l'organisation et à la gestion

Merci d'adresser votre candidature
sous référence à 34 bis, avenue
Victor Hugo – 75116 Paris.

*H*ier

Il y a vingt ans, un sondage (*a poll*) du
magazine *l'Express* indique que les six
qualités les plus importantes pour les
employeurs sont:

78% – Être consciencieux, fiable
73% – Analyser les situations
72% – Travailler en équipe
68% – Coordonner, organiser le travail
       des autres
67% – Motiver, stimuler
65% – Faire preuve de rigueur, de méthode

AUJOURD'HUI

Aujourd'hui beaucoup d'annonces
demandent les qualités suivantes chez les
candidats:

travailler efficacement, avoir un bon sens
des relations (*to have good interpersonal
skills*), déléguer, mêler l'action et la réflexion
(*to combine action and reflection*), animer une
équipe (*to lead a team*), motiver (*to
motivate*), être polyvalent (*to have several
skills*), être souple (*to be flexible*).

ACTIVITÉ 10

Lisez le profil de Christophe en anglais. Étudiez les annonces (utilisez un dictionnaire ou demandez à votre professeur les mots inconnus).

Quel est le poste idéal pour Christophe? Pourquoi?

Christophe is dynamic, enthusiastic, likes travelling and would like to work for a large company. He has a marketing background and speaks English and Spanish fluently.

JOURNALISTE D'ENTERPRISE M/F

Pour ce poste nous recherchons un diplômé de l'enseignement supérieur formé à la communication interne et bénéficiant de 5 ans d'expérience au sein d'une publication d'un grand groupe, de préférence industriel.

Vous vous passionnez pour la vie de l'entreprise, sa stratégie, sa communication et l'information de son personnel. Une bonne plume, de fortes qualités relationnelles, le sens de la diplomatie sont des atouts indispensables pour réussir dans cette fonction.

Envoyez CV et lettre de candidature à Le Monde …

•Autonomie, sens relationnel développé, qualité d'écoute et un réel talent de négociation: autant d'atouts pour réussir dans une fonction clef où votre personnalité fera la différence•. **CV et lettre de candidature à** *Le Figaro* **…**

À vous!

Est-ce que les qualités ci-dessus sont les plus recherchées par votre employeur? par vous? dans votre pays?

À vous!

Vous cherchez un nouveau patron. Préparez la liste des qualités les plus importantes, préparez une annonce.

info France

AUTRE PAYS, AUTRES QUALITÉS?

L'employé idéal en France n'est pas toujours l'employé idéal dans un autre pays. Les études montrent qu'il y a beaucoup de différences entre cultures.

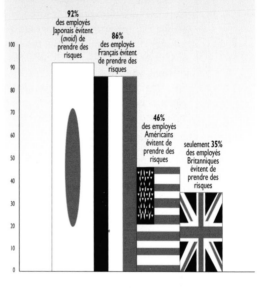

(adapted from Trompenaars F, 1993, *Riding the Waves of Culture*, N.Brierly Publishing)

Vous avez un bon esprit d'analyse et de synthèse, un sens affirmé du service et de la vente. Vous savez travailler de façon autonome et en équipe, écouter, communiquer et convaincre. Vous aimez les voyages et vous parlez au moins deux langues étrangères.

Pour ce poste basé à la Défense merci d'envoyer votre candidature

UN CHEF DE PUBLICITÉ

(lettre de motivation, CV, photo et prétentions) à: …

ACTIVITÉ 11

D Il est gentil?

Étudiez les **Mots-clés**, lisez les descriptions et complétez.

a

La main 'terre'

Elle est facile à reconnaître, la paume est carrée, les doigts sont épais et courts. Cette simplicité exprime la force et la stabilité. En général elle appartient aux manuels, à ceux qui n'aiment pas le changement dans leurs habitudes. Ils ont souvent un métier physique, une vie régulière, au contact de la nature. Ils sont fiables, patients et honnêtes mais ils manquent de souplesse et ne savent pas s'adapter.

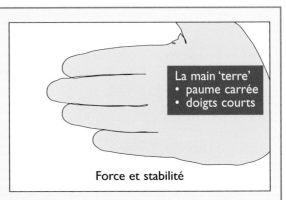

La main 'terre'
• paume carrée
• doigts courts

Force et stabilité

	shape of hand	type of person	qualities	possible shortcomings
LA MAIN 'TERRE'	thick, short fingers; ....(a) palm	someone who likes working with their ....(b); likes nature	strength and stability; ....(c); patient; ....(d)	does not like ....(e); lack ....(f); cannot adapt

b

La main 'air'

La paume est carrée mais moins massive que celle de la main 'terre', les doigts sont plus fins et plus longs. C'est une main du mouvement, du besoin d'échanger. Elle appartient aux artistes, aux communicateurs, à des personnes accoutumées au changement des idées et des connaissances techniques. Elles ont un besoin d'action et si elles ne peuvent pas libérer leurs talents, elles risquent d'aller vers la marginalité.

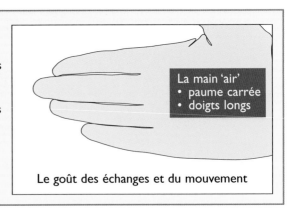

La main 'air'
• paume carrée
• doigts longs

Le goût des échanges et du mouvement

	shape of hand	type of person	qualities	possible shortcomings
LA MAIN 'AIR'	square palm but less ....(a); ....(b) fingers	.......(c), artists;	used to ....(d); need for ....(e)	non-conformist

terre (f.)	earth
carré(e)	square
doigt (m.)	finger
épais(se)	thick
fin(e)	thin
force	(here) strength
appartenir à	to belong to
manuel (m.)	(here) someone who likes working with their hands
habitude (f.)	habit
métier (m.)	trade or profession
fiable	reliable
souplesse (f.)	flexibility
avoir besoin de	to have need of

Comparing
plus … que
moins … que

➤ **page 23**

celles de   (here) *those of*
➤ **page 24, 25**

ACTIVITÉ
12

Reconnaissez-vous votre main dans la main 'terre' ou la main 'air'? Non? Regardez le diagramme et complétez le passage sur la main 'feu' avec les **mots à utiliser**.

C

La main 'feu'

La paume n'est pas carrée mais
………………(a): les doigts sont plus
…………(b) que la paume. Ce type de main indique une personnalité extravertie, ………
(c) et ………………(d). Elle est changeante et préfère la ………………(e) à une vie …………………(f). Individualiste, cette personne désire l'admiration des autres; elle aime aussi surmonter les ………………(g).

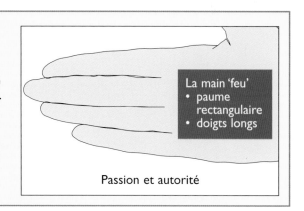

La main 'feu'
• paume rectangulaire
• doigts longs

Passion et autorité

feu (m.)	fire
enthousiaste	enthusiastic
changeant(e)	changeable
surmonter	to overcome
extraverti(e)	extrovert

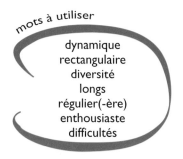

mots à utiliser

dynamique
rectangulaire
diversité
longs
régulier(-ère)
enthousiaste
difficultés

Votre main appartient peut-être au type main 'eau'. Étudiez le vocabulaire, écoutez la cassette et cochez les caractéristiques que vous entendez.

étroit(e)	*narrow*
être animé de	*to be moved by*
doux(-ce)	*(here) mild, with mild manners*
gentil(le)	*kind, nice*
d'un abord gentil	*gentle, kind-mannered*
rêveux(-se)	*dreamy*
penchant (m.)	*tendency*
avoir tendance à	*to have a tendency to, to tend to*
introverti(e)	*introverted, introvert*
intolérant(e)	*intolerant*

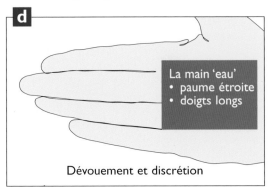

d

La main 'eau'
• paume étroite
• doigts longs

Dévouement et discrétion

	Entendu	Pas entendu
votre paume est étroite	☑	☐
votre main donne une impression de force	☐	☐
vous êtes animé(e) d'une grande force intérieure	☐	☐
d'un abord doux et gentil	☐	☐
vous êtes très actif et extraverti	☐	☐

URGENT

CHERCHE VENDEUSE
(avec expérience)

BILINGUE ANGLAIS, BONNE PRESENTATION

A TEMPS COMPLET (comprenant Samedi et Dimanche après-midi)

À vous!

Est-ce que vous reconnaissez votre personnalité dans une des mains? Non?

Vous êtes nouveau dans votre société (*company*). Présentez votre personnalité dans le journal d'entreprise.

Notre Équipe

journal
du personnel
de la société
Sanex sarl - Chaumont

Un mot du directeur …
Les résultats de l'année sont encore une fois encourageants

Nous sommes heureux d'accueillir au sein de notre équipe deux nouveaux venus …

Monsieur …
Bonjour, Je me présente, je suis …

Madame …
Bonjour, Je me présente, je suis …

---

expressions utiles

j'ai besoin de …
enthousiaste
changeant   changement
dynamique
je manque de …
actif, active
rêveur, rêveuse
souplesse
extraverti(e) introverti(e)
calme   d'un abord …
j'ai tendance à …

À vous!

Vrai ou faux? Etudiez la main de votre partenaire.

… Et le Seigneur regarda notre travail, cela lui plut beaucoup. Il demanda à voir notre salaire, se retourna et se mit à pleurer …

Notes

fort / gros

When talking about people's physical appearance adjectives can sometimes be unflattering. For example if a person is bigger than average avoid using **gros / grosse** but say: **il / elle est fort(e)** where **fort(e)** does not mean *strong* as it does in other contexts.

Similarly, when you see an extremely thin person, use the word **mince** or **très mince** rather than the derogatory **maigre** which implies *thin and bony*.

Agreement of adjectives

The adjective **intelligent** changes in the feminine:

des filles intelligentes *intelligent girls*

Some adjectives have irregular feminine forms:

doux, douce	*mild, soft*
actif, active	*active*
gentil, gentille	*kind*
rêveux, rêveuse	*dreamy*
heureux, heureuse	*happy*
épais, épaisse	*thick*

Position of adjectives

The majority of adjectives come after the noun but there are some exceptions e.g. **petit(e)**, **grand(e)**, **gros(se)**, **bon(ne)**, **nouveau(-elle)**, **beau(-elle)**:

un petit paquet	*a small packet*
une grosse courgette	*a big courgette*

In some cases, the position of adjectives changes the meaning of the group of words completely:

un homme grand	*a tall man*
un grand homme	*a great man*
un enfant sale	*a dirty child*
un sale type	*a nasty guy*

Adjectives of colour

Some adjectives of colour behave like any other adjective and change according to the gender and number of the word they relate to:

un chemisier blanc	*a white blouse*
une chemise blanche	*a white shirt*
des chemisiers blancs	*white blouses*
des chemises blanches	*white shirts*

Remember that adjectives of colour come after the noun.

Some adjectives of colour do not change. There are two main sorts:

- adjectives which come from nouns:
  des chaussures marron   brown shoes (**un marron**, *a chestnut*)

- adjectives that are modified by a word that follows:
  une chemise bleu marine   *a navy blue shirt*

En pratique

1   Using the nouns and adjectives provided, express the English phrases in French making all necessary agreements.

e.g. mains / sale   *dirty hands*   **des mains sales**

   a) cheveu / châtain   *brown hair* (plural)
   b) corpulence / moyen   *average build*
   c) homme / grand   *a great man*
   d) parapluie / nouveau   *a new umbrella*
   e) femme / mince   *slim women*
   f) salle / grand   *a large room*
   g) voiture / beau   *a beautiful car*
   h) employée / heureux   *a happy employee*
   i) secrétaire / gentil   *a friendly female secretary*

2   Making all necessary agreements rewrite the phrases below.

e.g. (bleu) Il porte une chemise ...   **Il porte une chemise bleue.**

   a) (blanc) Sa voiture est _____
   b) (marron) Il a les yeux _____
   c) (bleu-nuit) Elle a une robe _____
   d) (gris) Sa moustache est _____
   e) (noir) Il préfère les voitures _____

Comparing

When comparing two things **plus ... que, aussi ... que** and **moins ... que** are used.

La paume est moins massive que ...   *The palm is less heavy than ...*
Les doigts sont plus longs que la paume. *The fingers are longer than the palm.*

If you want to say *the biggest, the most stable* use: **le / la plus grand(e), le / la plus stable**. In the sentence, *he is the tallest in the group* translate the words *in the group* as **du groupe**. Similarly:

Elle est la plus intelligente **de la classe**.   *She is the brightest **in the class**.*
Cet insecte est le plus petit **du monde**.   *This insect is the smallest **in the world**.*

Some adjectives become irregular when used in comparisons.
The most common is **bon** which becomes **meilleur que** ... (*better than*) and **le meilleur** (*the best*):

Ce candidat-ci est **meilleur que** celui-là.
Ce candidat est **le meilleur**.

En pratique

3 Use **aussi ... que**, **plus ... que**, or **moins ... que** and the adjective in brackets to compare the two elements of the sentence. Make all the necessary agreements.

e.g. La Renault Mégane / la Clio (puissant) **La Renault Mégane est plus puissante que la Clio.**

a) La superficie de l'Angleterre / la superficie de la France (petit)
b) Un champion de judo / un sumo (gros)
c) Les garçons / les filles (intelligent) (*as ... as*)
d) Le temps en hiver / le temps en été (froid)

Demonstrative adjectives: ce, cet, cette, ces

You already know the demonstrative adjectives. They are used when pointing to something.

Regardez **cette** voiture. *Look at this / that car.*
Je préfère **ce** melon-ci. *I prefer this melon.*

Remember **cet** is used with masculine nouns beginning with a vowel or unpronounced **h**:

cet hôtel   *this / that hotel*
cet arbre   *this / that tree*

En pratique

4 Use the appropriate demonstrative adjectives to complete the following phrases (check genders!).

a) ... homme   b) ... directrice   c) ... employée   d) ... doigt-ci
e) ... main   f) ... employé   g) ... candidat   h) ... directeur

Demonstrative pronouns: celui, celle, ceux, celles

Demonstrative pronouns are used to mean *the one*, *the ones* or *that*, *those* when you have already made clear what you are talking about. Like the demonstrative adjectives, they change according to the gender and number of the noun they relate to:

celui (m.sing.)   Le caractère est plus doux que **celui** de la main 'feu'.
celle (f.sing.)   La paume est moins massive que **celle** de la main 'terre'.

ceux (m.pl.)	Les doigts sont plus fins que **ceux** de la main 'terre'.
celles (f.pl.)	Les personnes de la main 'terre' sont plus manuelles que **celles** de la main 'eau'.

celui, **celle**, **ceux**, **celles** can be followed by **qui** (*that, who*), **de** (*of*) or by **-ci**, **-là**:

ceux qui n'aiment pas le changement	*those who do not like change*
celle de la main 'terre'	*that of the earth hand*

Voulez-vous ce journal-**ci**?	*Do you want this paper?*
Non, je préfère celui-**là**.	*No I prefer that one.*

When a demonstrative pronoun starts a sentence without a reference to a particular noun, the form will be masculine:

Celui qui est enthousiaste est plus heureux. *The one who is enthusiastic is happier.*
Ceux qui ont une voiture rouge sont ambitieux. *Those who have a red car are ambitious.*

En pratique

5 Choose between **celui**, **celle**, **ceux**, **celles** and complete the following sentences.

e.g. La voiture du directeur est plus puissante que **celle** de la secrétaire.

a) Mes cheveux sont plus foncés que _____ de mon fils.
b) Ces lunettes ne sont pas plus chères que _____ -là.
c) Ton attaché-case n'est pas aussi commode que _____ du directeur.
d) Ma voiture est vieille! _____ de mon collègue est encore plus vieille!

Faisons le point!

1 Complete the following sentences with the appropriate phrases in brackets translated into French.

   a) Il est _____ (*bigger than*) son frère.
   b) Monsieur Ducroq est _____ (*the most competent member*) de l'équipe pour ce travail.
   c) Notre représentant est _____ (*the best in the region*).
   d) Nous sommes une _____ (*small team*) mais nous sommes très _____ (*dynamic*).
   e) Les doigts de la main 'terre' ne sont _____ (*not as long as*) ceux de la main 'eau'.
   f) De Gaulle est _____ (*a great man*) dans l'histoire de France. Il était aussi _____ (*a tall man*).

Check your answers. Any problems? Then revise the grammar notes on pages 22 and 23.

2 Complete the following passage with the adjectives provided. Make the necessary changes. All the adjectives are given in the masculine singular form.

   Mes soeurs? Eh bien, elles sont toutes les deux (**jeune**) _____ et (**joli**) _____. Julie est (**grand**) _____ et (**mince**) _____ . Elle a les cheveux (**blond**) _____ très (**long**) _____ et les yeux (**marron**) _____. Roxane est plus (**petit**) _____ et assez (**fort**) _____. Ses cheveux (**roux**) _____ sont (**bouclé**) _____ et elle a les yeux (**vert**) _____ .

Check your answers. Any problems? Then revise the grammar note on adjectives on page 22.

3 Complete the following sentences with demonstrative adjectives (**ce, cette, ces**) or pronouns (**celui, celle, ceux, celles**). Check genders in your dictionary if necessary.

   e.g. _____ personne-ci est facile à reconnaître mais _____ -là est plus difficile.

   Cette personne-ci est facile à reconnaître mais **celle**-là est plus difficile.

   a) _____ personne est calme et douce mais _____ -là est plus extravertie.
   b) _____ main appartient à _____ qui aiment les métiers manuels.
   c) _____ qui est d'un abord froid est difficile à connaître.
   d) _____ caractère-ci est facile à reconnaître mais _____ personnalité-là est plus difficile.
   e) _____ doigts-ci sont courts mais _____ de la main 'terre' sont encore plus courts.
   f) _____ qualités sont _____ d'une personnalité équilibrée.

Check your answers. Any problems? Then revise the grammar note on demonstratives on pages 24 and 25.

Vocabulaire

LE PHYSIQUE
yeux (m.pl.) — *eyes*
  bleus — *blue*
  gris — *grey*
  verts — *green*
  marron — *brown*
  noirs — *black*
cheveux (m.pl.) — *hair*
  courts — *short*
  longs — *long*
  châtains — *(chestnut) brown*
  blonds — *blond*
  gris — *grey*
  roux — *red*
  blancs — *white*
  bouclés — *curly*
carré(e) — *square*
clair(e) — *light*
court(e) — *short*
de corpulence moyenne — *average build*
doigt (m.) — *finger*
épais(se) — *thick*
fin(e) — *thin*
foncé(e) — *dark*
fort(e) — *big*
grand(e) — *(here) tall*
gros(se) — *large/fat*
mince — *thin, slim*
moyen(ne) — *average*
rectangulaire — *rectangular*
taille (f.) — *(here) height*
teint (m.) — *complexion*
étroit(e) — *narrow*
petit(e) — *small*

LE CARACTÈRE
changeant(e) — *changeable*
doux(-ce) — *(here) mild, with mild manners*

d'un abord gentil — *gentle, kind-mannered*
droit(e) — *straight*
dynamique — *dynamic*
en équipe — *in a team*
enthousiaste — *enthusiastic*
extraverti(e) — *extrovert*
fiable — *reliable*
être animé(e) de — *to be moved by*
force (f.) — *(here) strength*
gentil(le) — *nice, kind*
honnête — *honest*
intolérant(e) — *intolerant*
introverti(e) — *introverted, introvert*
manquer de … — *to lack …(something)*
rêveur(-euse) — *dreamy*
passif(ve) — *passive*
penchant (m.) — *tendency*
personnalité (f.) — *personality*
sensible — *sensitive*
sensuel(le) — *sensual*
soucieux(-euse) — *worried about, careful*
souplesse (f.) — *flexibility*
sympa, sympathique — *friendly*
avoir tendance à — *to have a tendency to, to tend to*

LES VÊTEMENTS
chemisier (m.) — *blouse*
tailleur (m.) — *woman's suit*
pantalon (m.) — *pair of trousers*
jupe (f.) — *skirt*
jean (m.) — *jeans*
costume (m.) — *man's suit*
orange — *orange*
bleu marine — *navy-blue*

⚠️

Now you have completed Unit 1, can you:

tick

1 Describe your appearance? ☐
See pages 9–11.

2 Describe what your friend is wearing? ☐
See page 12.

3 Describe your personality? ☐
See pages 15–20.

tick

4 Describe your friend's appearance? ☐
See pages 11–13.

5 Say that people in your area are taller / shorter than those in the North/South? ☐
See pages 12 and 23.

2

La vie de tous les jours

- ■ Daily routines
- ■ Reflexive verbs
- ■ Leisure activities and hobbies

A Des gestes de tous les jours

ACTIVITÉ 1

Étudiez la note **Reflexive verbs** à la page 40.

ACTIVITÉ 2

Regardez, et complétez.

Elle s'appelle Fleur.
Elle _____
(**se réveiller**) à 6 heures.

Elle _____
(**se lever**) à 7 heures.

Elle _____
(**s'habiller**) à 8 heures.

Elle _____
(**rentrer**) à 18 heures.

Elle _____
(**se coucher**) à 22 heures.

expressions en plus

+

se raser
to have a shave

se reposer
to rest

aller au travail
to go to work

faire les courses
to go shopping

À vous!

Décrivez votre lundi, écrivez ou parlez.

Le lundi je me lève à …

 je me lève (se lever), je m'habille (s'habiller) are reflexive verbs.

➤ page 40

B Qu'est-ce que vous faites dans la vie?

appel (m.) téléphonique	a phone call
accueillir	to welcome
s'occuper de	to deal with
taper	to type, to key in
s'asseoir	to sit down
se lever	to get up
se pencher	to lean over
rarement	rarely
fatigant(e)	tiring
facture (f.)	invoice
courrier (m.)	mail, post

ACTIVITÉ 3

Trois personnes parlent de leur journée au travail. Lisez, devinez qui parle! (Une des personnes ne parle pas.)

a) J'accueille les visiteurs, je prends les appels téléphoniques, je m'occupe du courrier et je tape des factures à l'ordinateur, je vois beaucoup de gens et j'aime ça!

b) Je m'assois, je me lève, je me penche. Je travaille dans des positions inconfortables. Je suis rarement propre mais j'adore mon métier!

c) Je ne suis jamais seul, je parle tout le temps, je suis très patient. Je fais un métier fatigant et j'ai besoin de longues vacances!

Michel

Patrick

Simone

Fabienne

ACTIVITÉ 4

Écrivez ou parlez.

Qu'est-ce qu'ils font tous les jours? Regardez les photos.

exemple:
Sur la photo Simone téléphone beaucoup. Elle s'occupe du courrier.

Qu'est-ce que vous faites dans la vie?
le travail: (*the*) *work* but **je travaille**: *I work*
➤ **page 40**

rarement, beaucoup are adverbs
➤ **page 44**

ACTIVITÉ 5

Étudiez les **Mots-clés** et les **expressions** à la page 31.
Lisez/Écoutez le dialogue entre le journaliste Pascal et
Madame Touret et complétez les notes.

Madame Touret se lève (a)_____ tous (b)_____
mais (c)_____ elle fait la grasse matinée
(d) _____ 7 heures. Elle (e) _____ de ses chèvres
puis (f) _____ 10 heures, elle fait le ménage et la
cuisine. Elle fabrique les fromages (g) _____
d'après-midi. Son mari vend une partie des produits
au marché de Mézières-en-Brenne (h)_____ jeudi
et à Loches (i) _____ mois.

Une journée dans la vie d'une agricultrice

Entretien avec une fabricante de fromages

Pascal … Et vous Madame Touret, vous fabriquez les fromages?

Madame Touret Oui, c'est ça et je travaille toute la journée! C'est un travail à temps complet!

Pascal Alors racontez votre journée. À quelle heure est-ce que vous vous levez?

Madame Touret Eh bien, je me lève avec mon mari à 5 heures et demie.

Pascal Tous les jours?

Madame Touret Sauf le dimanche! Le dimanche nous faisons la grasse matinée jusqu'à 7 heures! Donc je m'occupe de la traite des chèvres et après,

vers 10 heures je fais le ménage et la cuisine. Ensuite je commence la fabrication des fromages jusqu'en fin d'après-midi.

Pascal Et vous vendez vos produits à la ferme?

Madame Touret C'est ça. Moi je ne quitte pratiquement jamais la ferme, mais mon mari va toujours au marché de Mézières-en-Brenne, chaque jeudi et il va aussi une fois par mois au grand marché de Loches.

agriculteur (m.)	*farmer*
agricultrice (f.)	
à temps complet	*full time*
faire la grasse matinée	*to have a lie in*
ménage (m.)	*housework*
ferme (f.)	*farm*
quitter	*to leave*
traite (f.)	*milking*
toute la journée	*all day long*
en fin de	*at the end of*

Saying how often

tous les jours	*every day*
jusque	*until*
ne … jamais	*never*
toujours	*always*
chaque	*each, every*
une (deux …) fois	
par mois	*once (twice …)*
	a month
quelquefois / parfois	*sometimes*

➤ **page 44**

ACTIVITÉ 6

Étudiez les **expressions utiles** et écrivez une lettre à un nouveau correspondant. Décrivez votre vie.

Ma vie de tous les jours? Eh bien je …

_____

_____

_____

_____

_____

_____

Je dois aller au travail maintenant, je vais continuer ma lettre plus tard …

expressions utiles

de … à …
from (time) to (time)
jusque *until*
tout / toute *all*

expressions en plus

en général *in general*
quelquefois *sometimes*
souvent *often*
régulièrement *regularly*
d'habitude *usually*

ACTIVITÉ 7

Étudiez les **Mots-clés** à la page 33. Lisez le texte de l'entretien avec Madame Pichon, comprenez le sens (cherchez les mots inconnus dans le dictionnaire) et répondez aux questions en anglais.

a) According to the author of the article, why are bakeries becoming scarce?
b) Why does Monsieur Pichon have to get up so early?
c) What happens at 6.30 am?
d) Why does Monsieur Pichon leave the bakery at 7 am?
e) What are the opening times of the bakery?
f) How many days a week do the bakers work?
g) What does Madame Pichon think about the weekly free day?

Pourquoi les boulangers disparaissent-ils du paysage français? Il y a bien sûr différentes causes: les Français mangent moins de pain et les supermarchés font des prix plus attractifs. Mais il y a aussi une raison très simple: la vie d'un artisan boulanger est dure, les jeunes veulent un rythme moins fatigant et ne désirent plus apprendre le métier.

Prenons l'exemple de M.Pichon de Berteaucourt, village de 300 habitants en Picardie. Sa journée commence très tôt, à trois heures du matin, car il doit faire la pâte et la laisser lever tout doucement. À six heures et demie, le pain sort du four et vers sept heures le boulanger est prêt à partir en tournée dans les villages des environs tandis que Madame Pichon ouvre le magasin et accueille les premiers clients qui viennent acheter la baguette du petit-déjeuner. La boulangerie est ouverte jusqu'à sept heures du soir, avec une fermeture de treize heures à quinze

Posez des questions à votre partenaire sur ses habitudes.

Étudiant(e) B
Regardez les questions à la page 241.

Étudiant(e) A
Répondez aux questions.

exemple:
B – À quelle heure est-ce que vous vous levez d'habitude?
A – À sept heures et demie.

expressions en plus

faire la grasse matinée
tous les jours
jusqu'à (+ *time*)
s'occuper de …
travailler à la / au …

heures. Interrogé sur sa routine quotidienne, M.Pichon remarque qu'en effet, travailler six jours sur sept et avoir un horaire aussi contraignant requièrent une excellente santé. Le mardi la boulangerie est fermée et c'est le jour de repos pour la famille mais, selon Madame Pichon une journée de loisir par semaine n'est pas suffisante pour se détendre et se changer les idées en pratiquant des activités sportives ou culturelles. Malgré tout, les boulangers de Berteaucourt se déclarent heureux et affirment que c'est un choix de vie et qu'ils aiment leur métier!

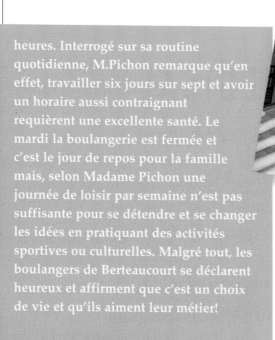

car	*because / for* (literary)
tout doucement	*very slowly, gently*
four (m.)	*oven*
en tournée	*on the (his) round*
malgré tout	*despite everything*
pâte (f.)	(here) *dough*
quotidien(ne)	*daily*
fermeture (f.)	*closure*
requièrent	*require* (irreg. verb **requérir**, *to require*)

ACTIVITÉ 9

C Il faut se détendre!

Étudiez les **Mots-clés**. Écoutez et répondez aux questions.

a) Why is Antoine seeing the doctor?
b) List the five sports that Antoine is currently doing.
c) How often does Antoine go swimming?
d) What is the doctor's advice?

se détendre	to relax
faire du sport	to do sport
faire du karaté	to do karate
aller à la piscine	to go to the swimming-pool
faire de la planche à voile	to go windsurfing
faire des randonnées (à pied, à cheval, à vélo)	to go hiking, riding, cycling
faire du tennis	to play tennis
faire partie d'un club	to be a member of a club
se reposer	to rest
à VTT (vélo tout terrain)	on a mountain bike
presque	nearly

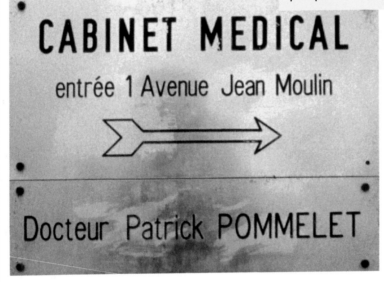

CABINET MEDICAL
entrée 1 Avenue Jean Moulin

Docteur Patrick POMMELET

Antoine	Je suis fatigué docteur!
Médecin	Eh bien, quand on est fatigué il faut se détendre! Est-ce que vous faites du sport?
Antoine	Oui! Je fais du karaté deux fois par semaine, je vais à la piscine presque tous les matins avant d'aller au travail. Le week-end je fais de la planche à voile ou je fais des randonnées à VTT avec des amis, et je fais du tennis, je fais partie d'un club.
Médecin	Hum, je vois, et je sais pourquoi vous êtes fatigué! Vous faites trop de sport! Reposez-vous!

il faut ...	it is necessary
reposez-vous!	have a rest!

For the imperative of reflexive verbs

➤ **page 43**

ACTIVITÉ 10

Qu'est-ce qu'ils font? Regardez les dessins.
Écrivez ou parlez.

il / elle fait du jogging

… de la natation

… du judo

… du canoë-kayak

… du ski de descente

… du ski de fond

… du roller

… du tennis de table (ping-pong)

ACTIVITÉ 11

Écoutez 'le micro trottoir' et complétez.

	Fait du sport Oui/Non	Sport	Fréquence Quand?
Dame			
Jeune fille			
Monsieur			

faire une promenade	*to go for a walk*
pendant	*during*
être en pleine forme	*to be on top form*
rentrer	*to go home*

LES LOISIRS

Pourcentage des Français ...

...qui regardent la télé tous les jours ou presque   **73%**

...qui écoutent la radio tous les jours ou presque   **66%**

...qui écoutent des disques ou cassettes au
moins une fois par semaine   **73%**

Source: Ministère de la Culture et de la Communication

SURY-AUX-BOIS

STARGAYZER

☎ 02.38.55.86.58

**Nouvelle Discothèque
branchée de la Région**

Musiques Variées

**Unique
DJ FÉMININ**

(Rimbo)

Entrée 20 F

Château du Lude - Sarthe - Pays de la Loire

**GRAND SPECTACLE NOCTURNE
AU CHATEAU DU LUDE**

du 4 juillet au 23 août 1997

LA HAUTE TOUCHE
15 août 21ʰ

INDRE
CONSEIL GÉNÉRAL

Parc
naturel régional
de la Brenne

**JAZ
en
BRENNE**

BELLEBOUCHE
16 août 21ʰ

Renseignements - Réservations OFFICE de TOURISME 54.38.12.24

ENTRÉE au CONCERT 50 Frs

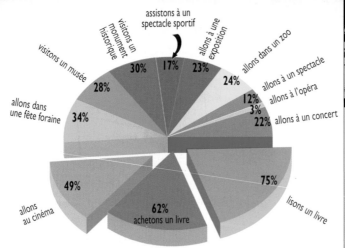

Source: Ministère de la Culture et de la Communication

- visitons un musée — 28%
- visitons un monument historique — 30%
- assistons à un spectacle sportif — 17%
- allons à une exposition — 23%
- allons dans un zoo — 24%
- allons à un spectacle — 12%
- allons à l'opéra — 3%
- allons à un concert — 22%
- lisons un livre — 75%
- achetons un livre — 62%
- allons au cinéma — 49%
- allons dans une fête foraine — 34%

Venez passer
une journée merveilleuse
À
SAINT-FARGEAU
(YONNE)

▸ Le Château et ses greniers,
▸ Le Spectacle,
▸ La Ferme ancienne,
▸ Le vieux Village,
▸ Le Musée du Phono...

EDF
Électricité
de France

*i*nfo France

Les passe-temps des Français

Comment les Français passent-ils (*spend*) leurs
quatre heures de temps libre par jour?

La télévision bien sûr occupe la plus grande
place, avec en moyenne (*on average*) trois
heures de fréquentation quotidienne. Mais les
Français font également du sport et sortent
pour assister à (*attend*) des spectacles ou aller
au cinéma.

Le bricolage est toujours une de leurs activités
préférées avec 88% d'hommes qui bricolent et
75% des femmes qui abandonnent le tricot
(*knitting*) et la couture (*sewing*) pour la
décoration.

Le jardinage reste également un passe-temps
très apprécié; 63% des Français possèdent un
jardin. Les femmes s'occupent en général du
jardin d'agrément (*flower garden*) alors que les
hommes cultivent le jardin potager (*vegetable
garden*).

Les Français et le sport

Les Français sont de plus en plus nombreux à pratiquer une
activité sportive, même occasionnellement. Cette évolution a été
favorisée par le développement des équipements sportifs
(gymnases, piscines, courts de tennis) et par l'accroissement du
temps libre. Aujourd'hui, plus d'un Français sur trois pratique un
sport individuel contre un sur quatre en 1973. Un sur quinze
seulement pratique un sport collectif. Parmi les sports les plus
appréciés des Français notons le jogging, le tennis (qui comporte
environ 1,3 million de licenciés), le football, le cyclisme et la
natation.

Le basket (*basketball*) connaît un développement spectaculaire, en
partie favorisé par la médiatisation des champions américains. Il
est, avec le rap et le tag, l'un des ingrédients de la mythologie des
banlieues (*suburbs*).

La distinction entre les catégories sociales est particulièrement
nette pour les sports à forte image sociale comme la voile
(*sailing*), le golf ou l'équitation (*horse riding*) qui se pratiquent dans
des clubs souvent coûteux (*costly*). Le tennis, par exemple, est
pratiqué par un tiers (*one third*) des cadres supérieurs (*executives*)
mais 5% seulement des agriculteurs.

(d'après G. Mermet, 1995, *Francoscopie*).

ACTIVITÉ 12

Écoutez le dialogue et cochez ✓ les phrases entendues
(*the sentences that you have heard*).

	Entendu	Pas entendu
a) Je rentre rarement chez mes parents.	☐	☑
b) Ils habitent à la campagne.	☐	☐
c) Je lis beaucoup.	☐	☐
d) Je regarde des documentaires à la télé.	☐	☐
e) Je joue du piano et de la guitare.	☐	☐
f) On peut chanter ensemble un jour, peut-être?	☐	☐

Antoine   Et qu'est-ce que tu fais en général le week-end?

Sophie   Oh moi, pas grand chose. Je rentre souvent chez mes parents; ils habitent à la campagne, alors la vie est très calme! Je lis beaucoup, heureusement; j'écoute de la musique, je regarde des films à la télé ou au magnétoscope et je fais la grasse matinée! Et toi, tu fais beaucoup de sport je crois?

Antoine   Un peu moins maintenant. Je travaille chez Alcatel, alors j'ai moins de temps; je joue aux échecs, je joue du piano et de la guitare...

Sophie   Génial! Moi aussi je joue de la guitare. On peut jouer ensemble peut-être un jour?

chez mes parents	*at / to my parents'*
chez Alcatel	*at Alcatel (a company)*
lire	*to read*
je crois	*I think*
moins	*less*

jouer

jouer aux échecs	*to play chess*
jouer du piano	*to play the piano*

➤ **page 46**

heureusement	*fortunately, happily*

➤ **page 45**

pas grand chose	*nothing much*
à la campagne	*in the countryside*
magnétoscope (m.)	*videoplayer*
piano (m.)	*piano*
guitare (f.)	*guitar*
génial!	*great! / cool!*
ensemble	*together*

ACTIVITÉ
13

Qu'est-ce que vous faites le week-end? Regardez les photos ci-dessous.

Continuez la lettre à votre correspondant – décrivez vos passe-temps et vos intérêts.

Ouf! Vendredi soir, je reprends ma lettre.

En général le week-end je …

_____

_____

_____

_____

_____

_____

ACTIVITÉ
14

Étude de marché

Tous les jours? Pendant le week-end? Faites un sondage avec 5 ou 6 personnes. Faites la liste des sports et des passe-temps (demandez certains mots à votre professeur ou cherchez les mots dans un dictionnaire).

À vous!

Après votre étude de marché faites un rapport oral à votre professeur sur les activités pendant la semaine, pendant les week-ends, tous les jours.

exemple:

Deux personnes lavent leur voiture tous les week-ends.
Trois personnes font des promenades tous les jours.

Notes

Questions

If you wish to enquire about someone's profession you can use the following standard questions:

Qu'est-ce que vous faites dans la vie? *What do you do for a living?*
Qu'est-ce qu'il fait comme métier? or **Quel métier fait-il?** *What's his job?*
Vous faites quoi dans la vie? (colloquial) *What do you do for a living?*

Accueillir

J'accueille les visiteurs. *I welcome visitors.*
The infinitive (unconjugated form) of the verb is **accueillir** (*to welcome*). This verb is irregular and its forms in the present tense are:

accueillir to welcome			
Singular		*Plural*	
j'accueille	I welcome	**nous accueillons**	we welcome
tu accueilles	you welcome *(familiar)*	**vous accueillez**	you welcome *(plural or polite singular)*
il accueille	he welcomes	**ils accueillent**	they welcome
elle accueille	she welcomes	**elles accueillent**	

The sign **Accueil** which you see in public places means *reception* or *information*.

Reflexive verbs: *Je m'occupe, je m'assois, je me lève, je me penche*

The infinitive forms of these verbs are:
s'occuper, s'asseoir, se lever, se pencher

Reflexive verbs are in two parts: the verb itself (**lever**, **pencher**) preceded by a reflexive pronoun **se** indicating that the action of the verb reflects on the subject:

lever quelque chose   *to raise something*
se lever   *to get up* (literally *to raise oneself*)

A French reflexive verb sometimes has an English counterpart, e.g. il **se** regarde, *he is looking at **himself***, but this is not always the case.

The reflexive pronoun **se** becomes **s'** in front of a vowel or an unpronounced **h**:

s'occuper de   *to deal with*
s'habituer   *to get used to*

se is the reflexive pronoun for:
– the infinitive of the verb: **se** coucher
– the 3rd person singular including on: il / elle / on **se** penche
– the third person plural: ils / elles / **se** couchent

When used with **je**, **tu**, **nous** and **vous**, **se** changes respectively into **me**, **te**, **nous** and **vous**.

Here is the full conjugation of the verb **se laver** (*to wash oneself*):

se laver to wash (oneself)			
Singular		*Plural*	
je me lave	I wash	**nous nous lavons**	we wash
tu te laves	you wash *(familiar)*	**vous vous lavez**	you wash *(plural or polite singular)*
il	he	**ils**	
elle **se lave**	she washes	**elles** **se lavent**	they wash
on	it		

Do not confuse **se laver** with **se lever** which follows the same conjugation pattern as **acheter**. For ease of pronunciation the first **e** becomes **è** when the ending is a mute **e**:
je me lève, tu te lèves, il / elle / on se lève, ils / elles se lèvent
BUT nous nous levons, vous vous levez.

Laver means *to wash* (something), **se laver** means *to wash* (oneself).

En pratique

1 Conjuguate the following verbs:

e.g. Je _____ (**se laver**) à 7 heures du matin. **Je me lave à 7 heures du matin.**

a) Tu _____ (**s'occuper**) de l'accueil des visiteurs.
b) Marie _____ (**se lever**) à 5 heures le lundi.
c) Je _____ (**se réveiller**) souvent la nuit.
d) Mon mari _____ (**se raser**) tous les deux jours.
e) Nous _____ (**se coucher**) souvent tard le samedi.
f) Ils _____ (**s'habiller**) avant de prendre le petit déjeuner.
g) Est-ce que vous _____ (**se regarder**) quelquefois dans la glace?
h) Elle _____ (**s'asseoir**) devant la télé après le dîner.

Reflexive verbs: *Est-ce que vous vous levez?*

As with other verbs, there are three ways to form questions with reflexive verbs:

- by adding **Est-ce que** to the beginning of the sentence:
  Est-ce que vous vous levez?
- by using the rising intonation of your voice:
  Vous vous levez?
- by inverting the verb and the subject pronoun:
  Vous levez-vous?
  Se rase-t-il tous les jours?   *Does he shave every day?*
  Nous occupons-nous de cette affaire? *Shall/do we deal with this business?*
  Te couches-tu tout de suite?   *Are you going to bed straightaway?*

This way is the most formal and is rarely spoken. It is usually found in literary style.

Some common reflexive verbs

s'appeler to be called, lit. to call oneself

Singular		*Plural*	
je m'appelle	my name is	nous nous appelons	our name is
tu t'appelles	you are called	vous vous appelez	you are called
	(familiar)	*(plural or polite singular)*	
il	he	ils	
elle s'appelle	she is called	elles s'appellent	they are called
on	it		

s'habiller to get dressed

Singular		*Plural*	
je m'habille	I get dressed	nous nous habillons	we get dressed
tu t'habilles	you get dressed	vous vous habillez	you get dressed
	(familiar)	*(plural or polite singular)*	
il	he	ils	
elle s'habille	she gets dressed	elles s'habillent	they get dressed
on	it		

se reposer to rest

Singular		*Plural*	
je me repose	I rest	nous nous reposons	we rest
tu te reposes	you rest	vous vous reposez	you rest
	(familiar)	*(plural or polite singular)*	
il	he	ils	
elle se repose	she rests	elles se reposent	they rest
on	it		

se promener to go for a walk

Singular		*Plural*	
je me promène	I go for a walk	nous nous promenons	we go for a walk
tu te promènes	you go for a walk	vous vous promenez	you go for a walk
	(familiar)	*(plural or polite singular)*	
il	he	ils	
elle se promène	she goes for a walk	elles se promènent	they go for a walk
on	it		

se lever to get up

Singular		*Plural*	
je me lève	I get up	nous nous levons	we get up
tu te lèves	you get up	vous vous levez	you get up
	(familiar)	*(plural or polite singular)*	
il	he	ils	
elle se lève	she gets up	elles se lèvent	they get up
on	it		

Reflexive verbs: *Reposez-vous!*

In the imperative, used for commands and strong suggestions, the reflexive pronoun follows the verb:

Reposez-vous!	*Have a rest!* (sing. formal and pl.)
Repose-toi!	*Have a rest!* (informal)
Reposons-nous!	*Let's have a rest!*

Note that in the imperative **te** becomes **toi**.

In the negative form of the imperative the pronoun comes before the verb, and **toi** becomes **te**:

Ne nous reposons pas!	*Let's not rest!*
Ne vous reposez pas!	*Do not rest!*
Ne te repose pas!	*Do not rest!* (informal)

Remember the imperative forms of non-reflexive verbs:

verbs in **-er**	Parle! (Ne parle pas!) Parlons! Parlez!
verbs in **-ir**	Finis! (Ne finis pas!) Finissons! Finissez!
verbs in **-re**	Vends! (Ne vends pas!) Vendons! Vendez!

... and here are three common irregular verbs in the imperative:

faire	Fais! Faisons! Faites!
aller	Va! Allons! Allez!
dire	Dis! Disons! Dites!

En pratique

2 Put the verb in brackets into the imperative form for the person indicated. Be careful! Some verbs are reflexives.

   a) (tu) _____ (**faire**) attention!
   b) (vous) Si vous arrivez toujours en retard, _____ (**se lever**) plus tôt !
   c) (nous) La route est longue _____ (**se reposer**) un instant ici!
   d) (vous) Ne _____ (**parler**) pas de cet incident!
   e) (tu) _____ (**aller**) à la porte et _____ (**regarder**) qui est là!
   f) (nous) Ne _____ (**s'arrêter**) pas ici, c'est dangereux!

Lire

Lire is an irregular verb:

lire to read			
Singular		*Plural*	
je lis	I read	**nous lisons**	we read
tu lis	you read *(familiar)*	**vous lisez**	you read *(plural or polite singular)*
il **elle** **lit** **on**	he she reads it	**ils** **elles** lisent	they read

Duration

Tout le / toute la indicates duration.
Toute la journée translates as *all day (long)* and **journée** is preferred to **jour**.

Similarly you will hear:

toute la matinée, *all morning*, **toute la soirée**, *all evening*
BUT **toute la nuit**, *all night*.

Frequency

Tous les / toutes les, on the other hand, indicates repetition of an action:
Nous allons en France tous les ans.   *We go to France every year.*

- **Tous les / toutes les** can often be replaced by **chaque** (always followed by a noun in the singular):

  tous les mercredis
  chaque mercredi   *every Wednesday*

- **Une fois par mois**, *once a month*, literally *once per month*
- **Le mercredi**, **le dimanche**, also indicates that an action takes place regularly:

  Je ne travaille jamais le samedi.   *I never work on Saturdays.*
  Le magasin est fermé le lundi.   *The shop is closed on Mondays.*

En pratique

3 Complete the sentences with **tout le, toute la, tous les, toutes les**. Careful! You may have to check the gender of some nouns in your dictionary.

   a) Je travaille _____ matinée.
   b) Nous nous amusons _____ soirée.
   c) Il va au marché _____ jeudis.
   d) _____ les occasions sont bonnes pour sortir.
   e) Je vois mes collègues _____ jours.
   f) Le dimanche je me détends _____ journée.

Adverbs of frequency – *jamais, toujours*

Jamais (*never*) and **toujours** (*always*) are two of the most common frequency adverbs. You might also meet **ne ... guère**, *hardly ever*:

Il ne va guère en ville.   *He hardly ever goes to town.*

Other adverbs indicating frequency are:

quelquefois / parfois   *sometimes*
rarement   *rarely*
régulièrement   *regularly*
souvent   *often*
de temps en temps   *now and then*

Adverbs are usually placed after the verb in the present tense.

Je sors souvent le samedi.	*I often go out on Saturdays.*
Je travaille rarement le samedi matin.	*I rarely work on Saturday morning.*
Il voit régulièrement ses clients.	*He regularly sees / meets his customers.*

Forming adverbs: *pratiquement, heureusement*

In the following example, **pratiquement** and **heureusement** are adverbs:
Je ne quitte **pratiquement** jamais la ferme, **heureusement**, je lis beaucoup.

The majority of adverbs ending in **-ment** are formed from adjectives. These adverbs correspond to the English adverbs ending in *-ly*.

When the adjective ends in a vowel the adverb is formed by simply adding **-ment**:

aisé (*easy*)	aisément (*easily*)
utile (*useful*)	utilement (*usefully*)
facile (*easy*)	facilement (*easily*)

But when the masculine form of an adjective ends in **-x** or a consonant, the adverb is formed from the feminine form:

happy	heureux	heureuse	heureusement	(*happily / luckily*)
careful	soigneux	soigneuse	soigneusement	(*carefully*)
complete	complet	complète	complètement	(*completely*)

However when the adjective ends in **-ant** or **-ent** the adverb takes an ending in **-amment** or **-emment**:

constant	*constant*	constamment	*constantly*
fréquent	*frequent*	fréquemment	*frequently*

There are exceptions to the rules above and you will find a list of these in any comprehensive French Grammar.

En pratique

4 Transformez les adjectifs en adverbes.
   e.g. rapide – **rapidement**

   a) rare
   b) vif
   c) premier
   d) naturel
   e) heureux
   f) régulier
   g) joyeux
   h) parfait

Common irregular adverbs: *bien, mieux, mal*

These adverbs are often confused with their corresponding adjectives.
Remember to use the adjective with a noun and the adverb with a verb.

bon (*good*)	bien (*well*)	C'est un bon restaurant, on y mange bien.
meilleur (*better*)	mieux (*better*)	Cette machine est meilleure, mais celle-là est mieux adaptée.
mauvais (*bad*)	mal (*badly*)	Le film est mauvais, les acteurs jouent mal.

Adverbs can indicate:

time and duration: aujourd'hui (*today*), longtemps (*a long time*), tôt (*early*), tard (*late*)
place: devant (*in front*), près (*near*), loin (*far*)
quantity: beaucoup (*a lot*), trop (*too*), très (*very*)

Jouer

The verb **jouer** takes **à la / au / aux** when followed by the name of a game or sport:

jouer aux échecs	*to play chess*
jouer aux dames	*to play draughts*
jouer aux cartes	*to play cards*
jouer à la pétanque	*to play boules / pétanque*
jouer au tennis	*to play tennis*
jouer au golf	*to play golf*
jouer au foot(ball)	*to play football*

For sports **jouer *au*** (tennis) can be replaced by **faire *du*** (tennis).

If you want to say that you play an instrument use **jouer du / de la**:

Je joue du piano / du saxophone / du violon / du violoncelle / de la guitare / de la clarinette / de la flûte / de la trompette etc.

Faisons le point!

1   Put the verbs in brackets into the correct form of the present tense. (Careful! Some verbs are reflexives).

    a) Je _____ (**être**) fatigué, mais il _____ (**être**) vrai que je _____ (**avoir**) une vie très stressante. Je _____ (**travailler**) à Paris et je _____ (**prendre**) le train tous les jours. Je _____ (**se lever**) donc à cinq heures du matin, je _____ (**aller**) en voiture jusqu'à la gare. Je _____ (**finir**) ma journée à six heures à Paris et le soir je _____ (**arriver**) à la maison à huit heures. Je _____ (**se changer**) rapidement et je _____ (**se laver**) pour _____ (**se débarasser**) de la poussière de la capitale! Ensuite je _____ (**dîner**), je _____ (**regarder**) un peu la télé et je _____ (**se coucher**) à dix heures et demie ... et le lendemain, ça _____ (**recommencer**)!

Note: se débarasser *to get rid of*
       poussière (f.) *dust*

Check your answers. Any problems? Then revise the grammar note on page 41.

_____

2   Check your answers and translate the passage above into English.

_____

3   Choose one of the phrases and complete the sentence.

    e.g. je vais à la piscine _____ (tout le samedi / tous les samedis).
    Je vais à la piscine tous les samedis.

    a) Quand je suis en déplacement (*away on business*) je dois téléphoner au bureau _____ (tous les jours / toute la journée).
    b) – Viens prendre un verre avec nous ce soir!
       – Non, impossible, j'ai mon examen demain et je vais réviser _____ (tous les soirs / toute la soirée).
    c) Nous allons en Italie _____ (toute l'année / tous les ans au mois de juin).
    d) Notre représentant passe chez vous _____ (tout le mois / tous les mois) n'est-ce pas?
    e) On achète les fruits et les légumes au marché _____ (chaque mardi / tout le mardi).

Check your answers. Any problems? Then revise the grammar note on page 44.

_____

4   Translate the adverbs and complete the sentences.

     e.g. Nous allons à Paris _____ (*regularly*). **Nous allons à Paris régulièrement.**

     a) Il réussit _____ dans ses études (*easily*).
     b) Nos clients nous appellent _____ (*frequently*).
     c) Ce rapport est _____ écrit (*well*).
     d) _____ , j'ai de l'argent pour payer (*luckily*).
     e) Nos représentants passent _____ vous voir (*often*).
     f) Je viens _____ en ville (*sometimes*).
     g) Il est _____ _____ habillé (*often, badly*).

Check your answers. Any problems? Then revise the grammar note on page 44.

---

5   Change the advice into a strong suggestion or order.

     e.g. Vous devez faire plus de sport. **Faites plus de sport!**

     a) Tu dois te coucher plus tôt.
     b) Nous devons nous reposer maintenant.
     c) Vous devez aller régulièrement à la piscine.
     d) Vous devez dire pourquoi vous refusez.
     e) Il est 8 heures, tu dois t'habiller.

Check your answers. Any problems? Then revise the grammar note on page 43.

---

6   Change the sentences into negative commands.

     e.g. Vous ne devez pas vous reposer ici. **Ne vous reposez pas ici!**

     a) Vous ne devez pas vous lever.
     b) Nous ne devons pas nous pencher.
     c) Tu ne dois pas te raser tous les jours.
     d) Nous ne devons pas nous réveiller trop tôt.

Check your answers. Any problems? Then revise the grammar note on page 43.

---

7   Pair phrases below (e.g. **a + 4**) to make meaningful sentences.

a) Nous faisons la grasse matinée	1) tous les jours à six heures du matin
b) Il a le temps, il fait les courses et achète le pain	2) une quinzaine de jours tous les ans
c) Elle travaille, alors elle va au supermarché	3) au village, tous les jours
d) Hervé travaille	4) le dimanche jusqu'à 10 heures
e) Je me réveille	5) seulement une fois par semaine
f) On va en vacances en France	6) quatre jours par semaine seulement, mais de 8 heures à 19 heures

Check your answers. Any problems? Then revise the grammar note on page 44.

Vocabulaire

LES VERBES PRONOMINAUX

se laver	*to wash*
se lever	*to get up*
se raser	*to shave*
s'habiller	*to get dressed*
se reposer	*to rest*
se préparer	*to get ready*
s'occuper de	*to deal with*
se promener	*to go for a walk*

AUTRES VERBES

travailler	*to work*
aller au travail	*to go to work*
aller au lit	*to go to bed*
faire les courses	*to go shopping*
dormir	*to sleep*

LA DÉTENTE

les loisirs, les passe-temps	*hobbies*
jouer aux échecs	*to play chess*
aux dames	*draughts*
aux cartes	*cards*
à la pétanque	*boules / pétanque*
au tennis	*tennis*
au golf	*golf*
au foot(ball)	*football*
jouer du saxophone	*to play the saxophone*
de la guitare	*the guitar*
collectionner	*to collect*

LA FRÉQUENCE / LES ADVERBES

rarement	*rarely*
régulièrement	*regularly*
souvent	*often*
constamment	*constantly*
fréquemment	*frequently*
de temps en temps	*now and then*
quelquefois / parfois	*sometimes*
pratiquement	*practically*
toute la journée	*all day (long)*
toute la matinée	*all morning*
toute la soirée	*all evening*
toute la nuit	*all night*
une fois par jour	*once a day*
par semaine	*once a week.*
par mois	*once a month*
par an	*once a year*
jamais	*never*
toujours	*always*
facilement, aisément	*easily*
utilement	*usefully*
heureusement	*happily / luckily*
soigneusement	*carefully*
complètement	*completely*

!

Now you have completed Unit 2, can you:

tick

1 Describe your typical weekday morning?
   See page 28. □

2 List three things you do often / rarely?
   See page 29. □

3 Say what you do in your spare time?
   See pages 35–7. □

4 Mention a sport you do on Saturday?
   See page 35. □

5 Mention something you do every week? Something you never do?
   See pages 28, 35–7. □

3

Qu'est-ce que tu as fait…?

- Preferences
- Talking about holidays
- The perfect tense
- Looking for a job

A Qu'est-ce que vous aimez?

Étudiez les **Mots-clés**. Lisez **Qui suis-je?** Répondez en français aux questions à la page 51.

Les Français aiment beaucoup ce produit; lisez la description ci-dessous: c'est le produit qui parle.

Qui suis-je?

Je viens d'un fruit porté par un arbuste de 2 à 3 mètres de haut qui pousse essentiellement en Amérique latine, en Afrique et en Inde. J'adore la chaleur et l'humidité et je me développe très bien en altitude.

Je ne suis pas bon quand je suis vert, mais grillé, je suis à l'origine d'un liquide brun qui devient boisson nationale en Turquie au seizième siècle.

Certaines religions n'ont pas beaucoup de sympathie pour moi au début, mais le pape Clément VIII déclare enfin que je suis agréable à boire.

Je m'installe véritablement en Europe au dix-septième siècle et le premier établissement qui porte mon nom s'ouvre à Paris en 1686. Les Français apprécient tout de suite ma saveur particulière et je suis bientôt indispensable à leur vie de tous les jours.

Les fleurs

Les fruits

Les feuilles

Le matin, certains adorent cette boisson chaude très forte, avec ou sans crème, accompagnée quelquefois de croissants; d'autres préfèrent un goût plus léger.

Je suis un stimulant nerveux et après un bon repas je favorise la digestion.

Qui suis-je?

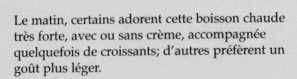

Familial

Qu'est-ce que c'est? Répondez d'abord aux questions.

1 Quelles sont les conditions idéales au développement du fruit mystérieux?

2 Comment consomme-t-on le produit?

3 Quelle est la position des religions envers (*towards*) le produit?

4 À quel moment le produit s'établit-il en Europe?

5 Quelle est la réaction des Français?

6 À quels moments de la journée consomme-t-on le produit?

7 Quelles sont les qualités du produit?

8 Quel est son nom ?

CONSEILS DE PRÉPARATION

DOSAGE : prévoir une cuillère à soupe de café par tasse, plus ou moins pleine selon votre goût.

PRÉPARATION : humecter le filtre à l'eau froide. Ne jamais faire bouillir votre café.

CONSERVATION : pour conserver tout l'arôme de votre café, placez-le dans une boite hermétique au réfrigérateur.

SÉLECTION EXCLUSIVE D'ARABICAS CORSÉS

MOULU

PURS ARABICAS HAUT DE GAMME

MOULU SOUS VIDE

GRAINS

NOUVEAU PAQUET FRAICHEUR
·voir sur le côté·

DÉGUSTATION

porter	to bear, to carry
arbuste (m.)	shrub
pousser	to grow
chaleur (f.)	heat
se développer	to develop oneself
devenir	to become
siècle (m.)	century
avoir de la sympathie pour	to have a liking for
agréable	pleasant
véritablement	really, truly
s'installer	to settle in

préférer has irregular forms in the present:
je préfère, tu préfères, il / elle / on préfère,
nous préférons, vous préférez,
ils / elles / préfèrent

➤ page 64

ACTIVITÉ 2

Écoutez les différentes personnes parler du café et de leurs habitudes. Répondez aux questions en anglais.

a) Does Marie-Louise drink instant coffee?
b) How many cups of coffee does she drink a day?
c) How does she like her coffee?
d) Does Jacques drink coffee ?
e) Does he still like coffee? What sort of coffee does he prefer?
f) How does Jean-Jacques like his coffee first thing in the morning?
g) Does Jean-Jacques drink coffee in the evening?

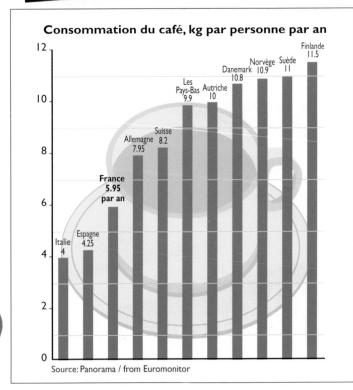

ACTIVITÉ 3

Regardez le graphique, répondez en français:

a) Dans quel pays boit-on le plus de café?
b) Où boit-on le moins de café?
c) Est-ce qu'on boit plus de café en France qu'en Suisse?
d) Combien de kilos de café les Français consomment-ils par an?

expressions utiles

plus … qu'en
moins … qu'en
plus de / moins de
avec … kilos de café par an, les … boivent …

Consommation du café, kg par personne par an

- Italie 4
- Espagne 4.25
- France 5.95 par an
- Allemagne 7.95
- Suisse 8.2
- Les Pays-Bas 9.9
- Autriche 10
- Danemark 10.8
- Norvège 10.9
- Suède 11
- Finlande 11.5

Source: Panorama / from Euromonitor

ACTIVITÉ 4

Vous aimez? Vous n'aimez pas?

Indiquez vos goûts et vos préférences.

exemple:

Paris? J'adore!

Les araignées? Je déteste!

Pour exprimer les préférences:
je préfère x **à** y   *I prefer x to y*
j'aime mieux x **que** y   *I like x more than y*

➤ **page 64**

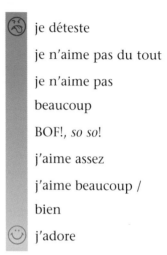

je déteste

je n'aime pas du tout

je n'aime pas beaucoup

BOF!, *so so!*

j'aime assez

j'aime beaucoup / bien

j'adore

ACTIVITÉ 5

Et maintenant regardez le tableau d'***info France*** sur les loisirs des Français à la page 36: Qu'est-ce que vous aimez faire?

exemple:

J'aime regarder la télévision mais je n'aime pas jardiner du tout!

Pour d'autres phrases regarder Vocabulaire à la page 70.

ACTIVITÉ 6

CONSOMMATEURS!
Nous avons besoin de vous pour nous aider à créer des produits nouveaux et performants!
Répondez à notre questionnaire et gagnez un voyage à

Tahiti!

a) Combien de fois par an prenez-vous des vacances?

   1 fois ☐
   2 fois ☐
   3 fois ☐

b) Préférez-vous aller à l'étranger

   toutes les fois? ☐
   quelquefois? ☐
   jamais? ☐

c) Quel type d'hébergement aimez-vous?

   l'hôtel ☐
   le camping / caravaning ☐
   la location ☐

Demandez aux membres de votre groupe et collectez les réponses.

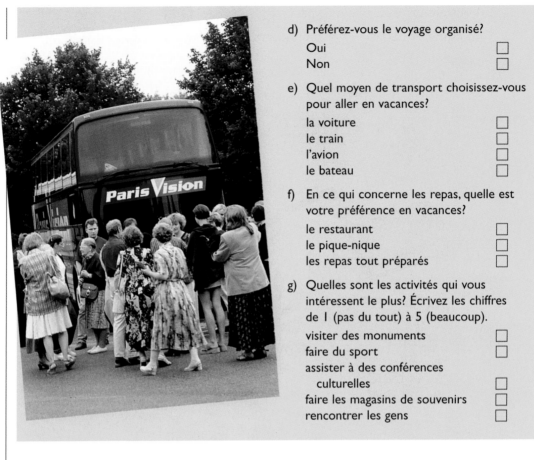

d) Préférez-vous le voyage organisé?

Oui ☐
Non ☐

e) Quel moyen de transport choisissez-vous pour aller en vacances?

la voiture ☐
le train ☐
l'avion ☐
le bateau ☐

f) En ce qui concerne les repas, quelle est votre préférence en vacances?

le restaurant ☐
le pique-nique ☐
les repas tout préparés ☐

g) Quelles sont les activités qui vous intéressent le plus? Écrivez les chiffres de 1 (pas du tout) à 5 (beaucoup).

visiter des monuments ☐
faire du sport ☐
assister à des conférences
   culturelles ☐
faire les magasins de souvenirs ☐
rencontrer les gens ☐

ACTIVITÉ
7

Vous devez maintenant faire un rapport par écrit au directeur de marketing.

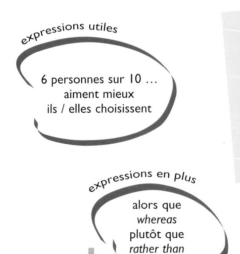

expressions utiles

6 personnes sur 10 ...
aiment mieux
ils / elles choisissent

expressions en plus

alors que
whereas
plutôt que
rather than

Monsieur le directeur,

Selon le sondage effectué auprès d'un groupe de personnes voici les résultats ...

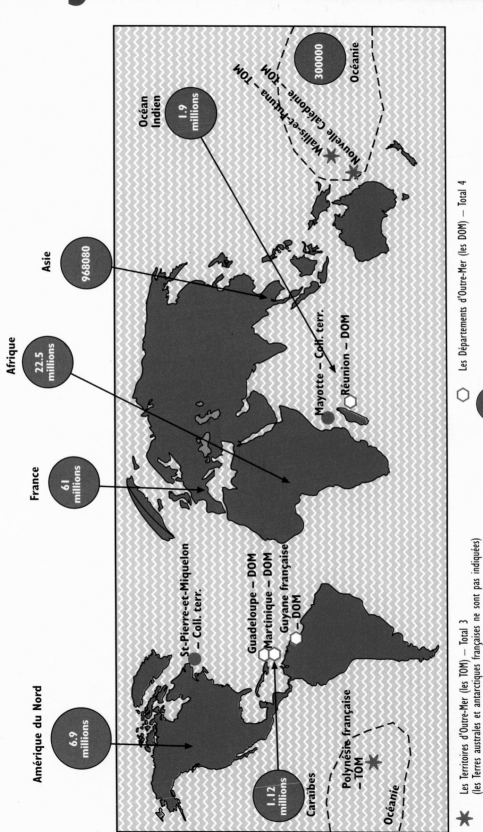

Amérique du Nord — 6.9 millions

St-Pierre-et-Miquelon — Coll. terr.

Guadeloupe — DOM
Martinique — DOM
Guyane française — DOM

1.12 millions

Caraïbes

Polynésie française — TOM

Océanie

France — 61 millions

Afrique — 22.5 millions

Asie — 968080

Océan Indien — 1.9 millions

Mayotte — Coll. terr.
Réunion — DOM

Wallis-et-Futuna — TOM
Nouvelle Calédonie — TOM

300000

Océanie

- Les Territoires d'Outre-Mer (les TOM) — Total 3
  (les Terres australes et antarctiques françaises ne sont pas indiquées)

- Les Collectivités territoriales — Total 2

- Les Départements d'Outre-Mer (les DOM) — Total 4

- Nombre de personnes parlant le français

millions

B Vous avez passé de bonnes vacances?

ACTIVITÉ 8

Étudiez la note **How to express the past** à la page 65.

ACTIVITÉ 9

Étudiez les *Mots-clés* à la page 57, écoutez et répondez
aux questions en anglais.

a) Where did Benoît go for his holiday?

b) What type of accommodation did they choose?

c) Name the three activities Benoît and his family did
while they were on holiday.

d) When did Frédéric and Stéphanie go on holiday?

e) What type of holiday was it, and what option did
they choose?

f) Give the three main attractions of the country they
went to?

Deux collègues parlent de leurs vacances

Frédéric	Bonnes vacances?
Benoît	Excellentes! On a loué un gîte dans la Brenne, à une cinquantaine de kilomètres au sud de Tours et on a fait des randonnées à pied et à VTT. Les enfants ont vu toutes sortes d'oiseaux intéressants et nous avons eu un temps magnifique, très sec... Et toi, qu'est-ce que tu as fait?
Frédéric	Eh bien moi, j'ai réalisé un vieux rêve, je suis allé en Guyane française avec Stéphanie; nous sommes partis au début du mois de septembre avec Nouvelles Frontières; on a préféré un voyage organisé et on n'a pas regretté. Stéphanie a choisi la formule circuit aventure; nous avons découvert la forêt amazonienne ... formidable!
Benoît	Vous êtes allés à Cayenne et à Kourou?
Frédéric	Oui, après la visite du musée de Cayenne, on a fait un tour aux Îles du Salut pour visiter les restes du bagne et ensuite, on a pu voir le site de Kourou avec la fusée Ariane ... très intéressant aussi.

La Guyane

La Guyane française est un DOM (Département français d'Outre-Mer) à 7000 km de Paris. La forêt amazonienne s'étend sur 90 000 km² de sa superficie, c'est-à-dire 90%. Le climat est équatorial avec une température moyenne de 26°C. La population, constituée d'un mélange de races, compte 140 000 habitants essentiellement concentrés sur la côte. La langue officielle est le français mais on parle aussi le créole guyanais.

L'agriculture (sucre, bananes, riz et ananas) est, avec l'extraction de l'or et des diamants, la principale ressource du pays. Le centre spatial de Kourou a été mis en service en 1968.

louer	to rent, to hire, to let
gîte (m.)	self-catering accommodation
oiseau (m.)	bird
réaliser	to fulfill, to achieve
rêve (m.)	dream
voyage (m.) organisé	a package holiday
regretter	to regret
formule (f.)	option
forêt (f.) amazonienne	Amazonian forest
faire un tour (à) …	to go on a trip (to)
restes (m.pl.)	remains
bagne (m.)	prison labour camp
fusée (f.)	the rocket

The past

avoir + verb	on **a** loué, nous **avons** choisi
être + verb	vous **êtes** allées, nous **sommes** partis

irregular verbs in the past

ils ont **vu**	*they have seen / saw*
nous avons **eu**	*we have had / had*
vous avez **découvert**	*we have discovered / discovered*
elle a **pu**	*she was able to / she has been able to*

➤ **page 65**

Prepositions
je suis allée **en** Guyane française

➤ **page 64**

ACTIVITÉ 10

Vous aidez un ami à écrire une lettre à son correspondant français. Il a écrit des notes en anglais.

Cher Christophe,

- Now back in Newbury
- excellent holidays
- went to Scotland – spent a fortnight – beginning August
- rented a house
- visited Edinburgh – beautiful!
- went hiking – loved local cooking
- did not see the Loch Ness Monster!
- weather: cold and some rain

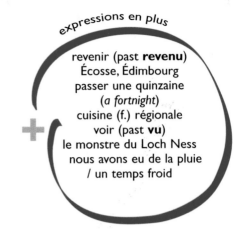

expressions en plus

+ revenir (past **revenu**)
Écosse, Édimbourg
passer une quinzaine
(*a fortnight*)
cuisine (f.) régionale
voir (past **vu**)
le monstre du Loch Ness
nous avons eu de la pluie
/ un temps froid

ACTIVITÉ 11

À vous!

Avec votre partenaire, parlez de vos dernières vacances.

mots à utiliser

je suis allé(e) à …
(la montagne, la mer, la campagne)
nous avons passé
(une semaine, une quinzaine, un mois)
on a loué / fait du camping
on est allé à l'hôtel
nous avons visité …
j'ai apprécié (la cuisine, le vin …)
nous avons aimé / regretté …
nous avons eu du beau temps / de la pluie

*i*nfo *France*

LES FRANÇAIS ET LES VACANCES

De tous les Européens, les Français sont les plus nombreux à partir plusieurs fois par an (27% contre 19% pour l'ensemble de l'UE). Ceci est en partie la conséquence des cinq semaines de congés (*paid holidays*) légaux. Ils partent plus rarement à l'étranger (*abroad*) et utilisent moins les agences de voyage (*travel agencies*) que les autres Européens. Les Français préfèrent maintenant fractionner leurs vacances d'été et ils passent rarement un mois entier à la mer ou à la montagne.

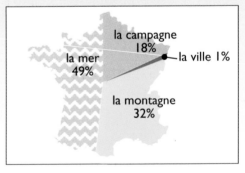

la campagne 18%
la mer 49%
la ville 1%
la montagne 32%

Ceux qui partent souvent et longtemps sont les familles à revenus élevés (*high income*) et les Parisiens. Plus de 80% des départs ont lieu (*take place*) en juillet et en août, et l'étalement (*spreading out*) des vacances n'est pas encore une réalité en France.

ACTIVITÉ 12

C Excusez-moi, je suis un peu en retard

Écoutez le dialogue, cochez Vrai ou Faux.

		Vrai	Faux
a)	Édouard est en retard de quelques minutes.	☐	☐
b)	Édouard a fait bon voyage.	☐	☐
c)	Le parc d'affaires est facile à trouver.	☐	☐
d)	Édouard est resté chez Estée Lauder pendant 3 ans.	☐	☐
e)	Sylvie Dalle est directrice d'un grand groupe.	☐	☐
f)	Il n'y a pas de promotion pour Édouard chez l'Oréal.	☐	☐

Qu'est-ce qui vous intéresse particulièrement dans ce poste?

Sylvie   Entrez Monsieur Levi, je suis Sylvie Dalle, la directrice.

Édouard   Bonjour Madame, excusez-moi, je suis un peu en retard.

Sylvie   Quelques minutes seulement, vous avez fait bon voyage?

Édouard   Excellent merci, mais la circulation est dense et le parc d'affaires n'est pas indiqué!

Sylvie   En effet, notre parc est très récent et il n'y a pas de panneau. Je prends votre manteau?

Édouard   Je vous remercie.

Sylvie   Asseyez-vous je vous prie!... Vous avez posé votre candidature pour le poste d'assistant au directeur de marketing; qu'est-ce qui vous intéresse particulièrement dans ce poste?

Édouard   Je suis très dynamique, j'aime les secteurs qui évoluent vite et je crois avoir un bon sens relationnel, j'aime relever les défis.

➤ page 60

circulation (f.)	traffic
dense	(here) heavy
parc (m.) d'affaires	business park
indiqué	indicated
panneau (m.)	(here) road sign
poser (votre) candidature	to apply
PME (f.) (petite ou moyenne entreprise)	SME (Small or Medium-sized Enterprise
débuter	to start

Sylvie   Je lis sur votre CV que vous avez travaillé
             chez Estée Lauder pendant 3 ans, de 1993 à
             1996, et vous faites partie de l'équipe de
             marketing de l'Oréal depuis maintenant
             2 ans. Qu'est-ce que vous avez appris au
             cours des deux dernières années?

Édouard   À travailler avec les autres, à définir une
             stratégie.

Sylvie   Pourquoi voulez-vous quitter un grand
             groupe pour une PME comme nous?

Édouard   J'aime les responsabilités et pour l'instant il
             n'y a pas de promotion pour moi chez
             l'Oréal.

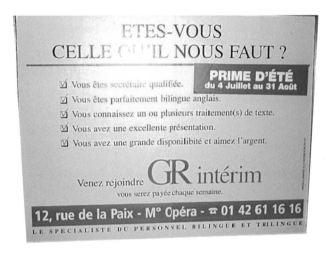

ÊTES-VOUS
CELLE QU'IL NOUS FAUT ?

PRIME D'ÉTÉ
du 4 Juillet au 31 Août

☑ Vous êtes secrétaire qualifiée.
☑ Vous êtes parfaitement bilingue anglais.
☑ Vous connaissez un ou plusieurs traitement(s) de texte.
☑ Vous avez une excellente présentation.
☑ Vous avez une grande disponilibité et aimez l'argent.

Venez rejoindre **GR** intérim
vous serez payée chaque semaine.

12, rue de la Paix - M° Opéra - ☎ 01 42 61 16 16
LE SPECIALISTE DU PERSONNEL BILINGUE ET TRILINGUE

Duration
vous avez travaillé **pendant** 3 ans
you have worked for 3 years
vous faites partie de l'équipe **depuis** 2 ans
you have been part of the team for 2 years

➤ **page 66**

Object pronouns
je vous remercie (**vous** is the object pronoun)

➤ **page 67**

Direct questions
Qu'est-ce **qui** vous intéresse?
Qu'est-ce **que** vous avez **appris**?
 apprendre like **prendre** is irregular in the
past

➤ **page 67**

*i*nfo France

CHERCHER UN EMPLOI EN FRANCE

Avec environ 3 millions de chômeurs (*unemployed persons*) – 12% de la population active – la France possède un des taux de chômage (*unemployment rates*) les plus élevés d'Europe. Les jeunes de moins de 25 ans en particulier, ont beaucoup de difficultés à trouver leur premier emploi (*their first job*). Très souvent ils s'intègrent progressivement dans le monde du travail avec les CDD – Contrats à durée déterminée – (*fixed term contracts*) ou des stages (*work placements*) de quelques mois dans les entreprises. Les stages, réservés en principe aux étudiants qui n'ont pas terminé leurs études sont peu rémunérés (*paid little*) et quelquefois pas du tout.

Une personne à la recherche d'un travail (*seeking work*) peut s'adresser à l'ANPE (L'Agence Nationale pour l'Emploi), présente dans toutes les villes ou aux agences d'interim (*temping agencies*) comme Bis ou Manpower. Les petites annonces (*small ads*) proposent également des emplois à tous les niveaux (*all levels*).

Les cadres confirmés (*senior executives*) sont en général recrutés (*recruited*) par des agences de recrutement (*recruitment agencies*) qui emploient des chasseurs de têtes (*head hunters*). Il est intéressant de constater qu'en France 50% des postes sont obtenus (*are obtained*) par candidature spontanée (*unsollicited application*). Les candidats qui posent leur candidature pour un poste doivent envoyer leur CV (avec photo si possible) accompagné d'une lettre de motivation (*covering letter*).

Les employeurs demandent parfois une lettre manuscrite (*handwritten*); l'étude graphologique (*handwriting analysis*) est utilisée par plus de 90% des employeurs français.

Un employé à temps complet (*full-time*) qui ne possède pas de compétences (*qualifications*) particulières reçoit le SMIC – Salaire Minimum Interprofessionnel de Croissance – (*minimum wage*).

Le recrutement et l'Internet
Quelque adresses:
Cadres, annonces proposées par une centaine de cabinets de recrutement en France;
http://www.cadremploi.tm.fr

Annonces d'emploi dans la presse;
http://www.cadresonline.com

Interim (temping)
http://www.kellyservices.fr

Une actrice, Christina, répond à un journaliste et parle de sa carrière.

Vous êtes le journaliste. Étudiez les *Mots-clés*, écoutez puis complétez vos notes.

Christina

née à _____ ?

en _____ ?

arrivée en France

en _____ ?

études _____ ?

arrivée à Paris en _____ ?

a étudié _____ pendant _____ ?

premier rôle _____ ? à l'âge de _____ ?

activités _____ ?

en 1995 _____ ?

mariée _____ ?

enfants _____ ?

âge _____ ?

baccalauréat (m.)	*roughly equivalent to English A Levels*
Conservatoire (m.)	*drama school*
rôle (m.)	*part*
tourner	*(here) to make a film*
plusieurs	*several*
faire du théâtre	*to act*

Écrivez ou parlez. Étudiez le CV de Julian Tarrant à la page 63 et répondez aux questions en français.

a) Dans quelle université Julian fait-il ses études?

b) Julian a choisi quelles matières pour son baccalauréat?

c) Qu'est-ce qu'il a fait comme travail de 1995 à aujourd'hui?

d) Est-ce que Julian sait travailler sur un ordinateur?

e) Où habite Julian?

ACTIVITÉ 15

Julian pose sa candidature pour un stage dans une entreprise française.

Étudiant(e) A
Vous êtes Julian, répondez aux questions de l'employeur.

Étudiant(e) B
Vous êtes l'employeur; vous n'avez pas reçu le CV du candidat. Étudiez les expressions utiles et posez les questions. Vos questions sont à la page 241.

ACTIVITÉ 16

Et vous? Avec l'aide de votre professeur, préparez votre CV simplifié.

ACTIVITÉ 17

Maintenant, renversez les rôles.

Étudiant(e) A
Cette fois vous êtes l'employeur. Étudiez les *expressions utiles* et posez des questions.

Étudiant(e) B
Vous êtes candidat – vous avez votre CV. Répondez aux questions de l'employeur.

expressions utiles

faire ses études
expérience (f.) professionnelle
quelle sorte de travail?
quelles qualités?
qu'est-ce que vous faites?
depuis / pendant combien de temps

TARRANT, Julian

né le 24 octobre 1978
à Colchester

Adresse permanente
25 Wimborne Road
Ringwood
Hampshire
Grande-Bretagne

Formation
1996–à ce jour
deuxième année de licence de gestion
Université de Portsmouth

1994–1996
A Levels (équivalent du baccalauréat)
Français (mention Assez Bien)
Économie (mention Bien)
Chimie
Lycée, Poole, Dorset

Expérience professionnelle
1995 à ce jour
travail à temps partiel
barman – responsable des stocks et des encaissements
ce travail a développé mon sens relationnel

juin-sept 1996
travail temporaire
assistant au camping du lac de Bellebouche en France, contact permanent avec le public

Connaissances informatiques
Microsoft Office (PC, Macintosh)

Notes

Prepositions: to say where you have been – *dans, en, au, aux, à*

When you are talking about geographical areas and *départements* use **dans le / la / les**:
aller **dans les** Alpes, aller **dans l'**Orégon, aller **dans les** Pyrénées, aller **dans la** Creuse.

English counties are all masculine and will take **dans le**:

aller **dans le** Yorkshire, aller **dans le** Dorset, aller **dans le** Somerset.
The only exception is Cornwall which is feminine: **aller en** Cornouailles.

When the name of the country, continent or region is feminine, use **en**:

aller **en** France, **en** Europe, **en** Amérique latine, **en** Écosse, **en** Bretagne.

You should also use **en** when the name of the country is masculine and begins with a vowel: aller **en** Iran.

When the name of the country is masculine use **au** (or **aux** in the plural):

aller **au** Canada, **au** Portugal, **au** Japon, **aux** États-Unis.

In front of towns, whether large or small **à** is always used:
à Paris   *to / in Paris*
à Berteaucourt   *to / in Berteaucourt*

En pratique

1   Insert the correct prepositions (**dans, en, à, au, aux**, etc).

a) Nous passons habituellement les vacances _____ Canada mais cette année nous sommes allés _____ les Alpes.
b) J'ai passé une quinzaine _____ Écosse pour me reposer.
c) Il va _____ Japon tous les mois pour affaires.
d) Est-ce que sa société est transférée _____ Paris?
e) Nous exportons nos produits _____ États-Unis.
f) Vous êtes allés _____ le Devon.

Aimer, préférer, détester, adorer

When these verbs are followed by another verb, the second verb is in the infinitive:

J'aime regarder la télé.   *I like to watch / like watching TV.*

How to express the past

The past, also called the perfect or *passé composé* is formed in two parts: the auxiliary **avoir** or **être** in the present and the verb itself in the form of a past participle.

vous avez passé, *you have spent / you spent*

auxiliary **avoir** + past participle

Remember the different endings of regular verbs in the past:

-er verbs	passer	pass**é**
-ir verbs	finir	fin**i**
-re verbs	vendre	vend**u**

There are a number of irregular past participles. Here are a few:

avoir	j'ai **eu**
être	j'ai **été**
voir	j'ai **vu**
découvrir	j'ai **découvert**
pouvoir	j'ai **pu**
devoir	j'ai **dû**
vivre	j'ai **vécu**
prendre	j'ai **pris**

En pratique

2   Conjugate the following verbs in the past:

   a) Hier je _____ (**passer**) une excellente soirée.
   b) Il _____ (**finir**) son travail.
   c) Nous _____ (**découvrir**) un coin sensationnel.
   d) Vous _____ (**vendre**) votre maison?
   e) Tu _____ (**ne pas pouvoir**) contacter ton employeur.
   f) Elles _____ (**voir**) un film formidable la semaine dernière.
   g) Mon fils _____ (**avoir**) vingt ans le 3 juin dernier.

The past: verbs with *être*

Some verbs take the auxiliary **être**, the most common ones are:

mourir	il est mort	*he died*
naître	il est né	*he was born*
rester	il est resté	*he stayed*

Many of the verbs taking **être** in the past indicate movement:

arriver	partir	venir	retourner	descendre
monter	aller	entrer	sortir	passer (*to go / walk past*)
tomber				

The compound forms of these verbs also take **être**:

devenir (*to become*)
revenir (*to come back*)
ressortir (*to go out again*)

The past participle of a verb taking the auxiliary **être** agrees with the subject of the verb e.g. **elle est arrivée**.

En pratique

3   Conjugate the following verbs in the past:

  a) Mes amis et moi _____ (**aller**) à Biarritz.
  b) Les enfants _____ (**retourner**) à la plage après le déjeuner.
  c) Elles _____ (**ne pas revenir**) en France au début du mois de septembre.
  d) Je (fem.) _____ (**passer**) devant sa maison.
  e) On _____ (**monter**) à la Tour Eiffel puis on _____ (**partir**).

Duration: *pendant, depuis, il y a*

Vous avez travaillé chez Estée Lauder **pendant** 3 ans.
Vous faites partie de l'équipe **depuis** 1996.
J'ai commencé chez l'Oréal **il y a** 2 ans.

Pendant is normally used when the action is over; the verb of the sentence is in the past:

Nous avons habité Paris pendant 10 ans   *We lived in Paris for 10 years*
                                          (i.e. we no longer live there.)

Depuis is used when the action has started in the past and is continuing in the present. In English you will say: *We have lived / have been living in Paris for 10 years / since 1988.* But the French use the present:

Nous habitons Paris depuis 10 ans / depuis 1988 (i.e. we still live there at the moment of speaking).

However in the negative the perfect is used:

Je n'ai pas vu mon frère depuis 6 mois.   *I have not seen my brother for 6 months.*

Pendant is followed by phrases indicating periods of time. **Depuis** can be followed either by a period of time or a fixed point in time.

Pendant / depuis …   les vacances
                     deux heures / jours / mois, etc.
                     son enfance (*his / her childhood*)
                     la Deuxième Guerre mondiale

Depuis …   midi
                     vendredi
                     1988

When **il y a** is associated with a time phrase, it has the meaning of *ago*:

J'ai quitté Paris il y a 3 mois.   *I left Paris 3 months ago.*
il y a peu   *a little while ago*
il y a longtemps   *a long time ago*

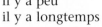

When asking a question about duration ask:

Pendant / depuis combien de temps ...? *How long did you ... / Have you been ...?*
Depuis quand ...? *Since when ...?*

En pratique

4 Choosing between the past and the present, complete the following sentences:

    a) Nous _____ (**habiter**) ce petit village depuis 8 ans.
    b) Je _____ (**apprendre**) l'italien depuis le mois d'octobre.
    c) Je _____ (**ne pas rencontrer**) le directeur depuis quelques mois.
    d) Il _____ (**téléphoner**) régulièrement depuis des années.
    e) Elle _____ (**travaille**) sur ce projet pendant 6 semaines.
    f) Vous _____ (**parler**) depuis trop longtemps!

Vous and *Nous* as object pronouns

Vous and **nous** can either be the **subject** of the verb as in:

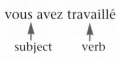

or the **object** of the verb as in:

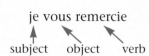

Note that the verb agrees with the subject (here; **je**).

How to ask direct questions

Qu'est-ce **qui** vous intéresse?   *What interests you?*
Qu'est-ce **que** vous avez appris?   *What did you learn?*

In the first example **qui** (*what*) is the subject of the verb **intéresse** (*interests*).
In the second example **que** (*what*) is the object of the verb **avez appris** (*learnt*).
What is used in both cases in English. But before speaking in French you need to know if **what** is the subject or object of the verb:

Qu'est-ce **que** tu veux?   *What do you want?*

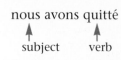

Qu'est-ce **qui** arrive?	*What happens?/ What is happening?*

subject ↑

Qu'est-ce **qu**'elle veut?	*What does she want?*

(note that the **e** of **que** drops before a vowel)
Other words which introduce direct questions: **Quel, Quels, Quelle, Quelles**

Quelles sont les qualités requises?	*What are the necessary qualities?*
Quel produit vendez-vous?	*Which product are you selling?*

En pratique

5 Complete the sentences with **quel**, **quels**, **quelle**, **quelles** (check the gender of the nouns).

a) _____ candidat voulez-vous recevoir?
b) En _____ année êtes-vous allé au Canada?
c) Pour _____ raisons est-il revenu des États-Unis?
d) _____ sont les postes vacants?
e) _____ expérience!

Comment, quand, où ...
These question words introduce direct questions using **est-ce que** or inversion of the verb:

Comment est-ce que vous envisagez / Comment envisagez-vous votre avenir? *How do you see your future?*
Quand est-ce que vous avez quitté / Quand avez-vous quitté Paris? *When did you leave Paris?*
Où est-ce que vous êtes allé / Où êtes-vous allé pendant les vacances? *Where did you go in the holidays?*

Faisons le point!

1 Conjugate the verbs in brackets in the past. Careful! Some verbs will take the auxiliary **avoir**, others will take **être**.

a) J' _____ (**voir**) un film formidable!
b) Ils _____ (**travailler**) jusqu'à minuit.
c) Nous _____ (**avoir**) beaucoup de réponses à notre questionnaire.
d) Tu _____ (**vendre**) ta voiture?
e) L'actrice _____ (**naître**) en 1975 et _____ (**passer**) son enfance au Canada.
f) Quand les filles _____ (**entrer**) dans la salle, les garçons _____ (**sortir**).
g) Et à quelle heure est-ce qu'elles _____ (**arriver**)?
h) Comme d'habitude, il _____ (**ne pas finir**) son travail!
i) Cette année ils _____ (**aller**) dans les Rocheuses.

Check your answers. Any problems? Then revise the grammar note on page 65.

2 Insert **pendant**, **depuis** or **il y a** as appropriate.

a) Je travaille pour cette société _____ 5 ans.
b) Dépêchons-nous, il attend _____ deux heures!
c) Il a vécu aux États-Unis _____ la Guerre
d) Je n'ai pas vu Cécile _____ très longtemps.
e) Nos enfants habitent Paris _____ 1989.
f) Nous avons reçu la lettre _____ quelques jours.
g) _____ combien de temps est-ce qu'il est directeur?
h) Il est resté en contact avec nous _____ des années.
i) _____ quand faites-vous ce métier?
j) _____ combien de temps est-ce que vous avez travaillé chez Michelin?
k) J'ai rencontré son assistante _____ trois mois au Mondial de l'Auto (*Paris Motor Show*).

Check your answers. Any problems? Then revise the grammar note on page 66.

3 Complete the following sentences with **qui, que, qu', quel(s), quelles**:

a) _____ est le meilleur moment pour contacter ce client?
b) Qu'est-ce _____ il veut?
c) _____ documents désirez-vous?
d) Qu'est-ce _____ vous intéresse particulièrement dans notre produit?
e) Qu'est-ce _____ tu veux faire ce soir?
f) Qu'est-ce _____ arrive dans ce cas?
g) _____ sont les compétences recherchées pour ce poste?

Check your answers. Any problems? Then revise the grammar note on page 67.

Vocabulaire

LES PRÉFÉRENCES

préférer	to prefer
détester	to detest
le plus …	the most …
le moins …	the least …
aimer	to like, to love
adorer	to adore
aimer mieux	to like better
ils / elles choisissent	they choose
alors que	whereas
plutôt que	rather than
je déteste /	I hate …
j'ai horreur de …	
je n'aime pas du tout	I don't like … at all
je n'aime pas beaucoup	I don't like … much
j'aime assez	I like … quite a lot
j'aime beaucoup / bien	I like … a lot
BOF!	so so
je préfère x à y	I prefer x to y
j'aime mieux x que y	I like x more than y
ça m'est égal	I don't mind
je suis indifférent(e)	I have no special view
je n'ai pas d'opinion	(about …)
(sur …)	
je suis passionné(e) de …	I'm mad about …
je suis fou (folle) de …	

CHERCHER UN EMPLOI

être en retard de quelques	to be a few minutes
minutes	late
faire bon voyage	to have a good journey
parc (m.) d'affaires	business park
être facile à trouver	to be easy to find

rester chez (company)	to stay with (company)
pendant 3 ans	for 3 years
stage (m.)	training period
formation (f.)	training
circulation (f.)	traffic
dense	(here) heavy
être indiqué	to be indicated
panneau (m.)	(here) road sign
poser (votre) candidature	to apply
équipe (f.)	team
quitter	to leave (a place)
PME (f.) (petite ou	SME (Small or Medium-
moyenne entreprise)	sized Enterprise)
débuter	to start
faire ses études	to study
expérience (f.)	professional experience
professionnelle	
quelle sorte de travail?	what sort of work?
quelles qualités?	what qualities?
qu'est-ce que vous faites?	what do you do?
pendant	during
depuis / pendant	since / for how long?
combien de temps?	

LES VACANCES

passer une quinzaine	to spend a fortnight
faire des randonnées	to go walking
à pied	
la cuisine régionale	regional cooking
indiqué	indicated

⚠️

Now you have completed Unit 3, can you:

                                              tick

1 Say what you prefer? ☐
   See pages 53–4.

2 Say where you went on holiday, and what you did? ☐
   See pages 56–8.

3 Say where you worked last, and for how long? ☐
   See pages 59–63.

4 Ask a friend where they work and how long they have been there? ☐
   See page 63.

5 Ask someone where they come from, how long they have worked? ☐
   See page 63.

4

Hier, aujourd'hui, demain

- Comparisons
- Sequences of events
- The imperfect
- Making a presentation about your town

A Je suis heureux de vous accueillir

ACTIVITÉ 1

Étudiez les **Mots-clés** à la page 72. Lisez l'article ci-dessous et répondez aux questions.

Un tourisme nouveau

LE TOURISME INDUSTRIEL EN FRANCE

Photo G. Boutoli

Depuis une dizaine d'années, 10 millions de personnes par an visitent des entreprises françaises contre 70 000 en 1960. Le mouvement a d'abord pris de l'expansion avec les centrales nucléaires, puis a gagné le secteur agro-alimentaire. On estime que 15% des entreprises françaises ouvrent leurs portes au public alors que 45% des entreprises allemandes sont ouvertes aux visiteurs. En France la plupart des visiteurs sont français et habitent la région. Cette tendance correspond à un intérêt dans de nouvelles formes de vacances: on ne 'bronze plus idiot', on se cultive pendant ses loisirs …

Il y a cinq volumes d'eau.

RICARD

FRANCE

Il n'y a qu'un Ricard.

Parmi les entreprises les plus visitées en France citons l'usine marémotrice de la Rance, les sociétés Cusenier Pernod Ricard et les Caves de Roquefort.

(d'après *l'Usine Nouvelle*)

a) What type of tourism has been developing in France over the past ten years?

b) What is the first sector that raised interest?

c) How does the interest in France compare with that in Germany?

d) How has the attitude of the French towards holidays changed?

Étudiez les **Mots-clés** et la note **The imperfect tense** à la page 83.

Vous êtes un groupe d'étudiants étrangers; vous visitez l'usine.

Écoutez la présentation et répondez aux questions d'une amie qui ne comprend pas bien le français.

Pascal Beaucourt – Bonjour mesdames et messieurs. Je suis heureux de vous accueillir à la sucrerie de Roye. Je suis Pascal Beaucourt, directeur de maintenance. Je voudrais faire un bref historique de la société et ensuite vous expliquer brièvement le processus industriel actuel.

sucrerie (f.)	*sugar factory*
fabrique (f.) de sucre	*sugar factory*
faire visiter	*to show round*
installations (f.pl.)	*(industrial) facilities*
actuel(le)	*present*
dater de	*(here) to date back from*
cultiver	*to grow*
époque (f.)	*time, era*
betterave (sucrière) (f.)	*(sugar) beet*
exploitation (f.) agricole	*farm*
chariot (m.) à chevaux	*horse cart*
racine (f.)	*root*
bref, brève	*brief*
brièvement	*briefly*
or (m.)	*gold*

centrale nucléaire (f.)	*nuclear power station*
secteur (m.) agro-alimentaire	*food industry*
usine (f.) marémotrice	*tidal power station*

Commençons donc par la création de la première fabrique de sucre à Roye qui date de 1828. À cette époque-là on cultivait déjà la betterave pour l'usage industriel.

C'est Napoléon 1er qui a incité les fermiers à produire la betterave sucrière et qui a autorisé la fabrication du sucre. La demande pour ce produit augmentait en effet considérablement en France.

Bien sûr, les exploitations agricoles étaient plus petites qu'aujourd'hui, et il n'y avait pas la mécanisation actuelle. Par exemple, on transportait les betteraves sur des chariots à chevaux, on utilisait beaucoup d'eau pour laver les racines; les employés travaillaient dur physiquement ... tout cela est très différent maintenant.

La sucrerie de Roye

L'histoire

— **1828** —

Création de la première
fabrique de sucre à Roye

— **1921–1922** —

Après la destruction des 3 sucreries de
Roye pendant la 1ère Guerre mondiale,
la société Lebaudy ne reconstruit
qu'une usine.

— **1973** —

La sucrerie Lebaudy rejoint
la Générale Sucrière

Le sucre, or blanc de Picardie

brièvement, an irregular adverb from the
adjective **bref**, **brève**

cultivait, **augmentait**, **étaient** – are verbs in
the imperfect tense.

➤ **page 83**

JANVIER - LES ÉTRENNES
– Tiens. Virginie. voilà du sucre pour tes étrennes.
– Et moi. mon bon Henri. je t'ai acheté un joli chapeau pour moi.

a) What is Pascal Beaucourt's job?

b) What is Pascal going to do before
showing us round?

c) When did he say that the first sugar
factory was set up in Roye?

d) Who encouraged the farmers to
produce sugar beet?

e) How was the sugar beet transported?

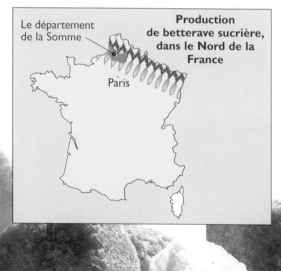

Le département
de la Somme

Paris

**Production
de betterave sucrière,
dans le Nord de la
France**

*i*nfo France

LES PRODUITS DU SOL

En raison de la géologie et du climat du pays, l'agriculture française est caractérisée par une grande diversité. Avec des exportations d'une valeur de 125,5 milliards de francs (*billion Francs*), la France est la première puissance (*power*) agricole de l'Union Européenne. Elle se place en tête (*is one of the leaders*) pour la production de blé (*wheat*), de vin et de sucre.

La culture des céréales associée à celle de la betterave à sucre est concentrée dans le Nord et le Bassin Parisien, en particulier la Beauce.

Les vignobles (*vineyards*) français occupent environ 2% du territoire; la production diminue depuis une cinquantaine d'années car les viticulteurs (*wine producers*) privilégient la qualité sur la quantité.

Les Français sont grands consommateurs de légumes (124 kg par an et par habitant contre 65 kg au Royaume-Uni), et certaines régions sont réputées (*famous*) pour leurs cultures maraîchères (*market gardening*). C'est le cas en particulier des régions méditerranéennes qui fournissent les primeurs (*early vegetables*), du Val de Loire, généralement appelé 'jardin de la France', et de la Bretagne connue pour ses artichauts (*artichokes*) et choux-fleurs (*cauliflowers*).

L'agriculture française est de nos jours encore en pleine mutation. Elle n'emploie plus que 5% de la population active alors qu'au début du siècle 39% des Français travaillaient aux champs.

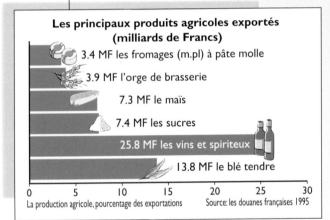

Les principaux produits agricoles exportés (milliards de Francs)

3.4 MF les fromages (m.pl) à pâte molle
3.9 MF l'orge de brasserie
7.3 MF le maïs
7.4 MF les sucres
25.8 MF les vins et spiriteux
13.8 MF le blé tendre

0   5   10   15   20   25   30
La production agricole, pourcentage des exportations   Source: les douanes françaises 1995

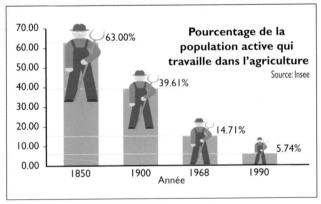

Pourcentage de la population active qui travaille dans l'agriculture
Source: Insee

- 1850 — 63.00%
- 1900 — 39.61%
- 1968 — 14.71%
- 1990 — 5.74%

Année

La France est le premier producteur de sucre en Europe. En général les Européens consomment le sucre indirectement: par exemple un Français consomme 8,78 kg par an de sucre directement (dans le café, dans le thé, etc.) mais 25,22 kg de sucre (sucre de canne et sucre de betterave) indirectement (biscuits, desserts, glaces, etc.).

ACTIVITÉ 4

C'était le bon temps! (*Those were the days.*)

Écoutez et complétez le récit d'un vieux monsieur qui parle de ses souvenirs (*memories*) avec nostalgie. Attention: un seul verbe est au passé composé.

verbes à utiliser

travaillait, avais
prenais, faisions
étais, revenait
était, ai commencé
étions, allions
attendait, avait, couchions
était, devais

Ah! quand j' _____ jeune, on _____ un peu plus! J'_____ à travailler quand j' _____ 14 ans. Je _____ me lever à 5 heures tous les matins. Je _____ le train avec mon frère à six heures; nous _____ ensemble à l'usine où nous _____ équipe. On _____ de la ville tard le soir et ma mère nous _____ toujours avec le dîner. En général nous _____ trop fatigués pour nous amuser et nous nous _____ très tôt. Ce n' _____ pas encore la semaine de 39 heures et il n'y _____ pas 5 semaines de vacances par an comme maintenant mais tout le monde _____ plus heureux!

ACTIVITÉ 5

Des vacances formidables! Lisez et complétez.

exemple:

On _____ à la plage tous les jours.
On allait à la plage tous les jours.

a) Nous _____ sur le sable.
b) Les enfants _____ dans l'eau pendant que je _____ au soleil.
c) Le temps _____ superbe et la mer _____ chaude.
d) On _____ au restaurant tous les soirs.
e) Je _____ tard et je _____ tard.

verbes à utiliser

se lever
pique-niquer
se coucher
lire
être
être
s'amuser
dîner

ACTIVITÉ 6

Vous écrivez à un ami et vous racontez vos vacances.
Vous pouvez réutiliser les *verbes à utiliser* à la page 75.
Voir aussi les *expressions en plus* et celles à la fin de
l'Unité.

expressions en plus

+

se promener
faire des randonnées à
VTT / à cheval
sortir
aller dans les discos
visiter
tous les jours
tous les soirs
régulièrement
souvent

Cher ...

Nous avons passé des
vacances formidables à
... . Pour vous donner
une idée de notre
routine pendant ces
trois semaines, nous ...

ACTIVITÉ 7

Pendant un entretien d'embauche.

Étudiant(e) A , Vous êtes l'employeur.

Étudiant(e) B, Vous êtes le candidat.
Tournez à la page 241.

Étudiant(e) A
Ask Étudiant(e) B about their job at
Renault.

1   What department did he / she work
    in?
2   How many people were there in the
    department?
3   What responsibilities did he / she
    have there?
4   What aspects of the job did he / she
    like?

Parlez-moi
de votre travail
chez Renault ...

expressions utiles

dans quel / quelles ...?
responsabilités
aspect
combien de personnes
/employés?

*i*nfo France

LES CONDITIONS DE TRAVAIL

Depuis un demi-siècle les conditions de
travail ainsi que la protection des travailleurs
ont beaucoup changé et s'améliorent encore
de nos jours. C'est le Gouvernement du
Front Populaire (*a Left Wing coalition
government*) qui, en juin 1936, a institué la
semaine légale de 40 heures avec paiement
des heures supplémentaires (*overtime*) après
la 48ème heure.

En 1996 la durée de travail hebdomadaire
était de 39 heures. Maintenant, on parle
beaucoup de réduire la semaine à 35 heures
et Peugeot a déjà mis en place (*implemented*)
la semaine de quatre jours dans une de ses
usines.

La plupart des salariés (*employees*) bénéficient
de deux jours de repos (*rest days*) par
semaine. Avec cinq semaines de congés payés
annuels (*annual paid holidays*) depuis 1982 et
onze jours fériés (*national holidays*) par an, la
France est un des pays où l'on travaille le
moins!

ACTIVITÉ
8

B Loches, cité médiévale

Avant de visiter la ville, vous regardez un diaporama sur le passé de Loches. Écoutez et faites une fiche signalétique pour chaque diapositive.

A)

CONTINUEZ
RETOUR

FICHE SIGNALÉTIQUE A

date de construction du donjon . . . .

utilisation du donjon . . . .

B)

CONTINUEZ
RETOUR

FICHE SIGNALÉTIQUE B

date de construction de l'Hôtel de Ville . . .

type d'architecture . . . .

C)

CONTINUEZ
RETOUR

FICHE SIGNALÉTIQUE C

pourquoi Logis Royal? . . . .

fait historique . . . .

D)

CONTINUEZ
RETOUR

FICHE SIGNALÉTIQUE D

époque de construction . . . .

position . . . .

utilisation . . . .

occuper	to occupy
entourer	to surround
mur (m.)	wall
protéger	to protect
donjon (m.)	keep
servir de ...	to be used as ...
prison (f.)	jail
siècle (m.)	century
règne (m.)	reign
lieu (m.) de rencontre	meeting place
personnage (m.) important	important person
résidence (f.)	residence
roi (m.)	king
se trouver	to be situated
beffroi (m.)	belfry

Avec le soutien (le concours) technique de l'OT Loches Touraine du Sud

ACTIVITÉ
9

C   Aujourd'hui, tout est différent …

Vous travaillez à la Mairie de Loches. Vous recevez des visiteurs et vous devez faire une présentation sur la ville et ses activités. Étudiez les notes et parlez devant un groupe.

expressions utiles

je suis heureux/heureuse
de vous accueillir à …
je voudrais vous parler de …
ensuite vous expliquer …
commençons par …
est située à …
possède …, il y a …
joue un grand rôle *plays a
great part*
on cultive / fabrique … à
l'heure actuelle

Loches
cité médiévale

✠✠✠✠✠✠✠✠✠✠✠✠✠✠✠✠✠✠✠✠✠✠

- 30 km au sud de Tours
- excellentes communications (routes, voies ferrées)
- industries légères
- agriculture: vins de Touraine, tournesol (*sunflower*)
- élevage de chèvres
- tourisme très développé
- grand marché, 1er jeudi de chaque mois

- 60 000 habitants
- beaux sites historiques (murs, donjon, hôtel de ville)

CHATEAU DE LOCHES
logis royal & donjon

ACTIVITÉ 10

Vous devez maintenant répondre en français aux questions de la salle.

Étudiant(e) A
Voici d'autres informations sur Loches.

- electronics companies
- services
- good hotels, bed and breakfast, camp sites
- lots of restaurants, grills, brasseries
- *son et lumière* every Friday and Saturday
- music festival in July

expressions utiles

> hébergement
> manifestations culturelles
> sociétés électroniques
> sociétés de services
> chambres d'hôtes (*B+B*)
> Loches vous propose …
> alors on trouve …
> il y a …
> festival de musique

Étudiant(e) B posez vos questions.
Tournez à la page 242.

ACTIVITÉ 11

À vous!

Faites des recherches sur votre ville/village. Écrivez un passage sur son histoire pour le magazine *Transmanche*.

expressions utiles

> était / occupait
> il y avait
> fabriquait
> cultivait
> beaucoup de …

Pour d'autres expressions voir le vocabulaire à la fin de l'Unité.

Visites d'Entreprises en Somme
de JUIN à OCTOBRE 1997

Réservation : 03 22 73 36 36

BRASSERIE DE CLERCK

42, rue Georges Clémenceau
80200 PERONNE

Nom du responsable de la visite :
Eliane De CLERCK
- **jeudi 5 juin à 10h30**
- **jeudi 3 juillet à 10h30**
- **jeudi 25 septembre à 10h30**

Installée en 1928 à Péronne, fabrication de bières artisanales dites "bières de garde". Durée de la visite : 3/4 heure + dégustation (10F par personne). (photos non autorisées)

9

Réservation : 03 22 73 36 36

DESCAMP S.A.

2, rue Schwob et Levy
80760 MOISLAINS

Nom du responsable de la visite :
Mr VANDERBECKEN
- **mercredi 11 juin à 14h30**
- **mercredi 17 septembre à 14h30**
- **mercredi 22 octobre à 14h30**

fabrication de linge de toilette éponge (tissage, ennoblissement, confection).
Durée de la visite : 1 heure 30 à 2 heures (photos non autorisées)

16

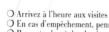

Recommandations

○ Arrivez à l'heure aux visites
○ En cas d'empêchement, pensez à annuler votre réservation
○ Respectez les règles de sécurité des entreprises
○ N'emmenez pas d'animaux
○ Ne fumez pas lors des visites
○ Demandez l'autorisation pour faire des films et des photos

ACTIVITÉ 12

Après la présentation de la sucrerie par Pascal Beaucourt vous visitez l'usine de Roye. À chaque étape de la visite vous posez des questions à Pascal. Lisez et préparez vos questions en français. Écoutez les réponses de Pascal.

Do you transport the roots by road or by train?
Pascal – Par route; les exploitations agricoles sont beaucoup plus grandes qu'autrefois et tout est mécanisé: les camions arrivent et déchargent les betteraves. On transporte celles-ci sur un tapis roulant vers le lavoir.

expressions utiles

on transporte
laver les racines
faire cuire *to cook*
extraire *to extract*
vous extrayez *you extract*

décharger	*to unload*
tapis (m.) roulant	*conveyor belt*
lavoir (m.)	(here) *washing / cleaning machine*
recycler	*to recycle*
récupérer	(here) *to save*
couper	*to cut*
morceau (m.) (pl. morceaux)	*piece*
s'enrichir	*to enrich*
éliminer	*to eliminate*
impureté (m.)	*impurity*
obtenir	*to obtain*
cristal (m.) (pl. cristaux)	*crystal*
sous vide	*in vacuum*
automatisé(e)	*automated*

Do you use a lot of water to wash the roots?
Pascal – Non, nous utilisons moins d'eau qu'avant; nous recyclons l'eau d'évaporation et donc nous lavons les betteraves avec l'eau récupérée.

Do you cook the roots?

Pascal – Pas exactement, on coupe d'abord la racine en fins morceaux puis de l'eau chaude passe et s'enrichit en sucre. Enfin on élimine les impuretés du jus.

To indicate a sequence of actions
d'abord … puis / ensuite … enfin …
first of all … then … finally …

to indicate superiority or inferiority
plus grandes **qu'**autrefois *bigger than before*
moins d'eau **qu'**avant *less water than before*

See **Comparing** ➤ page 84

How do you extract the sugar from the water?

Pascal – Après l'évaporation du jus on obtient un sirop très concentré en sucre. Les cristaux de sucre se forment dans des machines sous vide. Évidemment, tout le processus est automatique à l'heure actuelle.

ACTIVITÉ 13

Avez-vous compris les explications de Pascal? Relisez ses réponses et cochez Vrai ou Faux.

	Vrai	Faux
a) Les betteraves arrivent au lavoir sur un tapis roulant.	☐	☐
b) On lave les betteraves avec l'eau d'évaporation recyclée.	☐	☐
c) On fait cuire longtemps les betteraves pour obtenir du jus.	☐	☐
d) C'est l'eau chaude qui extrait le sucre.	☐	☐
e) Le processus n'est pas encore automatisé.	☐	☐

ACTIVITÉ 14

Avant et maintenant. Vous devez écrire un article sur les progrès techniques dans l'industrie française. Comparez la sucrerie de Roye au XIXème siècle et à l'heure actuelle. Relisez la page 72 et les pages 80–1.

exemple:

Avant, on transportait les betteraves sur des chariots à chevaux, aujourd'hui on transporte les betteraves par camion.

Quelques idées
les exploitations agricoles
le transport des betteraves
le processus
le lavage des racines

expressions utiles

(beaucoup) plus … que
moins … que
mais maintenant
alors que *whereas*
tandis que *whereas*

ACTIVITÉ 15

Faites la liste des principales caractéristiques de votre ville/village.

ACTIVITÉ 16

À vous!

Parlez de votre ville aujourd'hui.

Vous travaillez pour l'Office du Tourisme de votre ville/village; vous accueillez des visiteurs français et vous présentez votre ville.

Inspirez-vous de la présentation de Loches page 77. Pour d'autres expressions voir le vocabulaire à la fin de l'Unité.

Notes

The imperfect tense: *On cultivait, ils travaillaient.*

The imperfect is another tense of the past. To form the imperfect of any verb, remove -**ons** from the **nous** form of the verb in the present tense and add the following endings:
-**ais**, -**ais**, -**ait**, -**ions**, -**iez**, **aient**
e.g. choisir, *to choose* nous choisiss**ons** → je choisiss**ais**

Here is the imperfect tense of **choisir**:

choisir to choose			
Singular		*Plural*	
je choisissais	I have chosen	**nous choisissions**	we have chosen
tu choisissais	you have chosen *(familiar)*	**vous choisissiez**	you have chosen *(plural or polite singular)*
il	he has chosen	**ils**	
elle choisissait	she has chosen	**elles** choisissaient	they have chosen
on	it has chosen		

The only verb which is irregular in the imperfect is **être**: j'étais, tu étais, il / elle / on était, nous étions, vous étiez, ils / elles étaient.

The perfect and the imperfect have distinct uses. The perfect is used for a single action in the past (elle a incité, j'ai commencé, nous avons autorisé).

The imperfect is used for:

- a repeated action or a habit.
  Ils travaillaient six jours par semaine.   *They used to work six days per week.*
  Quand j'étais jeune nous nous   *When I was young we used to get up at*
  levions à 5 heures.   *5 o'clock.*

- a state of affairs in the past.
  Les exploitations agricoles étaient   *Farms were smaller.*
  plus petites.

- a description.
  Il était petit et portait un costume   *He was small and wore a suit that was*
  trop grand.   *too big for him.*

- an action in progress when another event occurred.
  On travaillait quand le téléphone a sonné.   *We were working when the telephone*
  ⬆   ⬆   *rang.*
  imperfect   perfect

NB. In everyday speech the French will tend to use the phrase **être en train de ...**
(*to be in the process of ...*)
On était en train de travailler quand le   *We were working when the*
téléphone a sonné.   *telephone rang.*

The imperfect is used in sentences including **depuis** when the whole scene took place in the past:

Je travaillais chez Alcatel depuis 2 ans / depuis 1990 quand j'ai rencontré Sophie.
I had been working at Alcatel for 2 years / since 1990 when I met Sophie.

En pratique

1   Turn the following sentences into the imperfect.

   a) Je travaille toujours tard dans la nuit.
   b) Mes enfants vont en France tous les ans.
   c) Le ciel est très noir, les nuages sont menaçants.
   d) La machine fonctionne bien.
   e) Je ne suis pas fatigué, je peux continuer jusqu'au soir.

Comparing

To express *superiority* (more than), use **plus ... que**:

Aujourd'hui les fermes sont plus grandes qu'autrefois. *Today, farms are bigger than in the past.*

To indicate *inferiority* (less than), use **moins ... que**:

Au début du siècle les fermes étaient moins grandes qu'aujourd'hui. *At the beginning of the century farms were less big than today.*

To express *equality* (equal to, as ... as) use **aussi ... que**:

L'usine était aussi grande qu'à l'heure actuelle. *The factory was as big as now (lit. as at the present time).*

To say that there is more of something use **plus de / davantage de ... (que)**:

Nous avons maintenant plus de vacances qu'avant. *We now have more holidays than before.*

To say that there is less / there are fewer of something use **moins de ... (que)**:

Il y a moins de fermes mais elles sont plus grandes. *There are fewer farms but they are bigger.*

En pratique

2   Complete the sentences with **plus (de)**, **moins (de)**, **plus ... que**.

   e.g. Aujourd'hui, nous avons ... machines (*more*). **Aujourd'hui, nous avons plus de machines.**

   a) Il y a cinquante ans, les villes étaient _____ polluées (*less*).
   b) Les employés ont _____ temps libre (*more*).
   c) Il y a maintenant _____ sécurité (*more*), nous avons donc _____ accidents (*fewer*).
   d) Cette machine est _____ moderne _____ l'autre (*more*).

Le / la / les plus ...

If you want to say that something is 'the biggest' or, 'the most ...', use **le/la plus** + adjective:

Cette machine est la plus puissante. *This machine is the most powerful.*
Ce camion est le plus grand. *This lorry is the biggest.*

In the plural use **les plus** + adjective:
Ces racines sont les plus petites. *These roots are the smallest.*

When comparing, remember that there are a few irregular adjectives and adverbs:

Adjective bon(ne) *good* meilleur(e) *better* le/la meilleur(e) *the best*
(used with a noun)

meilleur(e) que *better than*

Adverb bien *well* mieux *better* le mieux *the best*
(used with a verb)

mieux que *better than*

L'autre route était bonne mais celle-ci est meilleure. *The other road was good but this one is better.*
Notre vieille machine fonctionnait bien mais celle-ci fonctionne mieux. *Our old machine worked well but this one works better.*

En pratique

3 Complete the following sentences with **meilleur(e) (que)**, **le/la meilleur(e)**, **mieux (que)**, etc.

a) La qualité de la vie était-elle _____ il y a cinquante ans?
b) C'est _____ vin depuis longtemps.
c) En France, on travaille moins mais on travaille peut-être _____
d) Vous avez choisi _____ solution!
e) Cette formule est certainement _____ la précédente.
f) Ce sont _____ employés!

Faisons le point!

1 Use the imperfect to complete the sentences.

    a) Je _____ (**recevoir**) beaucoup de courrier quand je _____ (**travailler**) à l'Office de Tourisme.

    b) On _____ (**cultiver**) déjà la betterave au début du 19ème siècle.

    c) Pendant les vacances les enfants _____ (**vouloir**) regarder la télé tous les soirs.

    d) Quand nous habitions à la campagne, nous ne _____ (**pouvoir**) pas retourner le même jour, c'_____ (**être**) trop loin.

    e) Au début de notre mariage mon mari _____ (**partir**) de la maison à 6 heures.

    f) Lorsqu'ils travaillaient chez Good Year ils _____ (**prendre**) le train puis _____ (**faire**) le reste du chemin à pied.

Check your answers. Any problems? Then revise the grammar note on page 83.

---

2 Use the correct form of the two verbs to complete the sentences. Careful! One of the verbs should be in the imperfect and the other one in the perfect.

    e.g. J' _____ (**écrire**) une lettre quand elle _____ (**appeler**). **J'écrivais une lettre quand elle a appelé.**

    a) Elle _____ (**dormir**) quand le réveil _____ (**sonner**).

    b) Nous _____ (**être**) en train de manger lorsqu'il _____ (**arriver**).

    c) Quand elle _____ (**sortir**) de la maison il _____ (**pleuvoir**) déjà.

    d) Il y _____ (**avoir**) encore beaucoup de gens à la piscine quand nous _____ (**partir**).

    e) Le ciel _____ (**être**) noir, la pluie _____ (**être**) proche, nous _____ (**revenir**) tout de suite.

Check your answers. Any problems? Then revise the grammar note on page 83.

---

3 Complete the sentences with **plus, plus de, plus ... que, moins ... que, moins de, aussi ... que, meilleur(e) que, mieux que.**

    e.g. Les installations étaient _____ (*less modern than*) maintenant.
    Les installations étaient moins modernes que maintenant.

    a) Il y avait _____ (*more farms*) mais celle-ci étaient _____ (*smaller*).

    b) Le processus est _____ (*more automatised*) _____ autrefois.

    c) La ville occupe une position _____ (*as strategic*) _____ autrefois.

    d) Il y a maintenant _____ (*fewer employees*) mais ceux-ci travaillent _____ (*more efficiently*).

    e) Cette année est _____ (*better than*) l'année dernière.

    f) On a réparé la machine et elle fonctionne _____ (*better than*) avant.

Check your answers. Any problems? Then revise the grammar note on page 84.

Vocabulaire

LES VILLES ET LES VILLAGES

place (f.)	*square*
croître	*to grow*
se développer	*to develop*
magasins (m.pl.)	*shops*
mairie (f.)	*town hall*
hôtel (m.) de ville	*town hall*
gare (f.)	*station*
gare (f.) routière	*bus station*
église (f.)	*church*
musée (m.)	*museum*
centre (m.) de loisirs	*sports centre*
centre (m.) commercial	*shopping centre*
salle (f.) polyvalente	(literally) *multipurpose room, often a functions room or a parish hall*
zone (f.) d'activités	*business park*
zone (f.) industrielle	*industrial zone*
station (f.) service	*petrol station*
bureau (m.) de poste	*post office*
pharmacie (f.)	*chemist's*
boulangerie (f.)	*baker's*
boucherie (f.)	*butcher's*
supérette (f.)	*(small) general self-service store*

LES SOCIÉTÉS

employés (m.pl)	*employees*
usine (f.)	*factory*
société (f.)	*company*
bureau (m.)	*office*
produire	*to produce*
fabriquer	*to make*

LES VACANCES – CE QUE VOUS AVEZ FAIT

on allait à ... tous les jours	*we went to ... every day*
plage (f.)	*beach*
piscine (f.)	*swimming pool*
faire des randonnées	*to go rambling, to go on long walks*
sable (m.)	*sand*
mer (f.)	*sea*
lac (m.)	*lake*
soleil (m.)	*sun*
le temps était superbe / mauvais	*the weather was wonderful / awful*
il faisait chaud / froid	*it was hot / cold*
il pleuvait	*it was raining (it rained)*

je me levais tard	*I got up late*
je faisais la grasse matinée	*I had a lie in*
faire du VTT	*to go mountain biking*
prendre des bains de soleil	*to sunbathe*
se baigner	*to bathe, to paddle*
faire des promenades	*to go for walks*
faire du camping	*to go camping*
faire des tours à vélo / en voiture	*to go on a bike ride a car trip*
faire du stop /de l'auto-stop	*to hitch-hike*
conduire	*to drive*
pique-niquer	*to picnic*
se coucher	*to go to bed*
aller à la plage	*to go to the beach*
faire du ski	*to go skiing*
faire les magasins	*to go round the shops*
aller à une disco	*to go to a disco*
s'amuser	*to have fun*
s'ennuyer	*to get bored*

LES VACANCES – COMMENT C'ÉTAIT

c'était ...

superbe	*wonderful*
extra	*great, cool*
marrant (*familiar*)	*funny*
agréable	*nice*
excellent	*excellent*
amusant	*amusing, fun*
reposant	*restful*
fatigant	*tiring*
ennuyeux	*boring*

FAIRE UNE PRÉSENTATION

Bonjour messieurs, mesdames
Je m'appelle ... je suis ...
Je suis heureux(-euse) de vous accueillir à ...
It gives me great pleasure to welcome you to ...
d'abord ... puis / ensuite ... enfin ...
first of all ... then ... finally ...
Je voudrais vous parler de ...
I would like to speak to you about ...
ensuite je vais vous expliquer ...
then I will explain ...
Pour terminer je vais vous parler de ...
To end with I'm going to speak to you about ...
Commençons par ... *Let's begin with ...*
Je vous ai parlé de ...
I have spoken to you about ...
maintenant je voudrais vous parler de ... / vous présenter ...
Now I would like to speak to you about ... / to present ... to you

---

Now you have completed Unit 4, can you:

tick

1 Say what you used to do in the mornings when you were on holiday? *See page 75.* ☐

2 Describe the main features of your town (situation, local industry, age, number of inhabitants)? *See pages 78, 79, 82.* ☐

3 Talk about things your parents used to do? *See page 74.* ☐

4 Say how your local town has changed? *See pages 79 and 82.* ☐

5 Say how things have changed, what you used to do, what you do these days? *See page 75.* ☐

5 Aujourd'hui, demain

- Thinking about the future
- The future strategy of a company
- Imagining life in the future

A Bientôt le week-end!

ACTIVITÉ 1

Lisez la note **Using the immediate future** à la page 101 et faites *En pratique 1*.

ACTIVITÉ 2

Bientôt le week-end! Qu'est-ce que vous allez faire? Étudiez les *Mots-clés*.

Écoutez les mini-dialogues et complétez les phrases.

plein de	*lots of* (familiar)
passionnant	*exciting*
se promener	*to have a walk*
spectacle (m.)	*show*
manquer	*to miss*

Salut Christophe, qu'est-ce que tu vas faire samedi?

Samedi matin je ...   et puis l'après-midi je ...   Samedi soir avec Corinne nous ...

Et vous Catherine, qu'est-ce que vous allez faire ce week-end?

Samedi matin ...   L'après-midi ... certainement ...   et puis dimanche ...

Et vous Robert et Yvette, qu'est-ce que vous allez faire ce week-end?

Nous … ce week-end.
Samedi …

d'abord … le musée du
Louvre puis …

Dimanche … le long de la
Seine.

ACTIVITÉ
3

À vous!

Qu'est-ce que vous allez faire ce week-end? Regardez les
renseignements sur les loisirs page 36, Unité 2.

Pour d'autres expressions regardez la fin de l'Unité
page 106.

Utilisez **je vais** + verb.

exemple:
Je vais faire de la voile, je vais aller au cinéma.

expressions utiles

dans un bon restaurant
CD
nouveau jean,
au supermarché
je vais, on va
la / ma voiture
acheter, réparer, aller en ville
nous allons faire les courses,
partir
visiter, dîner
nous promener

aller + verb
je vais acheter …   *I'm going to buy …*
nous allons nous promener le long de la Seine

See **Using the immediate future**

➤ page 102

B Des produits qui révolutionneront votre vie

ACTIVITÉ 4

Étudiez la note **The future tense** à la page 101 et faites *En pratique 2* (à la page 103).

ACTIVITÉ 5

Étudiez les *Mots-clés* et lisez des produits qui révolutionneront votre vie. Un ami anglais vous pose des questions sur ces nouveaux produits.

Un vélo pliable

Vous aimerez ce vélo qui se plie en 3. Un sac de 25 x 55 x 57 cm vous permettra de transporter facilement cette petite merveille, à la main ou dans le coffre de votre voiture.
Prix: à partir de **4500 F**, Sac **330 F**

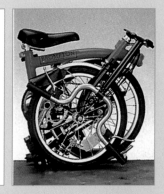

Jardinage facile

Jardiner dans votre appartement sera maintenant un vrai plaisir avec des cubes de terreau déshydraté. Vous mélangerez ces cubes à deux fois leur volume d'eau et vous obtiendrez 10 litres de terreau pour vos plantes.
Prix: **25 F** les 700g.

Votre chien aura des dents blanches grâce à ce dentifrice qui éliminera le tartre. Il croquera ces délicieuses pastilles et se sentira tout de suite mieux; des dents plus blanches et une haleine irréprochable!
Prix: **95 F** le paquet de 20 pastilles

a) How will you transport the bike?

b) How will you put it in a small bag like that?

c) Is it some sort of medicine for your dog?

d) What effect will the pastilles have?

e) What do you have to do to this product to get compost for your plants?

f) What sort of garden is this product for?

À vous!

Discutez avec votre groupe. Décrivez le produit / la machine qui changera votre vie de tous les jours … un lave-vaisselle, un ordinateur portable, un téléphone mobile ou …?

un distributeur électronique de cartes

aura, **suivra**, **sera** are verbs in the future tense (*will have, will follow, will be*).

See **The future tense** ➤ **page 101**

révolutionner	*to revolutionise*
suivre	*to follow*
permettre	*to allow*
merveille (f.)	*marvel*
coffre (m.)	*boot (of a car)*
grâce à	*thanks to*
tartre (m.)	*plaque*
croquer	*to crunch*
pastille (f.)	*pastille*
se sentir	*to feel*
haleine (f.)	*breath*
plaisir (m.)	*pleasure*
cube (m.)	*cube*
terreau (m.)	*plant compost*
déshydraté(e)	*dehydrated*
mélanger	*to mix*

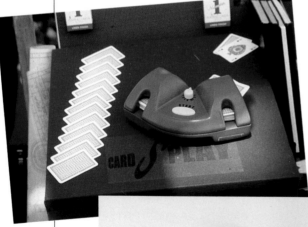

un téléphone mobile

une machine à faire le café <u>et</u> le thé

ACTIVITÉ 6

Un peu de science-fiction! Imaginons la vie en 2050!
Étudiez les **Mots-clés**. Vous écrivez un article, regardez
les dessins et complétez avec des verbes au futur.

En 2050, la vie _____ (**être**) très différente. Nous _____
(**avoir**) d'abord beaucoup plus de temps libre; il y _____
(**avoir**) un robot dans chaque maison, qui _____ (**faire**)
la cuisine, _____ (**tondre**) la pelouse et _____ (**laver**) la
voiture.

Grâce aux nouveaux moyens de transport, le monde
_____ (**devenir**) très petit. Nous _____ (**pouvoir**) aller de
Paris à New York en moins d'une heure et les Européens
_____ (**aller**) faire leurs courses à Sydney pour la
journée.

Certains pays _____ (**souffrir**) de
surpopulation et _____ (**devoir**)
construire des îles artificielles sur les
océans qui, avec un climat plus chaud,
_____ (**être**) immenses. Le Japon par
exemple _____ (**avoir**) une dizaine de ces
îles avec des gratte-ciel géants où _____
(**habiter**) vingt à trente mille personnes.

tondre	*to mow*
pelouse (f.)	*lawn*
moyen (m.) de transport	*means of transport*
monde (m.)	*world*
construire	*to build*
île (f.)	*island*
gratte-ciel (m.invar)	*sky-scraper*

ACTIVITÉ 7

Des projets plein la tête! Écrivez ou parlez.

Édouard va passer son Bac l'année prochaine mais il pense déjà à l'avenir. Étudiez les **expressions utiles**, regardez les illustrations et devinez ses pensées.

expressions utiles

une pensée *thought*
descendre dans *to go down to the*
le Midi *South of France*
faire les vendanges *to pick grapes*
visiter les monuments *to see the sights*

Après mon Bac …

! quand **je serai** grand *when I am big / grown up*
See the note **The future after *quand*.**

➤ page 103

ACTIVITÉ 8

Lisez la note **The future after *quand*** à la page 103.

ACTIVITÉ 9

Qu'est-ce que tu feras quand tu seras grand? Étudiez les ***Mots-clés*** et écoutez.

Un journaliste a enregistré deux enfants. Il vous demande de transcrire (*transcribe*) la réponse des enfants.

Édouard   Moi, quand je serai grand …
Anne-Sophie   Moi, quand j'aurai vingt ans …

pompier (m.)	*fireman*
conduire	*to drive*
éteindre	*to put out, to extinguish*
feu (m.)	*fire*
hôtesse (f.) de l'air	*air hostess*
habits (m.pl.)	*clothes*
partout	*everywhere*

ACTIVITÉ 10

À vous!

Avez-vous des projets? Que ferez-vous plus tard? Vous écrivez à un ami français, continuez la lettre.

Cher ami,

Je ne vous ai pas écrit depuis longtemps. Tout va bien ici, nous sommes tous en pleine forme et nous avons beaucoup de projets …

Bien à toi, ton ami(e)

expressions utiles

dans 2/3 ans
quand je + verb (future)
prendre sa retraite *to retire*
trouver un emploi *to find a job*
changer de travail *to change jobs*
faire du sport *to do some sport*
avoir des enfants *to have children*
travailler dans le secteur de …
to work in the … sector
plus tard … *later* …
ma femme, mon mari, mon ami(e)

Pour d'autres expressions ➤ **page 106**

*i*nfo France

LES GRANDS TRAVAUX

Depuis une vingtaine d'années, les présidents de la République successifs – François Mitterrand en particulier – ont été à l'origine de Grands travaux. Le premier d'une liste impressionnante est peut-être le Centre National d'Art et de la Culture Georges Pompidou qui a ouvert ses portes en 1977 et présente une architecture métallique futuriste. Après la reconversion en 1986 de la gare d'Orsay en musée, la Pyramide du Louvre avec ses 85 tonnes d'acier (*steel*) et ses 105 tonnes de verre (*glass*) a été inaugurée (*was opened*) en 1988. Le nouveau ministère des Finances (*Ministry of Finance*) à Bercy et l'Opéra de la Bastille sont deux autres réalisations importantes achevées (*completed*) respectivement en 1987 et 1989. L'Arche de la Défense, dans le prolongement des Champs Élysées constitue une sorte de réplique moderne de l'Arc de Triomphe. En dehors (*outside*) de la capitale, non loin du Havre, le Pont de Normandie, ouvert à la circulation en 1995, atteint une longueur de plus de 2,4 km.

Le grand projet pour la fin du siècle sera peut-être le canal Seine-Nord qui reliera (*will connect*) le Bassin parisien au Nord de la France et aux pays du Bénélux. Ce canal permettra de transporter les marchandises lourdes (*heavy goods*) par péniche (*barge*) et de soulager (*relieve*) l'autoroute A1 qui a atteint (*reached*) le point de saturation.

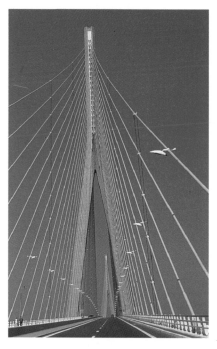

▲ Le Pont de Normandie

▲ La Pyramide du Louvre

◀ L'Arche de la Défense

C Dans les années à venir

> être satisfait de …
> (to be pleased about …)
> les résultats de ….
> produit
> développer
> vendre
> beaucoup de …
> le plus
> quel est / quel sera
> quels seront
> stratégie (f.)

Les Magazines *Le Point* et *Business Week* écrivent des articles en collaboration. Dans le numéro de cette semaine le journaliste du *Point* interroge un représentant du groupe Rossignol sur l'avenir du groupe.

Étudiant(e) A
Vous êtes le journaliste. Étudiez les *Mots-clés* et posez les questions.

Étudiant(e) B
Vous êtes le représentant de Rossignol. Tournez à la page 242. Étudiez les résultats de votre société et les *Mots-clés*. Répondez aux questions. Vous pouvez ensuite inverser les rôles!

Étudiant(e) A
- Ask about last year's results.
- Ask what products are selling well at the moment.
- Ask about the future products that will be developed.
- Ask what the strategy of the company will be.

augmenter	to increase
les ventes (f.pl.)	sales
skis (m.) alpins	downhill skis
chaussures (f.pl.) de ski	ski boots
recherché(e)	sought after, popular

ACTIVITÉ 12

Délocalisation et télétravail, voilà l'avenir pour les entreprises!

À Paris, un groupe de cadres discute la possibilité de délocaliser les opérations de télémarketing dans la région du Limousin.

Étudiez les **Mots-clés**, écoutez la conversation et cochez les avantages discutés.

cadre (m.)	executive
délocaliser	to relocate, to outsource
déménager	to move
comptabilité (f.)	accountancy
locaux (m.pl.)	premises
libre	vacant
pourtant	however
embaucher	to take on (employees)
main d'oeuvre (f.)	manpower
être au chômage	to be unemployed
formation (f.)	training
subvention (f.)	grant / subsidy
collectivité (f.) territoriale	local authority
défavorisé(e)	depressed, less favoured
implantation (f.)	(here) setting up

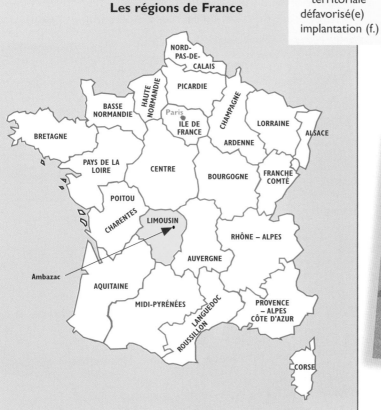

Les régions de France

NORD-PAS-DE-CALAIS
PICARDIE
HAUTE NORMANDIE
BASSE NORMANDIE
Paris
ÎLE DE FRANCE
CHAMPAGNE
ARDENNE
LORRAINE
ALSACE
BRETAGNE
PAYS DE LA LOIRE
CENTRE
BOURGOGNE
FRANCHE COMTÉ
POITOU CHARENTES
LIMOUSIN
RHÔNE – ALPES
Ambazac
AUVERGNE
AQUITAINE
MIDI-PYRÉNÉES
LANGUEDOC ROUSSILLON
PROVENCE – ALPES CÔTE D'AZUR
CORSE

	Discuté	Pas discuté
a) le déménagement de certains bureaux	☐	☐
b) le prix des bureaux à Ambazac	☐	☐
c) le salaire des employés	☐	☐
d) le recrutement de la main d'oeuvre	☐	☐
e) la situation géographique d'Ambazac	☐	☐
f) les aides proposées par la région	☐	☐

Directeur général	Si nous transférons nos activités de marketing, nous pourrons déménager notre service de comptabilité dans les locaux qui seront libres.
Directeur de marketing	Oui, et le prix des bureaux d'Ambazac sera raisonnable. Il y a pourtant un problème, celui du recrutement. Où allons-nous trouver les employés?
Directeur du personnel	Nous embaucherons une main d'œuvre locale. Il y a beaucoup de jeunes au chômage dans cette région. Nous offrirons une formation gratuite de trois mois et des conditions de travail flexibles qui intéresseront les femmes …
Directeur général	Nous bénéficierons également de subventions des collectivités territoriales. Le Limousin est une de ces régions défavorisées qui essaient d'attirer les entreprises et elle nous proposera des sites favorables à notre implantation.

Ambazac accueille votre entreprise au cœur du Limousin

SITUÉ DANS LE DÉPARTEMENT DE LA HAUTE VIENNE

* population 4700 habitants
* à 30 km de Limoges la capitale du Limousin
* à 6 km de l'A20 qui relie Paris et Toulouse
* réseau routier de qualité
* Limoges–Paris en train en 2 heures 50 jusqu'à 12 fois par jour
* Aéroport de Limoges–Bellegarde à une heure de Paris par avion quatre fois par jour
* qualité de vie à la campagne

de grands groupes internationaux ont choisi La Haute Vienne, pourquoi pas vous?

For more information on Limousin try:
http://www.urec/France/Classement/Regions/Limousin/Limousin.html

ACTIVITÉ 13

Par groupe de trois. Continuez la discussion sur les avantages mais aussi les inconvénients (*disadvantages*) d'une délocalisation. Utilisez le futur.

Vos notes

LES INCONVÉNIENTS
- tous les employés de l'entreprise ne sont pas sur le même site
- contacts et communications plus difficiles
- employés isolés

LES AVANTAGES
- salaires moins chers en province
- taxe professionnelle (*business rates*) moins élevée (*less high*)
- conditions de vie des employés plus agréables
- environnement moins stressant

À vous

Et votre région? Encouragez un chef d'entreprise à s'installer dans votre région.

À vous

Comparez les avantages de deux villes ou régions que vous connaissez. Présentez celles-ci à un homme ou une femme d'affaires français.

expressions utiles

sera / seront
peut-être
moins ... que ...
pourtant
plus ... que
par contre *on the other hand*
les atouts d'une région –
les avantages
le réseau des transports –
bien développé
le climat sans extrêmes
la main d'oeuvre
le niveau d'éducation
l'infrastructure
le niveau des salaires –
salaires pas trop élevés
le prix des maisons / des bureaux

*i*nfo France

L'AMÉNAGEMENT DU TERRITOIRE

Les économistes ont souvent divisé (*divided*) la France en deux avec la ligne Le Havre – Marseille: au Nord et à l'Est, la France dynamique et industrialisée; au Sud et à l'Ouest, la France retardataire (*backward*).

Depuis la création de la DATAR (Délégation à l'aménagement du territoire et à l'action régionale) en 1960 les gouvernements successifs ont tenté de réduire l'expansion de la capitale et de la région Île de France (autour de Paris). Ils ont encouragé avec des primes de décentralisation des grandes entreprises à s'installer dans des zones défavorisées. Renault, par exemple, dans le cadre de (*as part of*) sa politique (*policy*) de délocalisation, a implanté une usine au Havre-Sandouville et Citroën a transféré une partie de ses activités à Rennes. Les pouvoirs publics (*the public authorities*) ont investi des sommes considérables dans le développement des réseaux autoroutier et ferroviaire (*road and rail networks*), en particulier le TGV (Train à Grande Vitesse) qui participe au désenclavement (*opening up*) des petites villes du rural profond (*remote country areas*).

Le taux de chômage le plus élevé

La désertification, perte de population

La Corse
(2 départements)

L'État distribue des subventions de tous types pour développer de nouvelles activités dans les régions de campagne et de montagne qui souffrent de désertification (*chronic loss of population*). Avec la généralisation de l'informatique (*computing*) et de la télématique (*data communications*) le télétravail (*teleworking*) commence à se développer et dans les années à venir de plus en plus d'entreprises françaises et étrangères délocaliseront certaines de leurs activités.

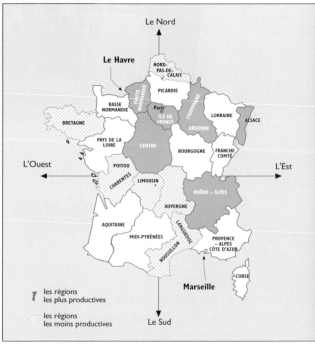

Le Nord

Le Havre

NORD-PAS-DE-CALAIS

PICARDIE

HAUTE NORMANDIE

BASSE NORMANDIE

Paris
ÎLE DE FRANCE

CHAMPAGNE ARDENNE

LORRAINE

ALSACE

BRETAGNE

PAYS DE LA LOIRE

CENTRE

BOURGOGNE

FRANCHE COMTÉ

L'Ouest

POITOU CHARENTES

LIMOUSIN

L'Est

AUVERGNE

RHÔNE – ALPES

AQUITAINE

MIDI-PYRÉNÉES

LANGUEDOC ROUSSILLON

PROVENCE – ALPES CÔTE D'AZUR

CORSE

Marseille

les régions les plus productives

les régions les moins productives

Le Sud

Notes

Expressing the future

• **Using the present tense**

A simple way of expressing the future is to use the present tense followed by a time phrase:

Je pars **dans deux jours**.   *I am leaving in two days.*

• **Using the immediate future**

Another simple way to say what is going to happen is to use **aller** followed by a verb in the infinitive.

This construction is generally used for an action which is going to take place in the very near future or straightaway:

Pendant les vacances, je vais me reposer.   *I'm going to have a rest in the holidays.*
Il va faire les courses.   *He's going to do the shopping.*
Nous allons nager.   *We're going to swim.*
Je vais téléphoner à ma mère tout de suite.   *I'll ring my mother straightaway.*

In the last example, although the 'going to' form is not used in English, it is used in French because the action is going to take place very soon.

En pratique

1   Conjugate the verbs in brackets in the immediate future.

    a) Tu viens? On _____ (**acheter**) du pain.
    b) Je _____ (**téléphoner**) à mes parents tout de suite.
    c) Mes amis _____ (**dîner**) en ville ce soir.
    d) Nous _____ (**partir**) à 7 heures.
    e) Est-ce que vous _____ (**faire les courses**) au supermarché?

The future tense

The future of regular verbs is formed by adding future endings to the infinitive of the verb: **-ai, -as, -a, -ons, -ez, -ont**.

Here is the future of **aimer**, **faire** and **vendre**:

aimer to love			
Singular		*Plural*	
j'aimer**ai**	I will love	nous aimer**ons**	we will love
tu aimer**as**	you will love (familiar)	vous aimer**ez**	you will love (plural or polite singular)
il elle aimer**a** on	he she will love it	ils aimer**ont** elles	they will love

finir to finish			
Singular		*Plural*	
je finir**ai**	I will finish	nous finir**ons**	we will finish
tu finir**as**	you will finish (familiar)	vous finir**ez**	you will finish (plural or polite singular)
il elle finir**a** on	he she will finish it	ils elles finir**ont**	they will finish

vendre to sell			
Singular		*Plural*	
je vendr**ai**	I will sell	nous vendr**ons**	we will sell
tu vendr**as**	you will sell (familiar)	vous vendr**ez**	you will sell (plural or polite singular)
il elle vendr**a** on	he she will sell it	ils elles vendr**ont**	they will sell

Note that **-re** verbs lose the final **e** before the future ending is added:

There are a number of irregular verbs in the future, the most common of these are given below.

avoir	j'aurai	nous aurons	vous aurez	ils / elles auront
être	je serai	nous serons	vous serez	ils / elles seront
venir	je viendrai	nous viendrons	vous viendrez	ils / elles viendront
devenir	je deviendrai	nous deviendrons	vous deviendrez	ils / elles deviendront
aller	j'irai	nous irons	vous irez	ils / elles iront
obtenir	j'obtiendrai	nous obtiendrons	vous obtiendrez	ils / elles obtiendront
voir	je verrai	nous verrons	vous verrez	ils / elles verront
pouvoir	je pourrai	nous pourrons	vous pourrez	ils / elles pourront
devoir	je devrai	nous devrons	vous devrez	ils / elles devront
faire	je ferai	nous ferons	vous ferez	ils / elles feront
vouloir	je voudrai	nous voudrons	vous voudrez	ils / elles voudront

The immediate future

The immediate future can often be used instead of the future tense:

On retournera / on va retourner en Italie l'année prochaine.

However, the future will be preferred when speaking about events which will take place in a remote or in an indeterminate future:

| Dans trois ans je serai médecin. | *In three years' time I shall be a doctor.* |
| Ne vous inquiétez pas, je prendrai le train. | *Don't worry, I'll take the train.* |

En pratique

2 Conjugate the verbs in brackets in the future.

a) L'année prochaine on _____ (**aller**) au Canada.
b) Je _____ (**pouvoir**) acheter une voiture.
c) Vous _____ (**faire**) le voyage en une journée!
d) Ils _____ (**devoir**) vendre leur maison.
e) C'est promis, je _____ (**venir**) vous voir l'été prochain.

The future after *quand*

In English the present tense is used after *when, as soon as, as long as, while*. In French when talking about future events the future must be used after words like **quand** (*when*), **lorsque** (*when*), **dès que** (*as soon as*), **aussitôt que** (*as soon as*), **tant que** (*as long as*) or **pendant que** (*while*):

J'achèterai une bouteille quand j'irai en ville.	*I'll buy a bottle when I go to town.*
Elle veut être vétérinaire quand elle sera grande.	*She wants to be a vet when she grows up.*

The future and *si* – indicating a condition

The future tense is never used after **si** (*if*):

Si tu vas en ville, achète le journal.	*If you're going to town, buy the paper.*

En pratique

3 Complete the sentences in the future.

a) Est-ce que tu sais quand tu _____ (**voir**) Jérôme?
b) Nous vous _____ (**téléphoner**) dès que nous _____ (**être**) arrivés.
c) Attendez là pendant qu'il _____ (**aller**) à la pharmacie.
d) Quand je _____ (**avoir**) assez d'argent, je _____ (**faire**) le tour du monde.
e) Vous _____ (**réserver**) les chambres lorsque vous _____ (**arriver**).

Faisons le point!

1　Starting with the phrase provided, turn the following sentences into the future tense.

e.g. Il achète un nouveau téléphone mobile.

La semaine prochaine _____ .

La semaine prochaine il achètera un nouveau téléphone mobile.

a) Je vais à la piscine deux fois par semaine.
Bientôt _____ .

b) Nous venons avec vous.
La semaine prochaine _____ .

c) J'obtiens mon baccalauréat.
Dans deux ans _____ .

d) Il peut travailler dans l'équipe du professeur.
Quand il aura son doctorat il _____ .

e) Nous sommes en retard.
Si nous ne nous dépêchons pas, _____ .

f) Elle fait les courses au supermarché.
Ce week-end _____ .

g) Vous avez deux heures pour faire une traduction.
À l'examen _____ .

Check your answers. Any problems? Then read the grammar notes on page 101.

2　Use the correct form of the verbs in brackets in the future.

a) Quand nous _____ (**avoir**) deux voitures, notre vie _____ (**être**) plus facile.

b) Ils _____ (**retourner**) en France dès que Stephen _____ (**prendre**) sa retraite.

c) Si nous allons en Espagne cette année, nous _____ (**louer**) une villa avec des amis.

d) Elle _____ (**partir**) aussitôt qu'elle _____ (**être**) en vacances.

e) La machine _____ (**faire**) le travail pendant qu'on _____ (**se reposer**).

f) Lorsque vous _____ (**avoir**) le temps, est-ce que vous _____ (**pouvoir**) vérifier ce document?

Check your answers. Any problems? Then read the grammar notes on page 102.

3 Past, present or future? Read the sentence and put the verb in the right tense.

  a) Il y a deux ans je _____ (**aller**) aux États-Unis.
  b) Les enfants, nous _____ (**partir**) demain, dès que vous _____ (**être**) rentrés de l'école.
  c) De nos jours la vie des travailleurs _____ (**sembler**) plus facile mais tout le monde _____ (**être**) plus fatigué qu'avant.
  d) Marc _____ (**obtenir**) sa licence en 1990.
  e) Bientôt tous les ordinateurs _____ (**être**) connectés à l'Internet.
  f) Quand je _____ (**prendre**) ma retraite dans deux ans je _____ (**relire**) tous les grands classiques, j' _____ (**aller**) à la pêche tous les jours et j' _____ (**acheter**) enfin la télé.
  g) Lorsqu'il _____ (**épouser**) Marie en 1980 il _____ (**être**) encore étudiant de médecine.
  h) Avant la semaine de 40 heures, les gens _____ (**travailler**) six jours sur sept.

Check your answers. Any problems? Then read the grammar notes on pages 65, 83, 101–3.

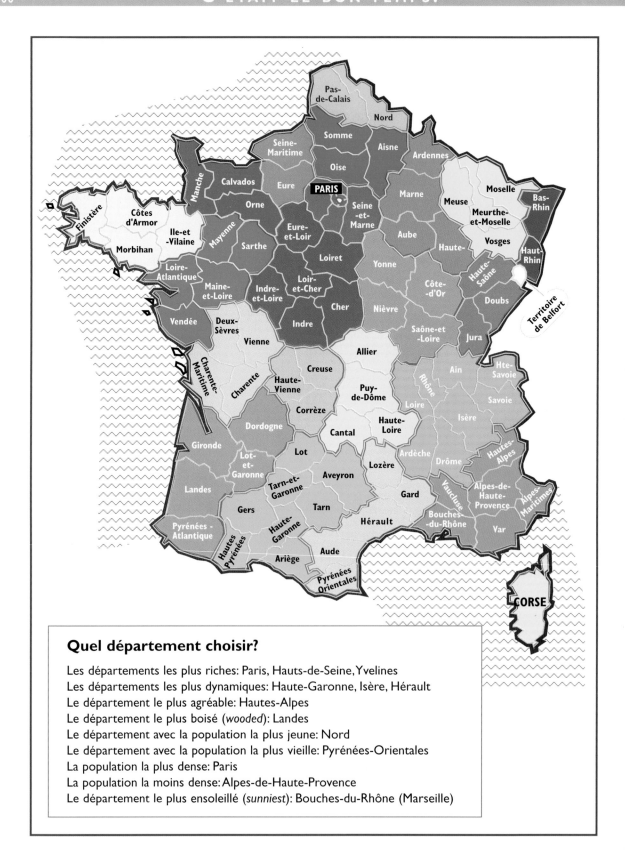

Quel département choisir?

Les départements les plus riches: Paris, Hauts-de-Seine, Yvelines

Les départements les plus dynamiques: Haute-Garonne, Isère, Hérault

Le département le plus agréable: Hautes-Alpes

Le département le plus boisé (*wooded*): Landes

Le département avec la population la plus jeune: Nord

Le département avec la population la plus vieille: Pyrénées-Orientales

La population la plus dense: Paris

La population la moins dense: Alpes-de-Haute-Provence

Le département le plus ensoleillé (*sunniest*): Bouches-du-Rhône (Marseille)

Vocabulaire

LE WEEK-END PROCHAIN

le week-end prochain	next weekend
je vais … / nous allons …	I'll / we'll …
faire les courses	go shopping
faire la cuisine	do the cooking
faire le ménage	do the household chores
visiter …	visit
réparer …	repair
acheter …	buy
passer quelques heures chez des amis	spend some time at some friends'
partir à la campagne	go to the country
chercher mon ami à la gare	get my friend from the station
donner un coup de main à mon ami Peter	give my friend Peter a hand
faire du bricolage	do some DIY
faire du jardinage	do the garden
laver la voiture	wash the car
faire une promenade	go for a walk
me reposer / nous reposer	rest
d'abord …	first …
on va aller en ville	we'll go to town
puis …	then …
ensuite …	then (after that) …
le matin, l'après-midi, le soir …	in the morning, afternoon, evening …

DES PROJETS

Quand j'aurai mon diplôme …	When I get my diploma …
Quand j'aurai 25 ans …	When I am 25 …
Quand je serai en vacances …	When I'm on holiday …
Quand je trouverai un emploi …	When I find a job …
Quand je serai en retraite …	When I retire …

LES ACTIVITÉS D'UNE SOCIÉTÉ COMMERCIALE

lancer un nouveau produit	to launch a new product
améliorer	to improve
clients (m.pl.)	customers
personnel (m.)	staff
employés (m.pl.)	employees
augmenter	to increase
réduire	to decrease
développer	develop
vendre	to sell
usine (f.)	factory
bureaux (m.pl.)	offices
s'implanter	to set up (a new factory new offices)
déménager	to move
embaucher	to take on, to hire (new staff)
construire	to build

LA PERFORMANCE DES PRODUITS

se vendre bien	to sell well
amélioration (f.)	improvement

Now you have completed Unit 5, can you:

tick

1 Say what you're going to do on Saturday morning? □
   See pages 88–9.

2 Say what you're going to do on Saturday evening? □
   See pages 88–9.

3 Imagine what will revolutionise your life in the future? □
   See pages 90–1.

4 Describe one of your long-term projects? □
   See pages 93–4.

5 Describe three of the advantages of your area for a new company? □
   See page 98.

6

Je voudrais quelques renseignements …

■ Enquiries, replies to enquiries
■ Direct object pronouns
■ The future of irregular verbs

A Je vous serais reconnaissant de bien vouloir m'indiquer …

ACTIVITÉ
1

Lisez **Points de départ**, **points d'arrivée** et répondez aux questions en anglais.

a) What happened to Le Moulin in 1989?
b) When is the information office closed?
c) What will you find in the exhibition room?
d) What are the main features of the accommodation?
e) What equipment can you use in the seminar room?
f) What can you do if you want to cycle?

BIENVENUE DANS NOTRE RÉGION

Sa gastronomie 🍲
Ses curiosités 🏛
Ses magasins U

HYPER SUPER MARCHÉ U
LES NOUVEAUX COMMERÇANTS

POINTS DE DÉPART, POINTS D'ARRIVÉE

au cœur de / du / de la ...	in the heart of ...
bief (m.)	small canal
moulin (m.)	mill
aménagé(e)	(here) refurbished
joyau (m.)	jewel
étage (m.)	storey, floor (of a building)
abriter	(here) to comprise
fournis	supplied
drap (m.)	sheet for a bed
agrément (m.)	(here) approved by ...
hébergement (m.)	accommodation
salle (f.) de convivialité	(here) common room
sanitaires (m.pl.)	bathroom and toilet facilities
colloque (m.)	colloquium, conference
éventuellement	(here) if needed
rétroprojection (f.)	overhead projection
étang (m.)	small lake
séjour (m.)	stay
louer	to hire, to rent

Au cœur du centre bourg de Mézières, sur le bief de la Claise, le Moulin aménagé en 1989, est à présent un des plus beaux joyaux de la commune. Entièrement neuf, il se compose de trois étages et abrite:

• *au rez-de-chaussée* l'Office de Tourisme trois étoiles, ouvert toute l'année, y compris dimanches et jours fériés (fermeture hebdomadaire le lundi), à partir duquel tous renseignements locaux et régionaux vous seront fournis; une salle d'expositions avec, là aussi toute l'année, des expositions d'art contemporain, présentant aussi bien des artistes régionaux qu'internationaux;

• *aux 1er et 2eme étages*, un gîte de groupe communal 3 épis (agrément Jeunesse et Sports), d'une capacité d'hébergement de 36 personnes (21 chambres de 2 à 6 lits), draps fournis, salle de convivialité, coin repas et sanitaires tout confort;

• *au 3eme étage*, une grande salle de conférences est à votre disposition pour tous vos séminaires, colloques, réunions, etc. Elle peut recevoir jusqu'à 80 personnes et offre la possibilité d'utiliser éventuellement son matériel de rétroprojection, tableaux de conférences, etc.

À PARTIR DU MOULIN ...

Vous pouvez profiter pleinement des randonnées pédestres, équestres, cyclotouristiques, vélos tout terrain, pêche étangs et rivières, séjour photo, séjour nature ... à travers la Brenne. (Les vélos peuvent être loués au Moulin qui en possède une trentaine à son actif.)

Les hôtesses du Moulin restent à votre entière disposition pour composer avec vous, votre séjour personnalisé.

À bientôt au Moulin pour découvrir 'le pays aux mille étangs'.

ACTIVITÉ 2

Vous êtes employé à l'Office de Tourisme de Mézières-en-Brenne. Vous avez reçu la lettre de Pierre Mazet. Étudiez la brochure touristique à la page 111 et répondez à la lettre.

expressions utiles

vous pourrez
il sera possible de
sera à votre disposition
nous réserverons
nous serons heureux de …

Paris, le 15 décembre

Monsieur,

J'ai l'intention d'organiser une sortie écologique en Brenne au cours du mois de mars prochain.

Nous serons un groupe d'une dizaine de personnes. Nous arriverons en minicar le vendredi 25 mars au soir et nous passerons 2 nuits à Mézières. Je vous serais reconnaissant de bien vouloir m'indiquer le type d'hébergement proposé par votre ville. Y aura-t-il possibilité de louer des vélos tout terrain pour la journée du samedi 26?

J'organiserai également une conférence sur la faune et la flore de votre région en juillet. Possédez-vous une salle qui pourra recevoir 45 personnes?

Je vous remercie à l'avance et vous prie d'agréer, Monsieur, mes sentiments les meilleurs.

Pierre Mazet

Votre réponse:

Office de Tourisme
de Mézières-en-Brenne
                                    le (date)
Mézières-en-Brenne,

Monsieur,

J'ai bien reçu votre lettre du 15 décembre concernant votre projet de sortie écologique en Brenne.

J'ai le plaisir de vous informer que ....

....

....

Je me tiens à votre disposition pour tous renseignements complémentaires et vous prie d'agréer, Monsieur, l'expression de mes salutations distinguées.

ACTIVITÉ 3

Je voudrais quelques renseignements s'il vous plaît ...

Étudiant(e) A Vous travaillez à l'Office de Tourisme de Mézières-en-Brenne. Étudiez le dépliant et les tarifs et répondez.

Étudiant(e) B Vous êtes différents clients – vous voulez des renseignements, posez des questions. Voir page 242.

expressions utiles

> vous pouvez ...
> il est possible de ...
> le / la ...coûte
> le tarif est de ... par (jour / nuit)

BELLEBOUCHE
BASE DE LOISIRS DE
La Plage du Cœur de la France

TARIFS

PARKING
du 1er septembre au 31 mai: 15 F / jour, du 1er juin au 31 août: 25 F / jour
Groupes > 10 personnes 7,50 F / personne pour la journée
250 F pour un autocar, gratuit pour les clients du restaurant

CAMPING
Forfait 2 personnes, emplacement tente ou caravane 48 F / nuit
Personne supplémentaire: 16 F / jour, enfant de moins de 6 ans: gratuit
Prise électrique: 18 F / jour
Taxe de séjour: 1,50 F par nuit et par personne

HUTTES
La hutte est composée de 3 pièces (2 chambres et une cuisine équipée) et d'une terrasse couverte. Les sanitaires sont ceux du camping à 40 mètres.
Forfait pour 4 personnes: 1 voiture, électricité, chauffage
basse saison: du 4 mai au 30 juin et du 11 septembre.
au 12 décembre: 1100 F / semaine.
haute saison: du 1er juillet au 10 septembre: 1300 F / semaine.
Les draps et couvertures sont fournis: caution ménage: 150 F

AUTRES DISTRACTIONS
Planche à voile, mise à l'eau gratuite, parking payant.
Baignade gratuite, surveillée promenades balisées.
Location de VTT, 25 F de l'heure, 70 F par jour, caution 500 F par personne

BAIGNADE NON SURVEILLÉE

cadre (m.) de verdure	*green surroundings*
farniente (m.)	*relaxation*
droit (m.) de mise à l'eau	*water access fee*
pédalo (m.)	*pedalboat*
barque (f.)	*rowing boat*
petit bain (m.)	*shallow bathing area, paddling area*
toboggan (m.)	*flume, water slide*
balançoire (f.)	*swing*
cordages (m.pl.)	*ropes*
aire (f.)	*area*
sentier (m.) de découverte	*nature trail*
eau (f.) potable	*drinking water*
forfait (m.)	*all-in-price*
emplacement (m.)	*pitch*
hutte (f.)	*cabin*
chauffage (m.)	*heating*
caution (f.) ménage	*house cleaning deposit*
partie (f.)	*game, session*
abonnement (m.)	*subscription*

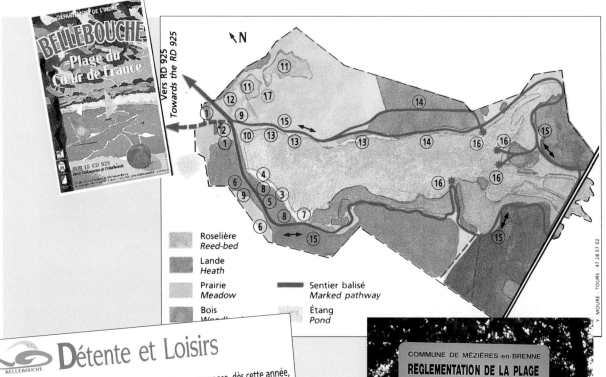

Roselière
Reed-bed

Lande
Heath

Prairie
Meadow

Bois
Woodland

Sentier balisé
Marked pathway

Étang
Pond

Y. MOURÉ · TOURS · 47.28.57.02

Détente et Loisirs

Dans son cadre de verdure et d'eau, Bellebouche vous propose, dès cette année, les plaisirs de la plage et de la navigation, de la pêche et de la promenade... du farniente ou de la découverte.

Chacun, du plus petit au plus grand de la famille, y trouvera son bonheur.

SUR L'EAU
• Activités de voile et de planche à voile (on doit apporter son matériel et régler un droit de mise à l'eau).
• Location de pédalos, barques.

DANS L'EAU
• Un périmètre de baignade surveillée, avec petit bain.

AU BORD DE L'EAU
• Les plages, dont celle de sable blanc, face à la baignade surveillée et aux jeux pour les enfants.
• Aires de jeux pour les enfants (toboggans, balançoires, corda[...] la longueur de la plage.
• Pêche dans deux étangs spécifiquement réservés à cet usa[...]
• D'octobre à mai, possibilité de pêche au gros (carpes).

COMMUNE DE MÉZIÈRES·en·BRENNE

REGLEMENTATION DE LA PLAGE

SURVEILLANCE
ASSURÉE

SIGNIFICATION DES SIGNAUX :

INTERDICTION DE SE BAIGNER

BAIGNADE DANGEREUSE MAIS SURVEILLÉE

BAIGNADE SURVEILLÉE
ET ABSENCE DE DANGER PARTICULIER

EMPLACEMENT DES ENGINS DE SAUVETAGE ET DU POSTE DE SECOURS

EN CAS D'ACCIDENT EN DEHORS DES HEURES DE SURVEILLANCE
PRÉVENIR :   GENDARMERIE DE MÉZIÈRES · TEL.54.38.01.43

SE REPÉRER A BELLEBOUCHE

1. Parking
2. Accueil
3. Plage - Baignade
4. Location de pédalos
5. Snack-bar-grill
6. Coin pique-nique
7. Volley-ball
8. Jeux d'enfants
9. Sanitaires
10. Base nautique
11. Espace pêche
12. Camping actuel
13. Plages
14. Parcours santé
15. Parcours de découverte
16. Observatoires
17. Village des Pecheurs
    (Bungalows accession
    à la propriété)

*i*nfo France

LE TOURISME VERT

Malgré l'attrait de la mer qui reçoit 42% des vacanciers français, les vacances à la campagne sont en nette progression. Ils représentent environ 27% des séjours et concernent surtout les ménages (*households*) modestes et les habitants des grandes villes. Le tourisme vert (*rural tourism*) s'est développé depuis une quinzaine d'années avec en particulier la création des gîtes ruraux. La Fédération nationale des Gîtes de France regroupe maintenant 38 000 gîtes ruraux, 12 000 chambres d'hôtes (*bed and breakfast*), 7 000 campings à la ferme et 900 gîtes d'étape (*short stay accommodation*).

Ces types d'hébergement, tous meilleur marché (*cheaper*) que l'hôtel classique font revivre (*revitalise*) les régions intérieures souvent victimes de l'exode rural et de la désertification (*depopulation of the countryside*).

Les vacanciers viennent chercher dans cette France profonde le calme, l'authenticité et certains modes de vie (*ways of life*) oubliés dans les grandes villes.

Les amateurs de randonnées ont à leur disposition des chemins pédestres (*public footpaths*) réhabilités depuis peu. Le VTT (vélo tout terrain, *mountain bike*) constitue également une activité idéale pour des vacances à la campagne.

Paris

Tours   Indre

La Brenne

ACTIVITÉ 4

B Changement de programme!

Vous êtes le / la réceptionniste au Tall Pines Hotel.
Écoutez et répondez aux questions de votre collègue
anglais(e). Il / Elle est responsable des réservations.

bains, salle (f.) de bains	*bathroom*
empêchement (m.)	*(here) something which prevents you from doing something*
comme prévu	*as expected*
annuler	*to cancel*
complet(-ète)	*(here) full*

Votre collègue:

a) What sort of enquiry did you receive?
b) What type of room was involved?
c) What was the date of the booking?
d) Does the customer want the room for later on?
e) What date would the booking be for?
f) What rooms are vacant for the later date?

Réceptionniste	Tall Pines Hotel. How can I help you?
Céline	Bonjour, je téléphone de France, je ne parle pas anglais. Je suis Céline Bigeart; j'ai réservé une chambre double pour le week-end du 15 mai. Je vous épèle le nom, B. I. G. E. A. R. T.
Réceptionniste	Un instant, Madame, je vérifie ... c'est ça, une chambre double pour deux nuits, les 15 et 16 mai, avec bain ...
Céline	Écoutez, j'ai un empêchement, et nous ne pourrons pas venir comme prévu.
Réceptionniste	Vous annulez donc la réservation?
Céline	Oui pour cette date, mais je voudrais réserver la même chambre pour plus tard. Je voudrais la réserver pour les nuits du 2 et du 3 juin, est-ce que c'est possible?
Réceptionniste	Malheureusement non madame, tout est complet pour cette date. Mais si nous avons une annulation, nous vous contacterons aussitôt.
Céline	Je vous remercie, au revoir.

épeler   *to spell out*
annuler   *to cancel*

j'annulle, tu annulles, il / elle / on annulle, nous annulons, vous annulez, ils / elles annullent.

je voudrais **la** réserver   *I would like to book it*
nous **vous** contacterons   *we will contact you*

la and **vous** are object pronouns. See note on **direct object pronouns**

➤ **page 123**

ACTIVITÉ
5

Vous travaillez au service réservation des gîtes ruraux de Châteauroux.

Écoutez les messages téléphoniques sur le répondeur et prenez des notes en français pour préparer vos réponses.

	Nombre de personnes	N° de téléphone ou adresse	Date de réservation
Madame Dutour	_____	_____	_____
Madame Lesage	_____	_____	_____

ACTIVITÉ
6

Étudiez les gîtes et choisissez celui qui convient à Mme Dutour et Mme Lesage.

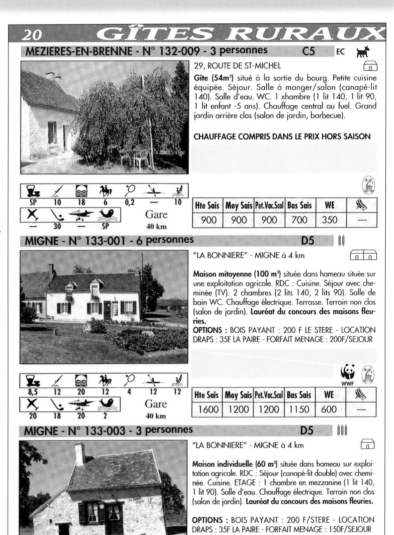

20   GÎTES RURAUX

MEZIERES-EN-BRENNE - N° 132-009 - 3 personnes   C5   EC

29, ROUTE DE ST-MICHEL

Gîte (54m²) situé à la sortie du bourg. Petite cuisine équipée. Séjour. Salle à manger/salon (canapé-lit 140). Salle d'eau. WC. 1 xhambre (1 lit 140, 1 lit 90, 1 lit enfant -5 ans). Chauffage central au fuel. Grand jardin arrière clos (salon de jardin, barbecue).

CHAUFFAGE COMPRIS DANS LE PRIX HORS SAISON

Gare 40 km

Hte Sais	Moy Sais	Pet.Vac.Scol	Bas Sais	WE	
900	900	900	700	350	—

MIGNE - N° 133-001 - 6 personnes   D5

"LA BONNIERE" - MIGNE à 4 km

Maison mitoyenne (100 m²) située dans hameau située sur une exploitation agricole. RDC : Cuisine. Séjour avec cheminée (TV). 2 chambres (2 lits 140, 2 lits 90). Salle de bain WC. Chauffage électrique. Terrasse. Terrain non clos (salon de jardin). **Lauréat du concours des maisons fleuries.**
OPTIONS : BOIS PAYANT : 200 F LE STERE - LOCATION DRAPS : 35F LA PAIRE - FORFAIT MENAGE : 200F/SEJOUR

Gare 40 km

Hte Sais	Moy Sais	Pet.Vac.Scol	Bas Sais	WE	
1600	1200	1200	1150	600	—

MIGNE - N° 133-003 - 3 personnes   D5

"LA BONNIERE" - MIGNE à 4 km

Maison individuelle (60 m²) située dans hameau sur exploitation agricole. RDC : Séjour (canapé-lit double) avec cheminée. Cuisine. ETAGE : 1 chambre en mezzanine (1 lit 140, 1 lit 90). Salle d'eau. Chauffage électrique. Terrain non clos (salon de jardin). **Lauréat du concours des maisons fleuries.**

OPTIONS : BOIS PAYANT : 200 F/STERE - LOCATION DRAPS : 35F LA PAIRE - FORFAIT MENAGE : 150F/SEJOUR

Gare 40 km

Hte Sais	Moy Sais	Pet.Vac.Scol	Bas Sais	WE	
1450	1200	1200	1200	600	—

ACTIVITÉ 7

Pour des vacances sans nuages

Un de vos amis va passer ses prochaines vacances en France. Il a reçu cette brochure de l'Office de Tourisme (ci-dessous et à la page 118) et vous demande des explications. Lisez et répondez à ses questions en anglais.

a) If you rent accommodation, what should you ask for before signing the contract?

b) When is it important to have an inventory done?

c) What does 'libres' mean in this text?

d) Do you usually have to add a purchase tax (e.g. VAT) to the prices you see displayed?

e) When you buy fruit and vegetables in France what do the labels on the produce tell you?

éviter	*to avoid*
descriptif (m.) des lieux	*inventory*
état (m.) des lieux	*inventory*
relever les compteurs	*to read the meters*
surtout	*especially*
verser une caution	*pay a deposit*
libre	*(here) free, not fixed*
nuitée (f.)	*one night's stay*
en fonction de	*according to*
affichage (m.)	*display*
lisible	*legible*
toutes taxes comprises TTC	*all taxes included e.g. VAT included*
étiquetage (m.)	*labelling*
le cas échéant	*when necessary*
pour la conservation (f.)	*(here) to keep fresh*

Recommandations importantes

Au moment de l'inventaire l'état de propreté du gîte devra être constaté par les 2 parties. Le locataire pourra exiger un complément de nettoyage à l'arrivée s'il estime que la propreté du gîte n'est pas suffisante.

Heureusement ces situations restent exceptionnelles et nous sommes persuadés que par une attitude active et responsable tant des propriétaires que des locataires, les séjours correspondent à l'idée que chacun a pu s'en faire.

...clamation ou contestation devra ...ité à la copie du

Le nettoyage des locaux est à la charge du locataire pendant la période de location et avant le départ. Le Relais ne peut accepter de responsabilité à ce sujet et aucune réclamation ne sera admise pour ce motif.

Vie Pratique

Locations: quelles précautions prendre?

Pour éviter les mauvaises surprises, avant de signer un contrat de location, demandez un descriptif écrit des lieux et n'oubliez pas de relever les compteurs.
Lorsque vous partirez un autre état des lieux est également indispensable, surtout si vous avez versé une caution. Lisez attentivement les clauses du contrat.

Quel est le bon prix pour un café ou une nuit dans un hôtel deux étoiles?

Les prix sont libres. C'est le cas dans les cafés, les restaurants, les campings ainsi que dans les hôtels. Ne soyez pas surpris de payer un prix différent pour une nuitée dans deux hôtels de même catégorie. Comparez les prix mais n'oubliez pas qu'ils varient en fonction de la qualité du produit ou du service offert.

MONTGIVRAY - N° 136-001 - 6 personn

"LA JU...

Maison
/repas,
double
chamb
90). S
clos de
table d

BOIS F...

SERVIC...

1,5		1,5	1	1,5	—	—
—	10		1,5		Gare 35 km	

Hte Sais...
1680

Vie Pratique

L'affichage des prix est-il obligatoire?
Oui, toujours. L'indication lisible et bien visible des prix vous
permet de les comparer aisément. Les prix seront toutes taxes
comprises.

Fruits et légumes frais, quel étiquetage?
L'étiquetage doit mentionner le prix au kilo ou à la pièce, mais
aussi l'origine, la catégorie de qualité et le cas échéant, le nom
de la variété, la mention du traitement pour la conservation.

---

01 - 6 personnes

"CORLAY" - MONTIPOURET à 4 km   16

Maison (80 m²) dans hameau située près de la [
R.D.C :Séjour/cuisine (prises TV et Tél, chemi
Salon (canapé, prise TV). Salle d'eau. WC. 1 chbr
lit 140). Débarras (lave-linge). ETAGE : 2 chambre
lit 140 1 lit 120, 1 lit 90). Chauf. élect. Terrain
(salon jardin, barbecue mobile).
OPTIONS : BOIS PAYANT : 150 F LE STERE. - LOC
TION DE DRAPS : 30F LA PAIRE

Gare
25 km

	Hte Sais	Moy Sais	Pet.Vac.Scol	Bas Sais	WE	
	1300	910	910	800	400	

MONTIPOURET - N° 138-003 - 6 personnes

LE BOURG   16

Maison indépendante située dans le bourg.
aménagée. Salle de bain (lave-linge). RDC :
(2 lits 140, 2 lit 110).WC. 2 chambres
TV, Tél. service restreint). Salle à manger (cosy 140, prise
électrique. Cour et jardin clos (salon de jardin, barbecue). Garage.
OPTIONS : LOCATION DE DRAPS : 35F LA PAIRE
LINGE DE MAISON ET DE TOILETTE : 70F/SEJOUR
BOIS PAYANT : 150F LE STERE

Gare
30 km

	Hte Sais	Moy Sais	Pet.Vac.Scol	Bas Sais	WE	
	1550	1200	—	900	500	

S - N° 141-001 - 6 personnes

"BONNAVOIX" - MOUHERS à 4km   H6   EC

Fermette berrichonne individuelle (122m²) située à proximitée de la
maison des propriétaires, dans un petit hameau. RDC : grande salle :
cuisine aménagée/salle à manger/salon avec cheminée (TV couleur,
tél. en service restreint). WC. Débarras (lave-linge). Pièce détente
(canapé clic-clac 140). Douche. ETAGE : salle de bains. WC. 3
chambres (2 lits 140, 2 lits 90 superposés, 1 lit bébé). Chauffage au
gaz. Jardin clos arboré de 1200m² (salon jardin, barbecue, por-
tique). Bac à sable, terrain de boules, panier de basket d'usage com-
mun avec le propriétaire.
OPTIONS : BOIS PAYANT : 100F LE STERE - FORFAIT
MENAGE : 250F/SEJOUR

Gare
20 km

	Hte Sais	Moy Sais	Pet.Vac.Scol	Bas Sais	WE	
	1800	1300	1300	1100	700	

Jour après jour améliorons la vie de tous les jours

Pour des vacances sans nuages

▶ quelques conseils
en matière
de consommation

À
MINISTÈRE
DE L'ÉCONOMIE ET DES FINANCES

The imperative

comparez les prix, n'oubliez pas, ne soyez pas.

For revision of the imperative see the note
at the end of the Unit.   ➤ page 125

ACTIVITÉ 8

C Sortie et réflexion

Vous travaillez pour un groupe international, Airmix SA. Vous avez reçu la brochure du Château des Mesnuls. Étudiez-la et répondez à votre chef en anglais.

Here are the notes for your memo:

- location
- seminar rooms (number, description, equipment for presentations?)
- meals
- accommodation
- leisure activities

MEMORANDUM

This year it's our turn to organise the staff conference. Last year we agreed the next one should take place in France, near the Paris Headquarters of the group. Can you investigate the possibilities and find a suitable place?

The dates: 28 and 29 June (2 nights).

Let me have your response tomorrow as we'll have to tell the other offices about the arrangements as soon as possible.

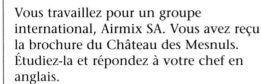

Château des Mesnuls

L'AMBIANCE
De grandes fenêtres apportent la lumière du jour qui facilite la réflexion; vous bénéficierez d'un cadre simple, original et chaleureux où se crée spontanément une ambiance de travail.

Vous réussirez vos journées d'études avec les équipements modernes et fonctionnels des salles de réunion modulables où tout est prévu pour le confort des participants.

LES REPAS
On vous servira les repas, du plus simple au plus gastronomique dans des salles à manger particulières adaptées à la taille de votre groupe et aux horaires qui conviendront.

RÉUNIONS D'AFFAIRES
La symétrie du salon jaune crée une parfaite harmonie; c'est l'endroit idéal pour négocier un contrat et le signer sur ce bureau, superbe réplique de la table de travail de Louis XVI.

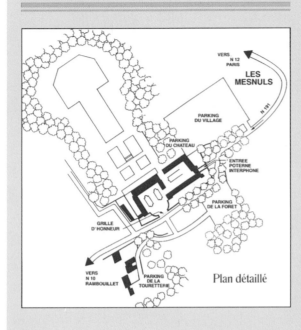

VERS
N 12
PARIS

LES
MESNULS

N 191

PARKING
DU VILLAGE

PARKING
DU CHATEAU

ENTREE
POTERNE
INTERPHONE

PARKING
DE LA FORET

GRILLE
D'HONNEUR

VERS
N 10
RAMBOUILLET

PARKING
DE LA
TOURETTERIE

Plan détaillé

L'HOSPITALITÉ ET LE SAVOIR-FAIRE

Au sein d'un magnifique parc qui vous garantit la tranquillité d'un lieu privilégié, vous serez conquis par le Château des Mesnuls entièrement rénové dans les règles de l'art.

Le château se trouve à 45 km à l'ouest de Paris. C'est un cadre idéal qui allie à la fois le charme d'antan pour son intérieur raffiné et le confort d'aujourd'hui pour organiser vos journées d'étude, recevoir vos clients…

POUR VOUS ACCUEILLIR:
10 salles de réunion équipées et à la lumière du jour (de 2 à 250 personnes).
5 salles à manger avec des formules de repas adaptées à votre rythme de travail (de 2 à 120 personnes en repas assis).
3 salons pour vos moments de détente.
41 chambres et 4 appartements élégants et confortables.

Pour vos moments de loisirs, vous trouverez également à votre disposition: tennis, sauna, salle de musculation…

TARIFS SEMINAIRES

LA	Pause	
	Accueil café	21
	Petit-déjeuner	31
		51
RESTAURATION	Menu ÉRABLE	230
	Menu CEDRE	255
	Menu SEQUOIA	310
	Repas cocktail 10 pièces par personne	220
	Repas cocktail 15 pièces par personne	275
LES APERITIFS	Apéritif "Iris"	
	Apéritif "Crocus"	35
	Apéritif "Bouton d'or"	60
		130
LES	Les Présidents	
	Salon bleu	4 780
	Les Douves	1 260
	La Poterne	1 930
	Christophe de Refuge 1 & 2	3 860
	Christophe de Refuge 1	3 820
	Christophe de Refuge 2	2 010
	Comtesse de Nugent	1 790
SALLES	Robert de Combault 1 & 2	950
	Robert de Combault 1	5 290
	Robert de Combault 2	2 910
	Ernau des Mesnuls 1 & 2	2 440
	Ernau des Mesnuls 1	9 150
	Ernau des Mesnuls 2	5 270
	Sybille Chrissoveloni	3 900
		1 440

		Simple	Double
L'HOTELLERIE	41 chambres lits 2 personnes	545	800
	2 appartements lits jumeaux	755	1 000
	2 suites lit 2 personnes et lits jumeaux	1 000	1 280

LES FORFAITS à partir de 12 personnes et hors jours fériés	Journée d'étude	435
	Journée semi-résidentielle	605
	Journée résidentielle	1 240

en francs T.T.C.

La réservation d'un séminaire deviendra effective après règlement d'un acompte de 30 % du montant du devis accepté.

S.A. société (f.) anonyme	(roughly) Plc
apporter	to bring
lumière (f.) du jour	daylight
cadre (m.)	(here) surroundings
chaleureux(-euse)	friendly
ambiance (f.)	atmosphere
réussir	to succeed, (here) to make a success of
tout est prévu	everything has been thought of
taille (f.)	(here) the size
horaire (m.)	times, timetable
conviendront	(future of convenir) will suit
endroit (m.)	place
négocier	to negotiate
savoir-faire (m.)	know-how
au sein de	in the middle of
lieu (m.)	place
conquis(e)	won over
dans les règles de l'art	(here) to the best effect
d'antan	of bygone days
raffiné(e)	refined
convaincre	to convince

ACTIVITÉ 9

Le Château des Mesnuls a conquis votre chef. Il vous demande maintenant de préparer un week-end de réflexion pour l'équipe internationale. Vous téléphonez à Marie-Aude et vous lui posez des questions.

Écoutez et parlez.

expressions utiles

service des réservations
directeur du personnel
chambre simple
chambre double
combien fait ... ?
avec bains
un repas léger
le déjeuner
une formule
les tarifs

ACTIVITÉ 10

Parlez! Vous rapportez (*report back*) votre conversation téléphonique aux collègues en France. Préparez un message pour les employés français d'Airmix – vous allez l'envoyer par courrier électronique (*by E-mail*).

NOTE POUR
LE PERSONNEL D'AIRMIX

Nous allons passer un week-end de réflexion en France. J'ai téléphoné à ...

expressions utiles

réserver
le prix ... est de ...
... n'est pas inclus
on peut nous proposer ...
un buffet froid
j'ai demandé ...
nous allons discuter ...

ACTIVITÉ 11

Étudiant(e) A: Vous travaillez à l'Hôtel Bellevue et vous êtes responsable des réservations. Répondez au clients.

Étudiant(e) B: Vous faites des réservations au téléphone. Tournez à la page 245.

expressions utiles

Étudiant(e) A
pour quelle date?
je peux vous proposer …
à la place
est-ce que cela vous convient?

TYPE DE CHAMBRE											
Chambre	**10**	**11**	**12**	**14**	**15**	**20**	**22**	**23**	**24**	**25**	**26**
chambre simple	•				•	•					
chambre double 1 lit 2 pers.		•					•				•
chambre double lits jumeaux			•	•				•	•	•	
WC		•				•	•	•	•	•	•
douche	•		•				•	•	•	•	•
salle de bains		•		•		•					
Prix par nuit (petit-déjeuner compris)	180	320	250	300	140	200	250	250	250	250	250
Disponibilité des chambres – du 15 au 30 juin											
15									R		
16									R		
17									R		
18									R		
19								R	R		
20			R					R	R		
21			R					R	R		
22											
23											
24					R	R					
25					R	R					
26											
27											
28		R									
29		R									
30		R									

Chambre réservée = R

ACTIVITÉ 12

Écrivez une lettre pour confirmer une réservation; regardez la lettre et les phrases à la fin de l'Unité pages 128–30.

expressions utiles

j'ai le plaisir de vous confirmer
dans l'attente …
la réservation de …

Monsieur,

Suite à notre entretien téléphonique du …

Notes

Some irregular verbs in the future

Pouvoir (*can, to be able to*), vouloir (*to want*), devoir (*must, to have to*) are irregular verbs in most tenses. You have already seen them in the present. Here are their forms again:

pouvoir: je peux, tu peux, il / elle / on peut, nous pouvons, vous pouvez, ils / elles peuvent
vouloir: je veux, tu veux, il / elle / on veut, nous voulons, vous voulez, ils / elles veulent
devoir: je dois, tu dois, il / elle / on doit, nous devons, vous devez, ils / elles doivent

In the future these verbs are irregular but since all the forms follow the same pattern, they are relatively easy to memorise once you know the **je** form:

pouvoir – je pourrai, tu pourras, il / elle / on pourra, nous pourrons, vous pourrez, ils / elles pourront.
vouloir – je voudrai, tu voudras, il / elle / on voudra, nous voudrons, vous voudrez, ils / elles voudront.
devoir – je devrai, tu devras, il / elle / on devra, nous devrons, vous devrez, ils / elles devront.

En pratique

1 Conjugate the verbs in brackets in the future.

    a) Nous _____ (**pouvoir**) réserver le gîte.
    b) Vous _____ (**devoir**) faire attention au prix.
    c) Elle _____ (**vouloir**) certainement visiter la ville.
    d) Les touristes _____ (**vouloir**) aller au cinéma.
    e) Ils _____ (**pouvoir**) regarder la télévision.

Direct object pronouns

In any language some words can have different meanings according to their position in the sentence. For example **la** is the article *the* when it is in front of a feminine noun (**la chambre**), but the object pronoun *it* when it comes before a verb (je voudrais **la** réserver), here replacing the noun **chambre**. See the passage on page 115.

Vous can either be a subject pronoun as in the phrase **vous contacterez** (**vous** does the action of the verb **contacterez**) or it can be an object pronoun as in the example **Nous *vous* contacterons** where **nous** is the subject.
Direct object pronouns are called 'direct' because the verbs they are associated with do not take prepositions (**à**, **de**, etc.). Here is a full list of the direct object pronouns with examples:

il **me** voit	*he sees me*
il **te** voit	*he sees you* (singular, informal)
Il **le** voit	*he sees him / it*

il **la** voit	*he sees her / it*
il **nous** voit	*he sees us*
il **vous** voit	*he sees you* (singular formal, plural formal or informal)
il **les** voit	*he sees them*

- We have already seen **me**, **te** as reflexive pronouns in Unit 2 e.g. je me lave, tu te laves
- Direct object pronouns come before the verb in most tenses
- Before a verb beginning with a vowel, **me**, **te**, **la** and **le** drop their final vowel:
- il m'appelle, il t'appelle, il l'appelle (can be either **la** or **le**).

Agreement of the past participle with direct object pronouns

Les cartes postales? Je **les** ai envoyé**es** hier.

In this example, the verb **envoyer** is in the perfect tense, and is conjugated with **avoir**.
les replaces **cartes postales** (fem. pl.).
The past participle **envoyées** agrees with the object pronoun **les** because the direct object precedes the verb.

However you would write:
J'ai envoyé les cartes postales.

Here, the direct object (**cartes postales**) follows the verb and therefore the past participle does not agree.

Other examples:
Tu n'as pas vu la clé? Si, je **l'**ai mis**e** dans ma poche.
Ces documents, vous **les** avez signé**s** la semaine dernière.

You will see more about the agreement of the past participle later on.

En pratique

2   Complete the following sentences with the appropriate object pronouns.

e.g. Mes amis? Je ne _____ vois qu'une fois par an. **Je ne <u>les</u> vois qu'une fois par an.**

a) Ma clé? Je ne _____ oublie jamais!
b) Les enfants? Nous allons _____ conduire à la piscine!
c) Le journal? Je _____ cherche depuis 10 minutes.
d) Nous? Elle ne _____ écrit pas souvent.
e) Les voisins? On ne _____ entend pas.

The imperative

The imperative is the tense used for commands and strong suggestions. It only has three forms, **tu**, **nous** and **vous**:

demande! *ask!* (informal singular), demandons! *let's ask!*, demandez! *ask!* (formal singular, or plural)

Note: The **tu** form does not take s: demande, parle, écoute.

Some verbs are irregular in the imperative. Here are three of the most common ones:

aller va, allons, allez
être sois, soyons, soyez
avoir aie, ayons, ayez

In the imperative **me** becomes **moi** and **te** become **toi**:

Contactez-moi!

When used in the imperative the direct object pronoun is hyphenated after the verb:

Prends ton manteau! Prends-le!
Appelle les enfants! Appelle-les!

In the negative the direct object pronouns are before the verb: Ne les appelle pas!

Faisons le point!

1   Turn the following sentences into the future tense.

e.g. Je dois partir très tôt. (La semaine prochaine …)
La semaine prochaine je devrai partir très tôt.

a) Nous pouvons louer des VTT. (Quand nous irons à Mézières …)
b) Les participants veulent passer deux nuits au gîte. (Pour notre prochaine sortie écologique …)
c) Tu veux peut-être retourner en Brenne. (Dans quelques années …)
d) Ma femme doit téléphoner à l'hôtel. (Dans quinze jours …)
e) Est-ce que vous voulez prendre vos repas? (Lorsque vous séjournerez à notre hôtel …)

Check your answers. Any problems? Then read the grammar notes on page 123.

---

2   Read the following sentences and underline the subject pronouns with one line, the direct object pronouns with two lines.

e.g. Nous vous contacterons aussitôt.

a) Il veut réserver une chambre mais est-ce qu'il la veut pour une ou deux nuits?
b) Les documents, est-ce que vous allez les envoyer?
c) Je connais bien son père; je le vois en général deux fois par an.
d) Les enfants? Je ne sais pas où ils sont, je les appelle mais ils ne reviennent pas.
e) Vous pouvez me laisser au coin de la rue, j'habite à 100 mètres de là.

Check your answers. Any problems? Then read the grammar notes on page 123.

---

3   Replacing the nouns in italics by direct object pronouns, rewrite the following sentences.

e.g. Nous prenons *le train* à 6 heures 30. **Nous *le* prenons à 6 heures 30.**

a) Voulez-vous signer *ce document* tout de suite?
b) Je prends *la chambre avec bains*.
c) Nous ne fournissons pas *les draps*.
d) Regardez *ces personnes*!
e) Appelle *Julie et moi*!

Check your answers. Any problems? The read the grammar notes on page 123.

---

4   Turn the following sentences into commands.

e.g. Vous devez organiser une réunion. **Organisez une réunion!**

a) Tu dois comparer les prix.
b) Nous devons signer le contrat.
c) Vous devez être prudents.
d) Tu dois aller à la réunion.
e) Ces documents, nous devons les étudier.

Check your answers. Any problems? Then read the grammar notes on page 125.

A sample letter layout

Many French people now use the block form, with every line starting on the left.

M Jean le Marin
7 rue des Juges, 80110 — Moreuil
tél 03 22 85 09 32

M Jean le Marin
7 rue des Juges, 80110 — Moreuil

Sender's address can be here or in the centre of the page, as a letterhead.

*Moreuil, le 15 juin 19*_____

Place, then date preceded by **le**

Le Vieux Moulin
7 rue des carpes
3690 Mézières-en-Brenne

Addressee

Monsieur,

Avoid "Cher Monsieur" or "Chère Madame" in formal letters of enquiry.

J'ai l'intention de passer quelques jours dans votre région.
Je vous serais reconnaissant de bien vouloir m'envoyer une
documentation sur votre région ainsi que la liste des hôtels de votre
ville.
...

Je vous remercie à l'avance et vous prie d'agéer, Monsieur, mes
sentiments les meilleurs,

Formal close, much longer than in English. It is best to learn one or two standard closing phrases by heart.

J. Le Marin
J. Le Marin

Sign **under** your name.

Vocabulaire

HOTELS ET CENTRES DE CONFERENCES

les repas (m.pl.)	*meals*
salle (f.) à manger	*dining room*
horaire (m.)	*timetable, schedule*
réunions (f.pl.) d'affaires	*business meetings*
recevoir	*to receive, to meet*
accueillir	*to welcome, to meet*
accueillant(e)	*welcoming*
équipé(e)	*equipped*
élégant(e)	*elegant*
confortable	*comfortable*
cadre (m.)	*(here) surroundings*
chaleureux(-euse)	*friendly*
ambiance (f.)	*atmosphere*
réussir	*to succeed, to make a success of*
tout est prévu	*everything has been thought of*
taille (f.)	*(here) size*
convenir	*to suit*
endroit (m.)	*place*
négocier	*to negotiate*
au sein de	*in the middle of*
lieu (m.)	*place*
raffiné(e)	*refined*
dépliant (m.)	*brochure*
tarifs (m.pl.)	*rates*
le tarif est de ... par jour	*the rate is ... per day*
chauffage (m.)	*heating*
aménagé(e)	*(here) refurbished*
étage (m.)	*storey, floor (of a building)*
passer quelques jours	*to spend a few days*
fournis	*supplied*
hébergement (m.)	*accommodation*
salle (f.) de jeux	*games room*
sanitaires (m.pl.)	*bathroom and toilet facilities*
éventuellement	*(here) if needed*
rester	*to stay*
rétroprojecteur (m.)	*overhead projector*
séjour (m.)	*stay*
louer	*to hire, to rent*
au cœur de / du / de la / de l'	*in the centre of ... / in the heart of ...*
au rez-de-chaussée	*on the ground floor*
ouvert(e) toute l'année	*open all the year round*

sauf le mois de janvier	*except in the month of January*
y compris ...	*including ...*
jours (m.pl.) fériés	*national holidays*
fermeture (f.) hebdomadaire (le lundi)	*weekly closing (Mondays)*
salle (f.) d'expositions	*exhibition room*
au 3ème étage	*on the third floor*
salle (f.) de conférences	*conference room*
être à votre disposition	*to be at your disposal*
réunion (f.)	*meeting*
la salle peut recevoir jusqu'à 80 personnes	*the room can take up to 80 people*
tableau (m.)	*paper, flip chart*
épeler	*to spell out*
service (m.) des réservations	*reservations service*
chambre (f.) simple / double	*single / double room*
combien fait ... ?	*how much is ...?*
lit (m.)	*bed*
petit-déjeuner compris	*breakfast included*
petit-déjeuner en sus	*breakfast extra*
avec bains	*with bathroom*
avec douche	*with a shower*
repas (m.) léger	*light meal*
déjeuner (m.)	*lunch*
formule (f.)	*(here) package, an option*

LES LOCATIONS MEUBLÉES

draps fournis	*sheets supplied, bed linen supplied*
salle (f.) de séjour	*living room*
cuisine (f.) équipée	*fully-equipped kitchen*
tout confort (e.g. gîte tout confort)	*with all modern conveniences*
drap (m.)	*sheet for a bed*
descriptif (m.) des lieux	*inventory, description of the property*
état (m.) des lieux	*state of the property (inventory)*
relever les compteurs	*read the meters*
verser une caution	*pay a deposit*
libre (le + date)	*free (... date)*
toutes taxes comprises, TTC	*all taxes included (e.g. VAT included)*

HT, hors taxe	*before tax*
à partir de ...	*from ...*
apporter	*to bring*

LOISIRS

se bronzer	*to sunbathe (literally: to get a tan)*
se baigner	*to bathe*
faire de la voile	*to sail*
faire une partie de pêche	*to do some fishing*
dans l'étang (m.)	*in the lake*
randonnée (f.) pédestre	*ramble, country walk*
faire une randonnée équestre	*to ride through the country*
faire une randonnée cyclotouristique	*to go on a bicycle ride in the country*
vélo (m.) tout terrain, VTT	*mountain bike*
pêche (f.) étangs et rivières	*lake and river fishing*
louer	*to hire, to rent*
faire du sport	*to do some sport*
golf (m.)	*golf*
tennis (m.)	*tennis*
faire de l'équitation	*to go riding*
faire de la voile	*to go sailing*
piscine (f.)	*swimming pool*
baignade (f.) surveillée	*supervised bathing (with life guard)*
des promenades / randonnées (f.pl.) en forêt	*forest walks*
barbecue (m.)	*barbecue*
détente (f.)	*relaxation*
loisirs (m.pl)	*leisure activities*
farniente (m.)	*relaxation*
droit de mise à l'eau	*water access fee*
pédalo (m.)	*pedalboat*
barque (f.)	*rowing boat*
petit bain (m.)	*shallow bathing area, paddling area*
toboggan (m.)	*flume, water slide*
balançoire (f.)	*swing*
aire (f.)	*area*
sentier (m.) de découverte	*nature trail*
eau (f.) potable	*drinking water*
forfait (m.)	*all-in-price*
emplacement (m.)	*pitch (for a tent or caravan)*
hutte (f.)	*cabin*

caution (f.)	*deposit (against possible damage, loss to items hired)*
partie (f.)	*game*
partie (f.) de tennis	*game of tennis*
piscine (f.) chauffée	*heated swimming pool*

DEMANDES DE RENSEIGNEMENTS

- J'ai l'intention d'organiser ...
  I intend to organise ..., I am planning ...
- Nous serons ...
  We will be ...
- un groupe de ..., un couple, trois personnes, deux adultes et un enfant de 5 ans,
  a group of ..., a couple, three people, two adults and one 5 year old child
- Nous arriverons le (date) au soir / au matin / dans l'après-midi vers 16 heures, *We will arrive on the (date) in the evening / in the morning / in the afternoon towards 4 o'clock*
- Nous avons l'intention de passer quelques jours à ...
  We intend to spend a few days in ...
- Nous passerons 2 nuits à (ville, hôtel)
  We will spend 2 nights at (town, hotel)
- Je vous serais reconnaissant de bien vouloir...
  I would be grateful if you would ...
- envoyer une documentation / un dépliant sur ...
  send literature on / a brochure on ...
- indiquer
  to indicate, to inform ...
- Je voudrais réserver ...
  I would like to reserve / to book ...
- hébergement (m.)
  accommodation
- proposé par ...
  offered by ...
- Y aura-t-il possibilité de ...
  Would it be possible to ...?
- pour le 24 mai
  for 24 May
- Possédez-vous une salle qui pourra recevoir ... (24 personnes)?
  Do you have a room which could take ... (24 people)?
- Je vous remercie à l'avance et vous prie d'agréer, Monsieur, mes sentiments les meilleurs
  Thanking you in advance, Yours faithfully / Yours sincerely

RÉPONSES

- J'ai bien reçu votre lettre du 15 décembre concernant ....
  Thank you for your letter of 15 December concerning ....
- Vous pourrez + verb ...
  You could ...
- Il sera possible de ...
  It will be possible to ...
- ... sera à votre disposition ...
  ... will be at your disposal ...
- Nous réserverons ...
  We will reserve ...
- J'ai le plaisir de vous informer / confirmer que ...
  I am pleased to inform you that ...
- Je vous prie de trouver ci-joint, une brochure concernant notre hôtel.
  Please find enclosed a brochure concerning our hotel.
- Nous serons heureux de ...
  We will be happy to ...

- Le personnel de l'hôtel est à votre entière disposition pour ....
  The hotel staff are at your service for ...
- Nous vous contacterons
  We will contact you
- Je me tiens à votre disposition pour tous renseignements complémentaires et vous prie d'agréer, Monsieur, mes salutations distinguées.
  I am at your disposal for any further information, Yours ... (literal translation)

Note: Many standard correspondence phrases do not translate directly between languages.

Now you have completed Unit 6, can you:

tick

1   Write a simple letter asking for literature about a hotel or holiday region?
    See page 110.   ☐

2   Write a simple reply to a letter asking for information about hotel facilities?
    See page 110.   ☐

3   Prepare a brief phone call in which you ask about facilities and available rooms in a hotel?
    See page 122.   ☐

4   Telephone to explain that you cannot come to stay as expected and ask if there are rooms available later in the month?
    See page 115.   ☐

5   Book a hotel room or conference facilities over the phone?
    See page 121.   ☐

Qu'est-ce qu'on fait ce week-end?

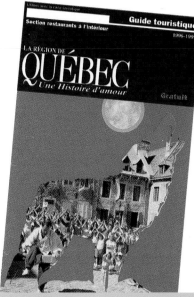

Guide touristique
1996-1997
Section restaurants à l'intérieur
LA RÉGION DE
QUÉBEC
Une Histoire d'amour
Gratuit

ACTIVITÉ
1

A Si on faisait le tour du Vieux Québec?

Vous organisez avec Vincent et Romain une sortie dans le Vieux Québec. Étudiez les **Mots-clés**, écoutez le dialogue, suivez l'itinéraire sur le plan et notez les endroits intéressants mentionnés par Vincent.

25 ce sont _____

23 c'est _____

56 c'est _____

47 c'est _____

14 c'est _____

ENDROITS À CLASSER

√ Sanctuaire Notre-Dame du Sacré-Cœur
√ Chapelle des Ursulines
√ Église unie Chalmers-Wesley
√ Fortifications de Québec
√ Musée des Ursulines

plan (m.) de la ville	*town map*
longer	*to go along, to walk along*
à l'intersection de …	*at the crossroads, where … cross*
continuez votre chemin	*carry straight on*
suivre	*to follow*
s'engager dans (une route, une rue)	*to take (a road, a street)*
sanctuaire (m.)	*sanctuary*
dans son prolongement	lit. *as it continues*
tout à côté	*right next to*
ne pas avoir envie de … .	*not to feel like (doing) …*
s'ennuyer	*to get bored*

TOUTES LES PASSIONS MÈNENT À QUÉBEC !

Vincent	Si on faisait le tour du Vieux Québec? Il y a un circuit à pied qui dure environ deux heures et demie qu'est-ce que vous en pensez?
Romain	D'accord!
Vincent	Alors je lis le guide, hein? "Si vous sortez du centre d'information touristique à la rue d'Auteuil, tournez à droite en direction de la rue Saint-Louis. Vous longez le parc de l'Esplanade; à l'intersection des rues d'Auteuil et Saint-Louis vous avez le choix: à droite, en face de la Porte Saint-Louis vous pouvez visiter les Fortifications de Québec" – On y va?
Romain	Oui, c'est peut-être intéressant.

Vincent Alors … "ensuite, continuez votre chemin le long de l'Avenue St Denis et suivez l'itinéraire indiqué en bleu sur le plan. À gauche prenez la rue Laporte, puis à gauche encore – vous vous engagez ensuite dans l'Avenue Sainte Geneviève. Après quelques centaines de mètres vous verrez sur votre gauche l'église unie Chalmers-Wesley et en face le sanctuaire Notre-Dame du Sacré-Cœur."

Romain On visite les églises rapidement hein?

Vincent Comme tu veux, je continue de lire le guide. "Après la visite vous prenez à droite la rue Saint-Louis et dans son prolongement la rue Donnacona ou vous trouverez le Musée des Ursulines et tout à côté la Chapelle des Ursulines … "

Romain Arrête, Arrête! Je n'ai pas envie de visiter des églises pendant des heures. Je sais que tu adores l'architecture, mais moi, je vais m'ennuyer!

Regarde un peu, il y a peut-être un autre circuit plus intéressant?

Qu'est-ce que vous **en** pensez?

➤ **page 146**

Remember **vous verrez** is the future of voir (*you will see*).

On **y** va? *Shall we go (there)?*

➤ **page 147**

Si on faisait un tour?
See **Suggestions – using the imperfect**

➤ **page 146**

Vous êtes ici
Activité 1

Activité 2

Étudiant(e) A Vous êtes Romain, vous posez des questions sur le second circuit, vous ne voulez pas vous ennuyer! Vous suivez sur le plan et vous prenez des notes.

Étudiant(e) B Regardez les notes à la page 243. Vous indiquez où se trouvent les endroits intéressants et vous donnez des explications.

expressions utiles

où se trouve … ?
quand est-ce que … est ouvert(e)?
est-ce qu'il y a …?
c'est combien?

Étudiant(e) A   Vos notes

Musée de cire Grévin

◆ ouvert ....

◆ entrée ....

◆ intérêt ....

Québec expérience

◆ type de spectacle ....

◆ ouvert ....

◆ entrée ....

Musée de l'Amérique française

◆ intérêt ....

Spectacle son et lumière à la cathédrale Notre-Dame-de-Québec

◆ heure du spectacle ....

Cathédrale Notre-Dame-de-Québec

◆ ouvert ....

◆ entrée ....

◆ visites guidées? ....

info France

QUÉBEC

Un peu d'histoire

Après la prise de possession du Canada par Jacques Cartier en 1534 (sous le règne de François Ier), les premier colons (*settlers*) s'installent au début du 17ème siècle et la ville de Québec est fondée en 1608.

Après plus d'un siècle de guerre contre l'Angleterre, la France abandonne le Canada en 1763.

La Population

Aujourd'hui près de 80% de la population québécoise qui compte 7,5 millions, vit dans les villes situées le long du Saint-Laurent. Montréal et Québec sont les principales villes.

L'Économie

L'économie québécoise est très industrialisée et diversifiée grâce aux richesses naturelles et à l'énergie qui abondent (*that abound*). Le Québec exporte 40% de sa production totale: bois, papier, aluminium mais aussi de l'électricité, de l'électronique et du matériel de télécommunication.

Le Canada

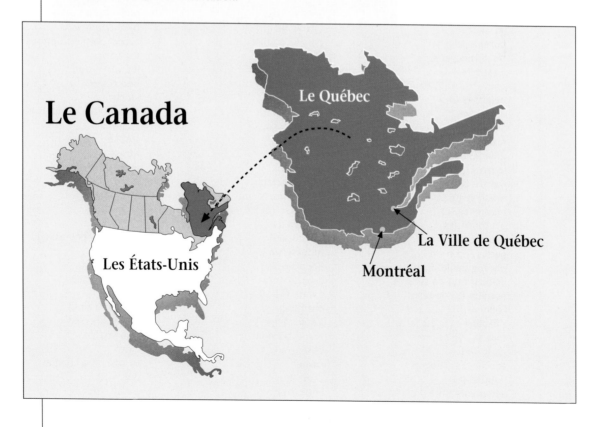

Le Canada

Le Québec

Les États-Unis

La Ville de Québec

Montréal

info France

LA FRANCOPHONIE

Le français est la langue maternelle de 82% de Québécois contre 9,7% qui déclarent l'anglais comme langue maternelle.

Dans la plupart des manuels de français, les étudiants étrangers apprennent la langue telle qu'elle est parlée (*as it is spoken*) en France métropolitaine (*mainland France*).

Le français parlé dans d'autres régions du globe – en Suisse, en Belgique ou au Canada par exemple – est non seulement différent par l'accent, mais aussi par les expressions utilisées dans la langue de tous les jours.

Voici quelques mots et expressions de français canadien. Comparez avec le français de la métropole. Combien de mots pouvez-vous deviner?

Le Québec divisé par la langue?

En octobre 1995, 49,42% de Québecois ont voté pour le Québec indépendant et 50,58% ont voté contre. 60% des francophones ont voté pour le Québec libre. La plupart des gens du sud ont voté pour, la plupart des gens du nord ont voté contre.

Français métropolitain	Français canadien	Anglais
attacher ses chaussures	amarrer ses chaussures	put on (tie up) one's shoes
au mètre	à la verge	by the metre
bureau de tabac	tabagie (f.)	tobacconist's counter
c'est ennuyeux	c'est platte	it's boring
c'est très bien	c'est pas pire	it's very good
couverture (f.) de lit	couverte (f.)	bed cover
déjeuner (m.)	dîner (m.)	lunch
éplucher	plumer	to peel (e.g. vegetables, fruit)
facteur (m.)	postillon (m.)	postman
fumée (f.)	boucane (f.)	smoke
grande forêt (f.)	large (m.)	forest
le matin	à matin	in the morning
mettre la table	gréyer la table	to set the table
meubles (m.pl)	gréements (m.pl)	furniture
moment (m.)	escousse (m.)	moment
pantoufle (f.)	chaussette (f.)	slipper
peindre	peinturer	to paint (decorating)
petit garçon (m.)	mousse (m.)	little boy
photographie (f.)	portrait (m.)	photograph
plateau (m.) de service	cabaret (m.)	tray (of food)
pomme (f.) de terre	patate (f.)	potato
robinet (m.)	champlure (f.)	tap (on a sink)
s'habiller	s'appareiller	to get dressed
salle (f.) de séjour	grand bord (m.)	living room
tissu (m.)	butin (m.)	cloth
toucher un chèque	casher un chèque	to cash in a cheque
poupée (f.)	catin (f.)	doll
vêtements (m.pl.) extérieurs	linge (m.)	outer clothing
vêtements (m.pl.)	hardes (f.pl.)	clothing
voiture (f.)	char (m.)	car

B Bienvenue au Salon du Terroir

ACTIVITÉ 3

À l'accueil du Salon du Terroir

Écoutez le dialogue et complétez le plan du centre de conférence.

ACTIVITÉ 4

Étudiant(e) A Vous êtes à l'accueil, vous renseignez les visiteurs et les exposants. Regardez le plan à la page 138 et expliquez.

Étudiant(e) B Vous demandez des renseignements. Écoutez **Étudiant(e) A** et complétez le plan à la page 244.

expressions utiles

> descendez
> en bas
> prenez l'allée
> à côté de …
> entre … et …
> le deuxième …

salon (m.)	*show*
stand (m.)	*stand*
exposer	*(here) to exhibit*
descendre	*to go down*
allée (f.)	*alley*
latéral(e)	*side*
en bas	*downstairs*

CAVES

CAVES PLOUZEAU
CHINON

Dans la cité médiévale, nous vous … la visite de nos caves creusées … 12ème siècle, sous le château … pourrez y déguster nos vin … u de la Bonnelière, Chin … hinon Bellamour et au … … nte sur place et expéditi …

UN CHEPTEL DE 300.000 BÊTES A CORNES

Après la reproduction en bâtiment, la naissance, six mois dans les parcs extérieurs, vient le moment du ramassage et de la préparation, en coquille, coquille feuilletée et choux. Visite guidée et dégustation pour groupes
Portes ouvertes gratuites dimanche et lundi de Pentecôte

A. DESNOYERS
Héliciculteur
77710 VILLEMARECHAL
Tél. 60.96.55.14

sologne

FROMAGES FERMIERS DE SOLOGNE

Mme MARYSE CINTRAT
Elevage Caprin de la Clairière
Route de Vannes
45240 SENNELY
Tél. 38 76 93 19

BERGERIES DE SOLOGNE®

FICHE D'IDENTITÉ

Nom	:	BERNARD
Prénoms	:	Jeannine et François
Lieu	:	Ferme de Jaugeny
Adresse	:	Fontaines-en-Sologne
Tél./Fax	:	02 54 46 45 61
Profession	:	Éleveurs de moutons

SPÉCIALITÉS

Agneau fumé - Plats cuisinés fabriqués de façon artisanale, à base d'agneau de l'élevage, en recettes originales. Agneau frais en barquette congélateur.

Salon du Terroir – tous les produits de la région

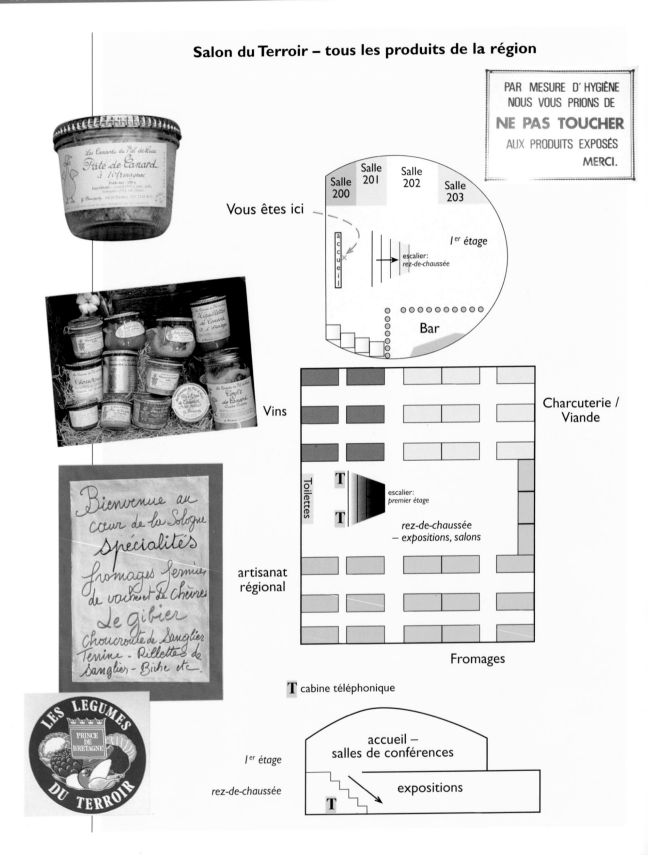

PAR MESURE D'HYGIÈNE
NOUS VOUS PRIONS DE
NE PAS TOUCHER
AUX PRODUITS EXPOSÉS
MERCI.

Vous êtes ici

Salle 200
Salle 201
Salle 202
Salle 203

accueil

Ier étage

escalier:
rez-de-chaussée

Bar

Vins

Charcuterie /
Viande

Toilettes

T

T

escalier:
premier étage

*rez-de-chaussée
– expositions, salons*

Fromages

artisanat
régional

Bienvenue au
cœur de la Sologne
Spécialités
Fromages fermier
de vache et de Chèvres
Le gibier
Choucroute de Sanglier
Terrine - Rillettes de
Sanglier - Biche etc.

T cabine téléphonique

LES LÉGUMES DU TERROIR
PRINCE DE BRETAGNE

Ier étage

accueil –
salles de conférences

rez-de-chaussée

T

expositions

ACTIVITÉ 5

C Un week-end à Paris

Vous travaillez comme guide touristique
à Paris. Étudiez les **Mots-clés**. Regardez les
annonces des spectacles et répondez aux
questions d'un groupe de touristes
britanniques.

a) What is the setting of the restaurant
   at Les Loges-en-Josas like?

b) What is included in the fixed price
   menu at Les Loges-en-Josas?

c) Who will you see at the Lido?

d) What will you get for 690 F?

e) How can you tell that *Capitaine Conan*
   is a good film?

f) I would like to see a funny film,
   which film should I choose? Can you
   tell me more about it?

g) Is there a cartoon film?

LES FILMS ALAIN SARDE et LITTLE BEAR
sont fiers de vous annoncer

9 NOMINATIONS CÉSAR 1997

✳ Meilleur film ✳
Meilleur réalisateur
Meilleur scénario
Meilleur acteur :
Philippe Torreton
Meilleurs espoirs masculins :
Samuel Le Bihan
Philippe Torreton
Meilleur décor
Meilleur son
Meilleurs costumes

Ne passez pas à côté d'un grand film

CAPITAINE CONAN
UN FILM DE
BERTRAND

C ◆ **ZAZIE DANS LE METRO** - Franç.,
coul. (60 - 1h28). Comédie, de Louis Malle :
Le séjour mouvementé d'une petite provinciale
délurée à Paris. D'après le roman de Raymond
Queneau. Avec Catherine Demongeot, Philippe
Noiret, Jacques Dufilho, Hubert Deschamps, Vit-
torio Caprioli, Annie Fratellini, Carla Marlier,
Yvonne Clech, Antoine Roblot, Nicolas Bataille.
Denfert 14°.

J ◆ **ASTÉRIX ET LE COUP DU MENHIR** -
Franco-allemand, coul. (88 - 1h20). Dessin
animé, de Philippe Grimond : Astérix et Obélix
réussiront-ils à faire retrouver au druide Pano-
ramix, frappé d'amnésie, la formule de la sacro-
sainte potion magique pouvant sauver les Gau-
lois des Romains ? D'après Goscinny et Uderzo.

---

vin (m.) du pays	*local wine*
nomination (f.)	*(here) nomination for an award*
espoir (m.)	*(here) promising actor (one of the hopes for the future)*
réalisateur (m.)	*(here) producer (of a film)*
déluré(e)	*saucy, cheeky*
passer à côté de ...	*to miss ..., to pass by ...*
provincial(e) (m.f.)	*provincial, someone from outside the Capital*
dessin (m.) animé	*cartoon (animated)*
faire retrouver la formule	*(here) make (him) find the recipe*
frappé(e) par ...	*struck by ...*
grâce à ...	*thanks to ...*

Plutôt que de passer votre Dimanche après-midi devant la TV, passez-le en compagnie de 60 Bluebell Girls.

Exceptionnellement on peut les applaudir les Dimanches 16 Février et 16 Mars 97

Déjeuner dansant + Spectacle : 690 F.
Déjeuner : 13 H. - Spectacle : 15 H.

Spectacle + Champagne : 440 F.
15 H.

Servive compris.

C'EST MAGIQUE !

LIDO de Paris

3615 LIDO - CHAMPS-ELYSÉES - PARIS

l'officiel des spectacles

DU MERCREDI 19 AU MARDI 25 MARS 1997

cette semaine

VANESSA PARADIS   GIL BELLOWS   JEAN RENO

CHRISTIAN FECHNER

UN AMOUR DE SORCIÈRE

RENE MANZOR

DABNEY COLEMAN

M 6240 - 2621 - 2,00 F

■ **LES LOGES-EN-JOSAS (78)**
Relais de Courlande

Etape Gourmande dans un magnifique parc de 2 ha. Cuisine à la fois traditionnelle et créative. Menu-carte à 155 F ou 200 F (vin et café compris). Menu dégustation. Carte 250/300 F. Belle carte des vins. Parking.
23, rue de la Division Leclerc.

■ **VERSAILLES (78)**
Le Chapeau Gris

A l'ouverture de la chasse, Le Chapeau Gris met en vedette canard sauvage, sanglier, sans oublier le vivier pour les crustacés. Menu affaire à partir de 200 F tout compris (vin compris). Une adresse de qualité.
7, rue Hoche -

films en exclusivité

EXPLICATION DES SIGNES — GENRE DES FILMS

		E Epouvante Horreur		**M** Film musical	
		F Fantastique Science-Fiction		**O** Comédie dramatique	
A Aventure		**G** Guerre		**P** Policier Espionnage	
B Biographie		**H** Historique		**S** Erotisme	
C Comédie		**J** Dessin animé Vie animaux		**W** Western	
D Drame		**K** Karaté		**X** Divers	

○ Films classés X
□ Interdits aux moins de 16 ans.
△ Interdits aux moins de 12 ans.
◆ Recommandés aux très jeunes.
(vo) : version originale
(va) : version anglaise

For the latest information on entertainment in Paris try:
HTTP://Pariscope.fr/

ACTIVITÉ 6

Écoutez parler Eric et Sébastien; ils discutent de leur prochain week-end à Paris. Cochez les phrases entendues.

Ne regardez pas le texte!

	Entendu	Pas entendu
a) Qu'est-ce qu'on fait ce week-end?	☐	☐
b) Tu peux leur écrire peut-être.	☐	☐
c) J'aimerais mieux quelque chose de plus intéressant.	☐	☐
d) Qu'est-ce que tu en dis?	☐	☐
e) Ça nous reposera.	☐	☐
f) Elle va nous donner son avis.	☐	☐

passer	to pass (something to someone)
j'aimerais mieux …	I would prefer …
amusant(e)	funny
tiens!	well
ça passe à …	it's on at …
le XIVᵉ (le quatorzième arrondissement)	
léger (-ère)	light, lighthearted
donner son avis	to give one's opinion

passe-moi *pass me*
See **The imperative** ➤ page 125

tu peux **leur** téléphoner *you can phone them*
on peut **lui** téléphoner *we can phone her / him*
elle va **nous** donner son avis *she'll give us her opinion*
See **Indirect object pronouns** ➤ page 148

Eric	Alors, qu'est-ce qu'on fait ce week-end?
Sébastien	Je ne sais pas, passe-moi *l'Officiel des Spectacles* ou *Pariscope* là-bas …
Eric	'Restaurants, films, spectacles …', on a le choix à Paris …
Sébastien	On invite Julie et Cécile? Tu peux leur téléphoner peut-être avant de décider.
Eric	D'accord, attends, je regarde d'abord … si on allait voir *Capitaine Conan* c'est certainement pas mal, il a eu neuf nominations.
Sébastien	J'aimerais mieux quelque chose de plus amusant! Tiens, j'ai toujours voulu voir *Zazie dans le métro* et ça passe dans le XIVe. Qu'est-ce que tu en dis?
Eric	Écoute, si tu veux un spectacle léger, allons au Lido, ça nous détendra!
Sébastien	C'est toi qui paie? Tu as vu le prix? Ce n'est pas pour nous! Allons, je suis sûr que Julie préférera le restaurant et le cinéma dans la soirée.
Eric	Eh bien, on peut lui téléphoner tout de suite, elle va nous donner son avis ….

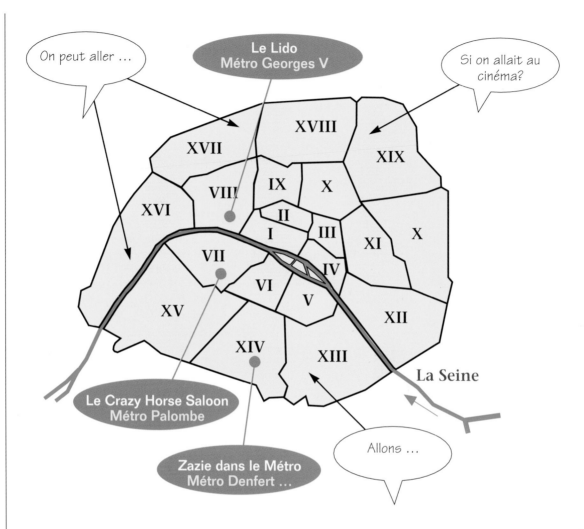

ACTIVITÉ 7

Vous êtes un groupe d'amis. Vous voulez sortir ce soir. Regardez ce plan et les annonces aux pages 139 à 140 et discutez des différentes possibilités. Qu'est-ce que vous en pensez?

LORSQUE VOUS SORTEZ
du **GERMINAL**
RESPECTEZ LE CALME
DE LA RUE.

La DIRECTION

expressions utiles

si on allait … ?
je préfère …
j'aime mieux …
allons … / on peut aller …
qu'est-ce que vous en dites? /
qu'est-ce tu en dis?
je n'aime pas beaucoup
c'est agréable / intéressant /
amusant / ennuyeux
c'est un bon film / restaurant
/ spectacle

info France

PARIS TOURISTIQUE, PARIS SECRET

Le monument qui symbolise le mieux Paris est bien sûr La Tour Eiffel érigée (*erected*) pour l'Exposition universelle de 1889. Selon une enquête (*survey*) réalisée par la SOFRES (*one of France's leading opinion polling institutions*) en mars 1996, la Tour est classée premier monument d'Europe. Viennent ensuite tous les monuments et endroits célèbres qui font partie du circuit touristique traditionnel: l'Arc de Triomphe et les Champs-Élysées, le musée du Louvre, le Sacré Cœur, les Invalides, Notre-Dame etc.

La Seine elle-même est un monument avec ses 35 ponts et surtout ses quais de la rive gauche (*Left Bank*) qui attirent les amateurs de livres et d'objets d'art proposés par les bouquinistes (*second hand booksellers*).

La nuit, Paris avec ses nombreux lieux de distractions (*entertainment places*) offre un tout autre aspect. Même ceux qui ne sont jamais allés dans la capitale française connaissent le quartier de Pigalle renommé (*famous*) pour ses boîtes de nuit (*night clubs*) qui répondent à tous les goûts. Le Moulin Rouge et le Lido sont connus dans le monde entier pour leur dîners-spectacles dominés par les plumes (*feathers*), le strass et les paillettes (*glitter*).

Paris est également le lieu de rencontre des écrivains (*writers*) et des artistes; il y a une cinquantaine d'années, Lipp, les Deux-Magots et surtout le café de Flore étaient des établissements où règnait une ambiance (*atmosphere*) d'effervescence intellectuelle.

À côté de ce Paris des guides touristiques, il existe un autre Paris plus secret, qui se découvre seulement aux visiteurs amateurs de curiosités. Il est possible de trouver de vrais coins de campagne à deux pas du métro, en plein cœur de Paris. Le Jardin du Luxembourg possède des ruches (*beehives*) et un verger (*orchard*) où poussent plus de 200 variétés de pommes et de poires. Un petit musée unique dans un appartement de Ménilmontant est dédié (*dedicated*) à Édith Piaf qui repose tout près, au Père Lachaise, cimetière qui regroupe beaucoup de noms illustres (*famous*). Ceux qui aiment les itinéraires inhabituels peuvent découvrir Paris à bicyclette (Paris à vélo, c'est sympa) ou en hélicoptère. Enfin, la direction des Espaces Verts de Paris organise des sentiers nature qui permettent de découvrir tous les charmes cachés de la capitale.

You can also find more information about Paris by using the Internet. Among useful addresses are:
(general information)
http://www.campus.bt.com/CampusWorld/pub/FranceALC/
Paris **>http://www.paris.org/Links/<**
or **>http://www.paris.orgParisF.html<**

Département 75 – Paris, au cœur des 8 départements de l'Île de France.
L'Île de France rassemble 20% de la population française.

La ville de Paris en chiffres

- 2,2 millions d'habitants
- 20 arrondissements (*districts*)
- Superficie (*area*): 104 km² avec les Bois de Boulogne et de Vincennes
- 5667 rues
- La rue la plus longue: rue Vaugirard (4,4 km)
- La rue la plus courte: rue des Degrès (5,75 m!)
- La rue la plus étroite (*narrowest*): rue du Chat-qui-pêche (2,50 m seulement)
- Espaces verts: 2643 ha, 12 m² par habitant contre 9 m² par habitant à Londres
- Déjections canines (*dog excrement*) 4 tonnes par jour sur la voie publique
- Visiteurs: environ 20 millions par an

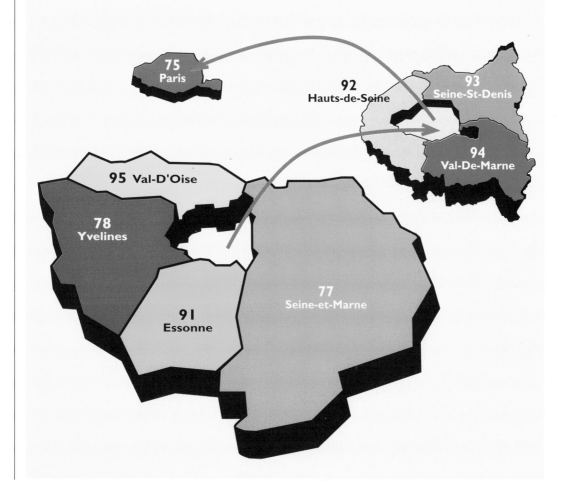

Notes

Suggestions – using the imperfect

Si on faisait un tour du Vieux Québec?

Here the verb **faire** in the imperfect does not describe an action in the past.
It is introduced by **si** and is used for making suggestions. In this type of sentence, **si** will be translated by *How about ...? / What if ... ?*:

Si on allait au cinéma?	*How about going to the cinema?*
Si tu prenais un taxi?	*How about you taking a taxi?*

En

- **instead of *de* + a noun:**

Qu'est-ce que vous en pensez?   *What do you think (of it)?*

en is a pronoun here. It is used instead of **de** + a noun
e.g. Qu'est-ce que vous pensez **de mon idée?** Qu'est-ce que vous **en** pensez?

Just as **de** + a noun can be translated in several ways, **en** has different meanings:

Il est revenu **du Canada**. Il **en** est revenu.
He has come back from Canada. He has come back (from it).
Elle est contente **de sa nouvelle voiture**. Elle **en** est contente.
She is happy with her car. She is happy with it.
Vous voulez combien **de tomates**? J'**en** veux deux. J'**en** veux deux grosses.
How many tomatoes do you want? I want two (of them). I want two big ones (of them).
Tu as besoin **de ces documents**? Tu **en** as besoin?
Do you need these documents? Do you need them?

- **to replace *du / de la / de l' / des* + a noun**
The pronoun **en** replaces **du / de la / de l' / des** + a noun and is translated as *some / any*:

Vous voulez du vin?	Non, j'en ai encore, merci.
Would you like some wine?	*No, I have got some left, thanks.*
Est-ce que tu as des pièces?	Oui, j'en ai.
Have you got any coins?	*Yes, I have got some.*
Vous avez trouvez de bons restaurants?	Non, je n'en ai pas trouvé.
Have you found / Did you find any good restaurants?	*No, I haven't found any.*

- **word order**
Just as with object pronouns (page 123) **en** comes before the verb:

il en est revenu, j'en veux deux, je n'en ai pas trouvé

When used with the imperative **en** follows the verb:

Vous aimez les fraises – mangez-en! *Do you like strawberries – eat some!*

But with a negative imperative **en** remains before the verb:

Vous aimez les fraises – mangez-en! Mais n'en mangez pas trop! *But do not eat too many (of them).*

En pratique

1 Using **en**, answer the following questions

e.g. Tu as besoin de ce livre? **Oui j'en ai besoin.**

a) Vous voulez des poires? Oui j' _____ un kilo.
b) Qu'est-ce que tu penses de cela? Je n' _____ rien!
c) Il revient d'Afrique? Oui, il _____ .
d) Vous avez trouvé des soldes intéressants? Non nous _____ .
e) Tu as de l'argent? Non je _____ .

Y

One of the meanings of **y** is *there*:

On **y** va?
Shall we go there?
Nous sommes allés à Québec. Nous **y** sommes allés.
We went to Quebec. We went there.
Il a passé deux ans en Amérique du Nord. Il **y** a passé deux ans.
He spent two years in North America. He spent two years there.

y can also replace a phrase (a preposition plus a noun):
J'ai trouvé mes clés **dans la voiture**. J'**y** ai trouvé mes clés.
Il met l'argent **sur la table**. Il **y** met l'argent.

y is placed before the verb except in the affirmative imperative:

Tu vas au cinéma? Eh bien vas-**y**!

Notice the added **s** in **vas-y** for ease of pronunciation.
Note that with the negative imperative **y** precedes the verb: n'**y** va pas. *Don't go there.*

On y va, allons-y, allez-y can also mean *let's go!* with the meaning of *let's start!*
vas-y / allez-y can mean *go! / go on!*

y is also found in quite a few colloquial phrases.

En pratique

2 Using **y** answer the following questions

e.g. Vous allez à Paris? **Oui j'y vais en effet.**

a) Il habite à Marseille? Oui il _____ en effet.
b) Vous avez séjourné en Bretagne? Nous _____ en effet.
c) Nos invités vont au cinéma? Ils _____ en effet.
d) Tu as fait une promenade dans le parc? J' _____ en effet.
e) Elle a trouvé sa carte de crédit dans son sac? Elle _____ en effet.

Indirect object pronouns: *lui, leur*

In English indirect and direct object pronouns have the same forms:

I saw **them**.   I listened to **them**.

direct object pronoun   indirect object pronoun

But they do not have the same forms in French.

We have already seen direct object pronouns. These replace nouns that come directly after the verb:

Je vois le directeur – je **le** vois

verb   noun   direct object pronoun

See page 123 for a list of the direct object pronouns.
Indirect object pronouns replace a preposition and the noun that follows it:

Je téléphone **à mes amis** – je **leur** téléphone.

verb   preposition   noun   indirect object pronoun

Tu peux téléphoner **à Laurie**. Tu peux **lui** téléphoner.

Here are the indirect object pronouns:

Il **me** donne le livre	*He gives the book to me*
Il **te** donne le livre	*He gives the book to you* (singular, informal)
Il **lui** donne le livre	*He gives the book to him / her / it*
Il **nous** donne le livre	*He gives the book to us*
Il **vous** donne le livre	*He gives the book to you* (formal singular, or plural)
Il **leur** donne le livre	*He gives the book to them* (masculine or feminine plural)

Me, **te**, **nous** and **vous** can be either indirect or direct object pronouns.
Lui and **leur** are used for both masculine and feminine forms.

Some verbs are indirect in both English and French:

*to talk **to** someone*	parler à quelqu'un
*He is talking **to** him.*	Il **lui** parle.

Some verbs are direct in English but indirect in French:

to phone someone	téléphoner à quelqu'un
She phones him.	Elle **lui** téléphone.

Here are some other examples:

Don't tell him anything.	Ne lui dis rien.
He is asking them.	Il leur demande.

On the other hand, some verbs are indirect in English but direct in French:

They are waiting for them.	Ils les attendent.
He is listening to them.	Il les écoute.

Make sure that when you learn new verbs you also learn whether or not they are followed by a preposition. If they are, learn the preposition with the verb just as you learn the gender of the noun as well as the noun.

Word order
Like direct object pronouns, indirect object pronouns come immediately before the verb. In the perfect tense the indirect object comes before the auxiliary:

Nous **leur** avons téléphoné.

En pratique

3 Complete the following sentences with the appropriate indirect object pronoun.

e.g. Il _____ donne le livre (à Marie). **Il <u>lui</u> donne le livre.**

a) Elle _____ téléphone toutes les semaines (**à ses parents**).
b) Nous _____ envoyons nos meilleurs voeux (**à vous**).
c) Son patron _____ a dit d'aller à la conférence (**à mon copain**).
d) Transmettez _____ toutes mes excuses (**à vos amis**).
e) Il _____ demande toujours de l'accompagner (**à moi**).

Faisons le point!

1   Turn the following sentences into suggestions.

e.g. On en parle au directeur. **Et si on en parlait au directeur?**

a) On va au musée cet après-midi.
b) Je téléphone au centre de conférences.
c) Vous faites le tour de la vieille ville.
d) On écrit à l'Office du tourisme.

Check your answers. Any problems? Then read the grammar notes on page 146.

2   Replace the words in italics by **en**.

e.g. Tu as acheté combien *de melons*? **Tu *en* as acheté combien?**

a) J'ai besoin *du dictionnaire*.
b) Nous avons pris trois *billets*.
c) Il a répondu à une dizaine *de lettres de renseignements*.
d) Elle a donné deux *concerts*.

Check your answers. Any problems? Then read the grammar notes on page 146.

3   Replace the words in italics by **y**.

a) Je vais *à Paris* tous les mois.
b) Il a trouvé les lettres *dans son sac*.
c) Va *au bureau de poste* demain.
d) N'allez pas *dans ce café* toute seule!

Check your answers. Any problems? Then read the grammar notes on page 147.

4   Replace the words in italics by the indirect object pronouns.

e.g. Je vais dire *à Julie* de se dépêcher. **Je vais *lui* dire de se dépêcher.**

a) J'ai parlé *à Christophe et à Sébastien*.
b) Tu n'as pas encore envoyé la carte *à ta mère*.
c) Elle téléphone *à ses enfants* chaque semaine.
d) Mon grand-père donnait des cadeaux *à mon frère et à moi*.

Check your answers. Any problems? Then read the grammar notes on page 148.

5   Replace the words in italics by a direct or an indirect object pronoun.

a) Nous revoyons toujours *ce film* avec plaisir.
b) J'adresse la lettre *au directeur*?
c) Cela a permis *aux étudiants* de rencontrer des Français.
d) Il demandera *un horaire* à l'employé.

Check your answers. Any problems? Then read the grammar notes on pages 123 and 148.

Vocabulaire

DIRECTIONS

En ville

plan (m.) de la ville	*town map*
centre (m.) ville	*town centre*
centre (m.) commercial	*shopping centre*
cabine (f.) téléphonique	*telephone box*
longer	*to go along, to walk along*
à l'intersection de …	*at the crossroads, where … cross*
continuez votre chemin	*carry straight on*
suivre	*to follow*
s'engager dans (une route, une rue)	*to take (a road, a street)*
dans son prolongement	lit. *as it continues*
tout à côté	*right next to*
face à …	*facing*
devant	*in front of*
derrière	*behind*
pâté (m.) de maisons	*block (of buildings)*
parking (m.)	*car park, car lot*
parking souterrain	*underground car park*
parcmètre (m.)	*parking meter*
au-dessus de	*above …*
au-dessous de	*below …*
continuez tout droit	*continue straight on*
tournez tout de suite à gauche / droite	*turn immediately to the left / right*
on arrive à côté de …	*you arrive next to …*
traverser	*to cross*

Dans un immeuble

au premier étage	*on the first floor*
au sous sol	*in the basement*
ascenseur (m.)	*the lift*
prenez l'ascenseur jusqu'à / au …	*take the lift to …*
en bas	*downstairs*
rez (m.) de chaussée	*ground floor*
descendre	*to go down*
monter	*to go up*
descendez / montez l'escalier au …1 er étage	*go down / up the stairs to … the first floor*
entre … et …	*between … and …*

UN SALON

salon (m.)	*(trade) show*
stand (m.)	*stand*
exposer	*to exhibit*
exposant (m.)	*exhibitor*
visiteur (m.)	*visitor*
participant (m.)	*delegate*
allée (f.)	*aisle (between stands)*
échantillon (m.)	*sample*

VISITER UNE VILLE

historique	*historical*
gratuit(e)	*free*
ancien(ne)	*ancient former*
musée (m.)	*museum*
entrée (f.)	*entrance, entry*
l'entrée est gratuite	*entry is free*
ouvert de … à …	*open from … to …*
spectacle (m.) multimédia	*multimedia show*
au sujet de	*about*
explorateur (m.)	*explorer*
temps (m.pl.) modernes	*modern times*
cathédrale (f.)	*cathedral*
visite (f.) guidée	*guided tour*

SORTIR LE SOIR

s'amuser	*to have a good time*
ça passe à …	*it's on …*
léger (-ère)	*light, lighthearted*
spectacle (m.)	*show*
voir un spectacle	*to see a show*
cinéma (m.)	*cinema*
aller au cinéma	*to go to the cinema*
casino (m.)	*casino*
théâtre (m.)	*theatre*
pièce (f.) de théâtre	*play*
club (m.)	*club*
concert (m.)	*concert*
concert (m.) de musique classique / rock /	*classical / rock music concert /*
concert de jazz	*jazz concert*
disco (f.)	*disco*
danser	*to dance*
réserver des places	*to reserve seats*
café (m.)	*café*

aller au restaurant	*to go to the restaurant*	c'est un bon … film / restaurant / spectacle	*it's a good film / restaurant / show*
voir des amis	*to see friends*		
faire un saut chez ….	*to pop in on … (a friend)*		
rester chez soi	*to stay in (at home)*		

SUGGESTIONS, PRÉFÉRENCES

DESCRIPTION D'UNE VILLE / RÉGION

ne pas avoir envie de … .	*not to feel like (doing) …*	découvert en … (date)	*discovered in … (date)*
proposer	*to suggest*	sous le règne de …	*in the reign of …*
suggérer	*to suggest*	s'installer	*to settle*
je préfère …	*I like best / I prefer*	au début du 16 ème siècle	*at the beginning of the sixteenth century*
j'aime mieux …	*I like best / I prefer*		
avoir envie de …	*to want to …*	après plus d'un siècle …	*after more than a century*
ça m'est égal	*I don't mind*		
donner son avis	*to give one's opinion*	fondé(e) en … (date)	*founded in … (date)*
on y va?	*shall we go (there)?*	créé(e) en … (date)	*created in … (date)*
on n'y va pas?	*aren't we going there?*	la population compte … (7.5 millions)	*the population is … (7.5 million)*
si on allait (à …) ?	*what if we went (to …)?*	les principales villes sont …	*the main towns are …*
allons à …	*let's go to …*	… exporte x% de sa production totale	*… exports x% of it's total output*
on peut aller …	*we could go to …*	a une population de …	*has a population of …*

qu'est-ce que vous en dites / qu'est-ce tu en dis?
what do you say to … think of …?
je n'aime pas beaucoup … (les musées)
I don't like … (museums) much
c'est agréable / intéressant / amusant / ennuyeux
it's pleasant / interesting / funny / boring

AUTRES MOTS UTILES

passer	*to pass (something to someone)*
tiens!	*well*

Now you have completed Unit 7, can you:

tick

1 Explain which parts of your town are worth visiting and where to find them?
   See page 132. ☐

2 Explain how to find a building in town?
   See page 133. ☐

3 Tell someone how to find an office or room in a large building?
   See page 137. ☐

4 With a French friend, discuss what you can do this evening?
   See page 141. ☐

5 Make suggestions for your evening out in town?
   See page 143. ☐

8 Recevoir

A Être invité

ACTIVITÉ 1

Étudiez les notes **Indefinite pronouns** page 168.

ACTIVITÉ 2

Étudiez les **Mots-clés**. Écoutez a) et b), lisez c) et d) et complétez le tableau.

	when	where	type of get together
a) Sandrine			
b) Guillaume et Édouard			
c) Jacques et Éliane			
d) Christiane			

a)
– Allô Anne-Sophie?
– Elle-même.
– C'est Sandrine, salut!
– Bonjour! Ça va?
– Très bien merci … Écoute, j'organise une petite boum chez moi samedi prochain, une dizaine d'amis en tout. Tu es libre ce jour-là?
– Je n'ai rien de prévu …

boum (f.)	(fam.) *party*
je n'ai rien de prévu	*I've got nothing planned*
prendre un pot	(fam.) *to have a drink*
mourir de faim	*to die of hunger, to starve*
mot (m.)	(here) *a note*
sympa (fam.)	*friendly*

b)

– Salut Guillaume! On prend un
  pot quelque part maintenant?
– D'accord Édouard, un pot et
  quelque chose à manger, je meurs
  de faim, je n'ai rien pris depuis ce
  matin.
– Si on allait au Globe? C'est un
  café sympa!

c)

Jacques et Éliane ont le plaisir de vous
inviter à la salle Rembrandt du
Restaurant Le Gai Soleil à un cocktail
entre amis le 24 avril à partir de dix-
huit heures trente.

Répondez s'il vous plaît.

d)

Chers amis,

Ce petit mot en vitesse: Nous
invitons les Roblot chez nous
vendredi prochain. Vous les
connaissez bien je crois; voulez-vous
venir déjeuner avec nous? Nous
prendrons l'apéritif vers 13 heures
et le repas sera très simple.

Bien à vous,

Christiane

chez
chez moi, chez nous	*at my place, at our place*
je n'ai rien de prévu	*I've got nothing planned*

Indefinite pronouns
quelque part	*somewhere*
quelque chose	*something*

➤ **page 168**

venir déjeuner	*come and have lunch*

(in Canada **venir dîner**)
Verbs of motion are followed by the infinitive
with no linking preposition.

les Roblot	*the Roblots*

Names of persons do not have a plural form.

Vie Pratique

Comment terminer une carte, un mot ou une lettre

formel (dans une lettre)	Je vous prie d'agréer, Monsieur / Madame, mes sentiments les meilleurs (*Yours sincerely*)
formel (pour un fax ou un mot)	Meilleurs sentiments (*Yours sincerely*)
	Bien à vous (*Yours*)
moins formel	Amitiés (*Love / Yours*)
	(Bien) amicalement (*Love / Yours*)
informel	Bien à toi (*Yours*)
familier	Salut! (*Bye*)
	Grosses bises (*Love*)

ACTIVITÉ 3

Répondez aux invitations: parlez ou écrivez.

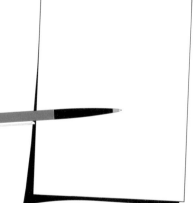

a)

Vous êtes Anne-Sophie.

(Reply that you've got to work but you do need to relax – you will be coming – thank her.)

b)

Vous êtes Guillaume.

(You say that you agree – le Globe is very nice – very good sandwiches and nice atmosphere.)

c)

Vous écrivez à Jacques et Éliane.
(Write and thank them for their
invitation but you can't come – find
an excuse – away on business – previous
engagement …)

Nous vous remercions …

Chère Christiane

d)

Vous écrivez à Christiane.
(Write that both of you can come –
delighted – looking forward to seeing
the Roblots).

expressions utiles

> je dois, j'ai besoin de …
> se détendre merci,
> je vous / te remercie pour …
> je viendrai, nous viendrons
> être en déplacement
> je vais à … / je vais chez …
> excellent, formidable
> une ambiance
> nous serons enchantés
> c'est avec plaisir que …
> revoir / reverrons
> déjeuner avec
> Amicalement

B Si vous voulez passer à table

ACTIVITÉ **4**

Étudiez la note **More on reflexives** page 169.

ACTIVITÉ **5**

Étudiez les *Mots-clés*. Écoutez le dialogue:
Louise et Hervé arrivent chez Marie et Paul.

Est-ce que cela s'est passé ainsi? (*Did it happen like that?*)
Choisissez les bonnes réponses, et cochez Vrai ou Faux.

	Vrai	Faux
a) Paul demande à Louise de le tutoyer.	☐	☐
b) Marie connait déjà Hervé.	☐	☐
c) Marie demande à ses invités de passer dans la salle à manger.	☐	☐
d) Hervé désire boire quelque chose de rafraîchissant.	☐	☐
e) Louise prend un whisky.	☐	☐
f) Hervé et Louise se sont trompés et se sont perdus.	☐	☐
g) Il y avait peu de circulation.	☐	☐

Paul, je vous en prie	*Paul, please*
tutoyer	*to say **tu***
passer à	*to go to*
se tromper	*to get something wrong, to be mistaken*
les grands départs	*the start of the main holidays*

se tutoyer   *to say **tu** to each other*
also: se vouvoyer   *to say **vous** to each other*
This is the reciprocal use of the reflexive verb.

➤ page169

Nous avons mis 2 heures.   *It took us 2 hours.*
Nous nous sommes perdus.   *We got lost.*

Louise et Hervé arrivent chez Marie et Paul qui les ont invités à déjeuner

Paul	Bonsoir!
Hervé	Bonsoir Paul! Je te présente Louise.
Louise	Enchantée monsieur!
Paul	Paul, je vous en prie! Et on peut se tutoyer peut-être? Entrez. Ah, voici Marie … tu connais Hervé n'est-ce pas? Et voici Louise.
Marie	Bonsoir, si vous voulez passer au salon …

Paul   Qu'est-ce que je vous offre: pastis, Martini, whisky?

Hervé   Un pastis pour moi. Par cette chaleur il faut quelque chose de rafraîchissant! Et toi Louise?

Louise   Un petit Martini, avec de la glace s'il te plaît. Nous avons eu très chaud dans la voiture.

Marie   Vous avez mis combien de temps pour venir?

Hervé   Deux heures! Mais nous nous sommes trompés à Versailles et nous nous sommes perdus.

Louise   … et la circulation était très dense, c'est le week-end des grands départs bien sûr. Enfin, nous sommes arrivés … vous avez un jardin magnifique!

Vie Pratique

L'étiquette

Quand on vous présente quelqu'un, vous entendrez peut-être: '**Je te / vous présente Cécile**'. Si la rencontre est très formelle vous pouvez aussi entendre '**Permettez-moi de vous présenter Madame / Monsieur …**' (*Allow me to introduce Mr … to you*); au contraire si l'ambiance (*the atmosphere*) est jeune et détendue (*relaxed*) on vous dira '**Voici Cécile**' ou tout simplement, '**Cécile**'. Dans ce cas vous pouvez répondre '**Bonjour**' ou '**Salut**'.

Pour les occasions plus officielles vous répondrez '**Enchanté(e)!**' (*How do you do*) ou '**Enchanté(e) de faire votre connaissance**' (*Pleased to meet you*) et vous serrerez la main (*you will shake hands*) de la personne. Lorsque vous rencontrez des gens dans un contexte professionnel n'oubliez pas de prendre la main que l'on vous tend (*that is offered to you*) et pour des rencontres amicales vous devrez peut-être embrasser sur la joue (*kiss each other's cheeks*), deux, trois ou même quatre fois selon les régions! Un bon conseil, si vous ne savez pas quelle attitude adopter, ne prenez pas l'initiative, mais sachez répondre aux sollicitations!

Permettez moi de vous présenter Monsieur …

Je te / vous présente Cécile

Voici Cécile

Cécile

Vie Pratique

Comment se retrouve-t-on en France (*How do the French get together*)?

Si on vous invite pour **l'apéritif** ce sera toujours avant le repas et si on vous dit de venir prendre **le café**, ce sera après le déjeuner. **Le dîner**, autrefois appelé souper, est le repas du soir et son heure varie, mais en général on ne mange pas en France avant 19h 00.

Les **vins d'honneur** sont généralement associés aux mariages ou aux cérémonies officielles et comportent souvent du vin mousseux (*sparkling wine*) ou du champagne accompagné de gâteaux secs (*dry biscuits*). Il y a aussi **le cocktail**, souvent une réunion assez formelle qui a lieu, en général en fin d'après-midi ou en début de soirée. Parmi les réunions plus détendues citons **le pot** (*relaxed drink between friends or colleagues*) et **la boum** (*party for young people*).

On prend un pot?

Travaillez en groupe de trois. Étudiant(e)s A et B se rencontrent dans la rue. Au café ils / elles voient Étudiant(e) C.

Étudiant(e) A *Suggest a drink in Le Globe.*

Étudiant(e) B *You agree, you are both tired, it's very hot, Le Globe has a nice atmosphere.*

Étudiant(e) A *At the Globe you see Étudiant(e) C, say hello and introduce B to C.*

Étudiant(e) C *Offer drinks to A and B, they both accept. You all choose your drinks.*

Étudiant(e)s A,B,C *Make comments about the weather, how busy the town is / or is not.*

Étudiant(e) C *Ask whether B is in the town on holiday or on business?*

Étudiant(e) B *Reply.*

expressions utiles

si on prenait …
fatigué
agréable
ambiance
enchanté(e)
qu'est-ce que je vous / t' offre?
calme
il y a beaucoup de monde
pour affaires

Now you can carry on the polite conversation on the following topics: travel (unité 3 page 56), accommodation (unité 11 page 218), restaurants (unité 9 page 182), holidays (unité 3 page 56), business activities (unité 5 page 97), your preferred leisure activities (unité 2 page 35).

C Un menu de fête

ACTIVITÉ 7

Étudiez les **Mots-clés** et les structures. Écoutez, qu'est-ce qu'ils ont dit? Vous répondez aux questions d'un invité anglais qui comprend seulement quelques mots de français.

Marie, Paul et leurs invités terminent le déjeuner

Hervé Ce roquefort était vraiment à point!

Marie Reprends-en donc encore un peu!

Hervé Non merci, j'ai déjà repris de l'agneau et des haricots …

Louise Hervé fait attention à sa ligne vous savez! (Elle boit un peu de vin rouge) … Ce vin accompagne parfaitement le fromage.

Paul Oui, il n'est pas mauvais, 1989 est une bonne année pour le Châteauneuf-du-Pape.

Marie Eh bien passons maintenant au dessert. Louise, sers-toi de clafoutis.

Louise Ça a l'air très appétissant … et c'est délicieux! Malheureusement je suis une très mauvaise cuisinière et je ne sais pas faire ce genre de plat.

Marie C'est une recette très facile pourtant, si tu veux je te la passerai.

Hervé Ah je rêve d'une femme qui sait faire la cuisine! Mais comme Louise travaille tard le soir c'est souvent une pizza dans le four à micro-ondes à la dernière minute et nous mangeons même quelquefois dans un MacDo!

à point	(for cheeses) ripe (for meats) medium cooked
reprendre de...	(here) have a second helping of ...
agneau (m.)	lamb
haricots (m.pl)	beans
faire attention	to be careful
sa ligne	(here) his figure
se servir de ...	to help oneself to ...
sers-toi / servez-vous	help yourself
appétissant(e)	appetising
cuisinière (f.)	(here) cook
plat (m.)	dish
recette (f.)	recipe
four à micro-ondes (m.)	microwave oven

Questions

a) What comment did Hervé make about the cheese?
b) Why didn't Hervé want another helping of Roquefort?
c) What vintage is the wine?
d) What is Louise saying about her cooking?
e) What sort of meal do Louise and Hervé have at night?
f) I heard 'MacDo', what's Hervé referring to?

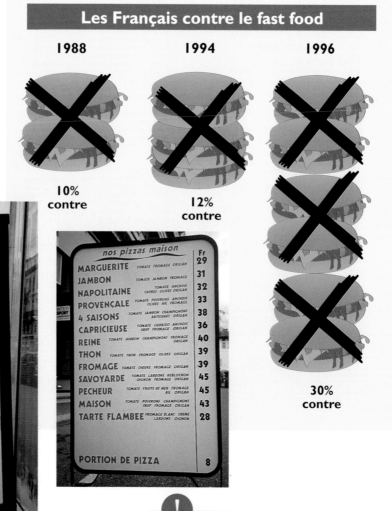

Les Français contre le fast food

1988	1994	1996
10% contre	12% contre	30% contre

NOUVELLE CARTE "DOMI"

18 SORTES DE "PIZZAS"
EN MINI - NORMALE - MAXI -
SUR PLACE - EN EMPORTÉ ou LIVRÉ.

5 SORTES DE "SALADE CLASSIQUE"
14ᶠ ou 23ᶠ
SUR PLACE - EN EMPORTÉ ou LIVRÉ.

8 SALADES "GASTRONOMIQUES"
DE 35ᶠ À 50ᶠ
SUR PLACE UNIQUEMENT.

17 "COUPES GLACÉES"
DE 18ᶠ À 30ᶠ
SUR PLACE UNIQUEMENT.

LE "PANINI"
FROMAGE - ITALIEN ou ORIENTAL 18ᶠ

nos pizzas maison

		Fr
MARGUERITE	TOMATE FROMAGE ORIGAN	29
JAMBON	TOMATE JAMBON FROMAGE	31
NAPOLITAINE	TOMATE ANCHOIS CAPRES OLIVES ORIGAN	32
PROVENCALE	TOMATE POIVRONS ANCHOIS OLIVES AIL FROMAGE	33
4 SAISONS	TOMATE JAMBON CHAMPIGNONS ARTICHAUT ORIGAN	38
CAPRICIEUSE	TOMATE CHORIZO ANCHOIS OEUF FROMAGE ORIGAN	36
REINE	TOMATE JAMBON CHAMPIGNONS FROMAGE ORIGAN	40
THON	TOMATE THON FROMAGE OLIVES ORIGAN	39
FROMAGE	TOMATE CHEVRE FROMAGE ORIGAN	39
SAVOYARDE	TOMATE LARDONS REBLOCHON OIGNON FROMAGE ORIGAN	45
PECHEUR	TOMATE FRUITS DE MER FROMAGE AIL ORIGAN	45
MAISON	TOMATE POIVRONS CHAMPIGNONS OEUF FROMAGE ORIGAN	43
TARTE FLAMBEE	FROMAGE BLANC CREME LARDONS OIGNON	28
PORTION DE PIZZA		8

!

avoir l'air de ...   to look ... (appetising)
savoir faire quelque chose to be able to / to
                            know how to do
                            something

info France

UN REPAS TYPIQUEMENT FRANÇAIS

On vous a invité(e) à déjeuner ou à dîner; n'arrivez pas une demi-heure en retard et ne venez pas les mains vides (*empty-handed*).

Il n'est pas habituel en France d'apporter une bouteille de vin; préférez plutôt une belle boîte de chocolats fins ou une plante verte (*houseplant*) pour la cuisinière. Vous pouvez apporter également un bouquet de fleurs coupées (*cut flowers*). Ne donnez pas de chrysanthèmes, fleurs associées à la mort (*death*) en France.

On commence généralement par l'apéritif (*drinks*) accompagné d'amuse-bouches ou d'amuse-gueules (*savory snacks, tit-bits*). Les invités passent ensuite à table (*sit down at table*) et le repas débute par le hors-d'oeuvre, appelé aussi entrée: charcuterie (*cold meat*), crudités (*salad items, grated carrots etc.*) soufflé, escargots (*snails*) ou quelquefois potage / consommé (*soup*).

Le deuxième plat (*the second course*) sera peut-être un plat de poisson (*fish*) mais le plus souvent maintenant on passera directement au plat principal (*main dish*).

On peut citer comme viande le poulet (*chicken*), le boeuf (*beef*), le porc (*pork*) ou l'agneau (*lamb*). On vous fera sans doute connaître des plats régionaux bien connus comme le boeuf bourguignon, cuit dans du vin (*cooked in wine*) ou le cassoulet (*sausages and cold meat cooked with beans and goose fat*). La viande saignante (*rare*), à point (*medium*) ou bien cuite (*well-cooked*) est souvent servie avec des pommes de terre (*potatoes*) sous toutes les formes: pommes de terre sautées, purée (*mashed*), frites (*chips*), et des légumes: épinards (*spinach*), chou (*cabbage*), haricots verts (*green beans*).

Une salade verte suit quelquefois le plat principal.

On passe ensuite le plateau de fromages (*cheese board*) où sont présentés des fromages à pâte dure (*hard cheese*) comme le gruyère, la mimolette, le cantal … et des fromages à pâte molle (*soft fat cheese*) comme le camembert et le brie.

Une glace (*ice cream*) ou un gâteau (*cake*) ou encore un dessert à base de fruits frais termine le repas. On vous offrira ensuite une tasse de café peut-être suivie d'une liqueur.

For more information on French food try:
www.epicuria.fr/

Étudiez le vocabulaire et les structures ci-dessous. Vous déjeunez avec des amis. Écoutez et répondez-leur en français. Lisez les expressions utiles pour vous aider à parler.

expressions utiles

> la sauce
> saignante
> bien cuite
> tendre

La conversation à table ou comment parler des plats, des vins et du fromage

ce / cette / ces …	est sont	délicieux / délicieuse(s) tendre(s) appétissant(e)(s) fin(e)(s)	
	a / ont l'air	bon(s) bonne(s) succulent(e)(s) nourrissant(e)(s)	
	a ont	un goût une saveur	délicat(e) subtil(e) particulier(-ière)
ce vin	est	fruité frais léger corsé bien chambré	
ce fromage	est	à point bien fait moelleux crémeux	

ACTIVITÉ
9 | **À vous!**

Avec votre partenaire vous échangez vos impressions sur le dernier repas au restaurant ou chez des amis, ou même chez vous!

expressions utiles

on est allé manger au …
chez les …
c'était comment?
Voir **Comment parler des plats** page 163

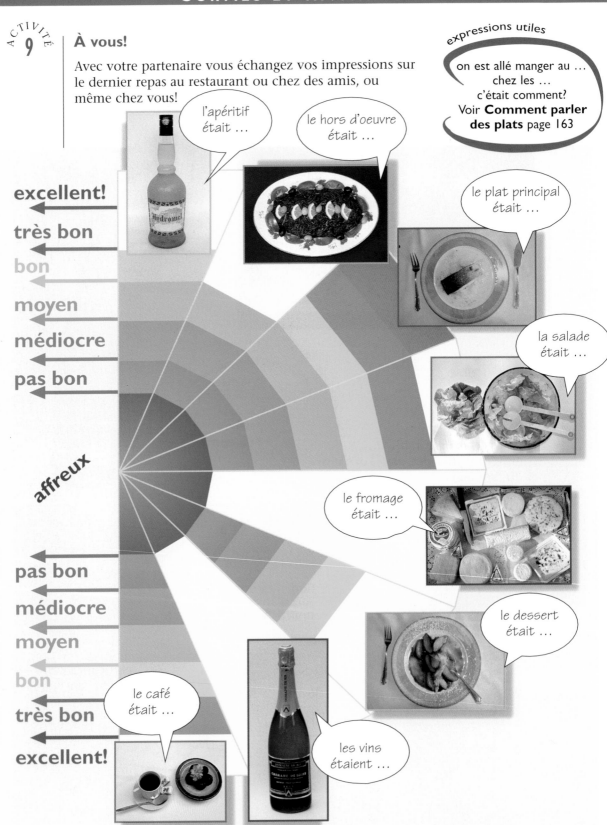

l'apéritif était …

le hors d'oeuvre était …

le plat principal était …

la salade était …

le fromage était …

le dessert était …

le café était …

les vins étaient …

excellent!
très bon
bon
moyen
médiocre
pas bon

affreux

pas bon
médiocre
moyen
bon
très bon
excellent!

ACTIVITÉ
10

Louise vous a envoyé la recette de Marie. À vous de deviner (*to guess*) certains mots ou de trouver des ingrédients équivalents en anglais.

CLAFOUTIS AUX TROIS FRUITS

préparation:
20 minutes
cuisson: 40 minutes

500 g de cerises
2 bananes
2 pommes
125 g de farine
120 g de sucre en poudre
4 oeufs
15 cl de lait
10 cl de crème liquide
20 g de beurre
1/2 cuillère à café de cannelle
1/2 pincée de sel

Préchauffez le four sur thermostat 6/7 (190°C).

1 Disposez les cerises dans un plat à gratin beurré.

2 Épluchez les bananes. Coupez-les en rondelles et placez-les dans le plat.

3 Sans les peler, coupez les pommes en petits morceaux.

4 Ajoutez les pommes également dans le plat. Saupoudrez de 60 g de sucre en poudre.

5 Dans une jatte, mélangez les oeufs avec la farine, 60 g de sucre, le sel et la cannelle.

6 Délayez avec le lait et la crème.

7 Versez cette pâte sur les fruits.

8 Faites cuire pendant 40 minutes au four.

9 Faites tiédir. Servez aussitôt.

ACTIVITÉ 10

a) What fruit do you need for this recipe?

b) What other ingredients are there?

c) What would be the nearest equivalent you could find in a supermarket for …

sucre en poudre

crème liquide?

d) What spice is **cannelle**?

ACTIVITÉ 11

Étudiez les **Mots-clés**. Vous aidez un débutant à faire ce dessert. Qu'est-ce que vous lui dites en anglais?

ACTIVITÉ 12

Avec un(e) partenaire, choisissez une recette anglaise simple (par exemple, l'*Apple crumble*). Vous répondez à votre correspondante. Cherchez quelques mots dans le dictionnaire ou demandez à votre professeur.

disposer	*to lay out*
peler, éplucher	*to peel*
rondelle (f.)	(here) *ring*
morceau (m.)	*piece*
saupoudrer	*to sprinkle*
préchauffer	*to preheat*
four (m.)	*oven*
jatte (f.)	*bowl*
délayer	*to mix, to thin out*
verser	*to pour out*
pâte (f.)	(here) *mixture*
faire cuire	*to cook*

Notes

Disjunctive or emphatic pronouns

C'est moi, chez nous are two examples of disjunctive or emphatic pronouns. Here is the full list:

moi	*me*	nous	*us*
toi	*you* (informal)	vous	*you*
lui	*him*	eux	*them* (masc.)
elle	*her*	elles	*them* (fem.)
soi	*(oneself)*		

The emphatic pronouns are used instead of object pronouns when referring to persons in the following cases:

• After a preposition:

Nous allons chez eux.	*We are going to their place.*
Il prend son chien avec lui?	*Is he taking his dog with him?*

• After **c'est / ce sont**:

Ah, c'est toi!	*It's you!*
C'est lui qui a téléphoné.	*He rang.* (lit. *It's he/him who rang*)

• After some verbs followed by prepositions:

Je pense souvent à eux.	*I often think of them.*
Il parle de toi.	*He speaks of you.*

Two prepositions are associated with the verb **parler**:

de followed here by the emphatic pronoun **toi**
à which takes the indirect object pronoun (Il te parle. *He speaks to you*). See page 148.

• To emphasise:

Moi, je n'aime pas le poisson.	*I don't like fish.*
Lui, il sait tout.	*He knows everything.*

Unlike English, French does not use stressed words to emphasise. Emphatic pronouns are added instead.

• After a comparative:

Il est plus riche que toi.	*He is richer than you.*

En pratique

1 Replace the words in brackets by emphatic pronouns.

e.g. (**Ma femme et moi**), nous aimons faire la cuisine.
Nous, nous aimons faire la cuisine.

a) Il déjeune souvent avec _____ (**Marie et sa soeur**).
b) (**Jacques et moi**) _____ , nous n'aimons pas manger au restaurant.
c) C'est _____ (**mon ami**) qui m'a invité.
d) Elle fait plus souvent la cuisine que _____ (**son mari**).
e) Venez prendre l'apéritif avec _____ (**ma femme et moi**).
f) Êtes-vous déjà allés chez _____ (**Marie et Paul**)?

Indefinite pronouns and adjectives

• Indefinite pronouns do not refer to a particular person or thing.

They are used with verbs. Here is the full list:

aucun(e)	*none, not one, not any*	Aucun ne vient. *No one is coming.*
autre(s)	*another one, other ones*	Les autres sont plus beaux. *The other ones are more beautiful.*
certain(e)(s)	*some, certain*	Certains préfèrent le vin blanc. *Some prefer white wine.*
chacun(e)	*each one*	Chacun prend son verre. *Each one takes his glass.*
on	*one, people*	On va au restaurant? *Shall we go to the restaurant?*
personne	*nobody*	Personne ne mange. *Nobody is eating.*
plusieurs	*several*	Plusieurs sont venus. *Several came.*
quelque chose	*something*	Venez boire quelque chose. *Come and drink something.*
quelqu'un	*somebody*	Quelqu'un a téléphoné. *Someone rang up.*
quelques-un(e)s	*some, a few*	Voilà les pêches. Quelques-unes sont abîmées. *There are the peaches. Some are bad.*
rien	*none, nothing*	Il n'y a rien dans l'enveloppe. *There is nothing in the envelope.*
tout, tous, toute(s)	*everything, everyone, all*	Ils sont tous là. *They are all here.*

Note that **aucun(e)**, **personne** and **rien** are used with the negative **ne**, but **pas** is omitted.

When followed by an adjective, indefinite pronouns take **de**:

Qu'est-ce que vous voulez boire? Oh, quelque chose de rafraîchissant s'il vous plaît.
What would you like to drink? Something refreshing please.

This applies to pronouns used with **autre**, as in the following phrases:

quelqu'un d'autre	*someone else*
quelque chose d'autre	*something else*
rien d'autre	*nothing else*

- Indefinite adjectives are used with nouns:

tout, tous, toute(s)	*all, every*	tous les jours *every day*
plusieurs	*several*	il y a plusieurs restaurants *there are several restaurants*
autre(s)	*other*	les autres invités *the other guests*
même(s)	*same*	je prends la même chose *I'll have the same thing*
chaque	*every*	je mange du poisson chaque vendredi *I eat fish every Friday*
certain(e)(s)	*some*	certaines personnes préfèrent le vin blanc *some people prefer white wine*
tel(s), telle(s)	*such*	une telle peur *such a fright*
quelque(s)	*some, a few*	nous avons eu quelques problèmes *we've had some problems*

En pratique

2 You have received a letter from a friend. Translate it for your partner who cannot read French.

Quelqu'un m'a téléphoné l'autre jour et m'a invité à prendre quelque chose. J'ai eu une telle surprise que j'ai mis quelque temps à répondre. En effet, personne ne m'invite jamais: tous mes amis sont partis.

Chaque jour c'est la même chose: je me lève et je n'ai rien à faire. Certains me disent que je dois sortir et rencontrer d'autres jeunes, mais chacun a sa vie et on ne rencontre personne dans ma banlieue. Donc, quand j'ai reçu ce coup de téléphone j'ai cru que c'était quelque chose d'important. J'ai déjà eu plusieurs offres d'emploi de cette façon. Mais non, cette fois, c'était quelqu'un que je connaissais vaguement et qui voulait parler. Nous sommes allés au café Le Nord-Sud et nous avons passé un après-midi formidable!

More on reflexives

On se, nous nous, vous vous and **ils / elles se** are used to express a reciprocal action:

On se connaît.	*We know each other.*
Nous nous voyons tous les mois.	*We see each other / one another every month.*
Vous vous écrivez.	*You write to each other.*
Ils se téléphonent souvent.	*They often phone each other.*

In the perfect tense reflexive verbs are formed with **être** followed by the past participle of the verb.
In most cases the past participle agrees with the subject:

Elle s'est levée.	*She got up.*
Nous nous sommes perdus.	*We got lost.*
Ils se sont trompés.	*They made a mistake.*

En pratique

3   Check the indication of gender and conjugate the verbs in brackets in the perfect tense.

e.g. Je (*f.*) _____ (**s'habiller**) rapidement.   **Je me suis habillée rapidement.**

a) Ce matin nous (*f.*) _____ (**se lever**) à huit heures.
b) Elle _____ (**se regarder**) dans le miroir magique.
c) Ils _____ (**se coucher**) très tard hier soir.
d) Dimanche vous (*m.sing.*) _____ (**s'ennuyer**) toute la journée.
e) Je (*f.*) _____ (**se dépêcher**) car j'avais peur de manquer le train.
f) Tu (*m.*) _____ (**s'arrêter**) à chaque église.
g) Nous (*f.*) _____ (**s'asseoir**) dans le jardin public.
h) La secrétaire _____ (**s'occuper**) de la location du stand.

Faisons le point!

1   Replace the words in italics by personal pronouns (subject, direct object, indirect object or emphatic).
    e.g. *Paul* a versé du vin *à son invité*. **Il lui a versé du vin.**

    a) *Marie et moi* invitons *les Roblot* tous les ans.
    b) *Les enfants* ont parlé *de leur maîtresse*.
    c) Vous avez téléphoné *au directeur*?
    d) *Nos filles* pensent souvent *à leurs grands parents*.
    e) Tu envoies une carte *à nos voisins*?
    f) C'est *ton frère* qui a téléphoné au médecin.

Check your answers. Any problems? Then read the grammar notes on pages 123, 148, 167.

2   Use the indefinite adjectives and pronouns to give the following information:

    e.g. You had such a surprise. **J'ai eu une telle surprise.**

    a) You have the same car as (**que**) your friend.
    b) You drink wine every day.
    c) You have several friends in the village.
    d) You like some white wines.
    e) You have nothing to say.
    f) You have met somebody interesting today.

Check your answers. Any problems? Then read the grammar notes on page 168.

3   Conjugate the reflexive verbs in brackets in the tense indicated.

    a) Quand ils _____ (**se rencontrer** – *perfect*) ils _____ (**se tutoyer** – *perfect*) aussitôt.
    b) Nous _____ (**se lever** – *present*) très tôt mais nous _____ (**se coucher** – *present*) très tôt aussi.
    c) Au début ils _____ (**se téléphoner** – *imperfect*) souvent mais maintenant ils _____ (**s'écrire** – *present*) de temps en temps.
    d) Elles _____ (**se perdre** – *perfect*) dans la ville mais elles _____ (**se retrouver** – *perfect*) rapidement grâce au plan.
    e) Nous _____ (**se voir** – *future simple*) donc la semaine prochaine.

Check your answers. Any problems? Then read the grammar notes on page 170.

Vocabulaire

INVITER

J'organise une petite boum	*I'm organising a little party (get together)*
Si on prenait …?	*Shall we have …?*
Tu es libre ce jour-là?	*Are you free that day?*

Jacques et Éliane ont le plaisir de vous inviter à partir de dix-huit heures trente
Jacques and Éliane have great pleasure in inviting you from 6.30 pm

On prend un pot quelque part?	*Shall we have a drink somewhere?*
Si on allait au Globe?	*How about going to the Globe?*
Voulez-vous venir déjeuner avec nous?	*Would you like to come for lunch with us?*

RÉPONDRE

Je n'ai rien de prévu.	*I've nothing planned.*
D'accord Édouard	*OK Édouard*
Je vous / te remercie pour …	*Thank you (very much) for …*
Je viendrai, nous viendrons	*I / we will come*
Nous serons enchantés de …	*We would love to …*
C'est avec plaisir que …	*We will be pleased to … / we were pleased to …*

LES PRÉSENTATIONS

Je te / vous présente …	*This is …*
Permettez-moi de vous présenter Monsieur …	*Allow me to introduce Mr … to you*
Enchanté(e)!	*Pleased to meet you*
Enchanté(e) … de faire votre connaissance	*Pleased to meet you*
hôte (m.)	*host*
Voici Cécile	*This is Cécile*
Salut!	*Hi, Hello*

RECEVOIR – PROPOSER À BOIRE OU À MANGER

Qu'est-ce que je vous offre?	*What can I offer you?*
Vous prendrez un apéritif?	*You will have a drink won't you?*
Vous prenez quelque chose à boire?	*Would you like a drink?*
se servir de …	*to help oneself to …*
reprendre de…	*(here) have a second helping of …*

LE REPAS

à point	*(for cheeses) ripe*
appétissant	*appetising*
cuisinière (f.)	*(here) cook*
plat (m.)	*dish*
Ça a l'air …	*It looks …*
C'est délicieux!	*It's delicious!*
plat (m.) principal	*main course*
amuse-bouches (f.pl.), amuse-gueules (m.pl.)	*tit-bits, nibbles*
passer à table	*to sit down at table*
charcuterie (f.)	*cold meat*
crudités (f.pl.)	*salads*
soufflé (m.)	*soufflé*
escargots (m.pl)	*snails*
potage (m.)	*soup*
consommé (m.)	*soup*

LA VIANDE

sauce (f.)	*sauce, juice from the meat*
saignant(e)	*rare*
bien cuit(e)	*well-cooked*
tendre	*tender*
agneau (m.)	*lamb*
boeuf (m.)	*beef*
porc (m.)	*pork*
à point	*(for meat) medium-cooked*

LE VIN

goût (m.) délicat	*delicate taste*
saveur (f.) subtile	*subtle flavour / taste*
corsé	*full-bodied*
fruité	*fruity*
moelleux	*(wine) smooth*
bien chambré	*at room temperature*
frais	*cool*
léger	*light*

LE FROMAGE

plateau (m.) de fromages	*cheese board*
fromage (m.) à pâte dure	*hard cheese*
fromage (m.) à pâte molle	*soft fat cheese*
à point	*ripe*
goût(m.) délicat	*delicate flavour*
bien fait	*ripe*
moelleux	*(cheese) soft*
crémeux	*creamy*

GÉNÉRAL

délicieux(-se)	*delicious*
succulent(e)	*juicy, succulent*
nourrissant(e)	*filling, rich*

LE DESSERT

glace (f.)	*ice cream*
gâteau (m.)	*cake*
dessert (m.)	*dessert*

FAIRE LA CUISINE – UNE RECETTE

faire la cuisine	*to cook*
recette (f.)	*recipe*
four à micro-ondes (m.)	*micro wave oven*
cuisson (f.)	*cooking*
cuillère (f.)	*spoon(ful)*
cuillère à café	*coffee spoon*
pincée (f.) de	*pinch of*
sel (m.)	*salt*
disposer	*to lay out*
beurré(e)	*buttered, greased*
éplucher	*to peel*

peler	*to peel*
couper	*to cut*
ajouter	*to add*
saupoudrer de	*to sprinkle with*
préchauffer à	*to preheat to*
mélanger	*to mix*
délayer	*to mix, to thin down*
verser	*to pour out*
pâte (f.)	*pastry, mixture*
faire cuire pendant …	*to cook for… (time)*
faire tiédir	*to let cool down*
sucre (m.) en poudre	*caster sugar*
crème (f.) liquide	*single cream*
cannelle (f.)	*cinnamon*
rondelle (f.)	*(here) a ring*
morceau (m.)	*piece*
four (m.)	*oven*
jatte (f.)	*bowl*
ensuite	*then*
enfin	*finally*

Now you have completed Unit 8, can you:

tick

1 Meet a French friend and ask them to come for a drink?
See page 153. ☐

2 Invite some French friends to a dinner party?
See page 153. ☐

3 Make formal / informal introductions?
See page 158. ☐

4 Make appreciative comments about the different parts of a
meal when dining out?
See pages 163 and 164. ☐

En visite

■ Visiting a company
■ Business lunches
■ Letters of thanks

A Bienvenue à notre agence de publicité

Étudiez la grammaire et les *Mots-clés*. Écoutez le dialogue: **Serge Vidal reçoit un nouvel associé, Etienne Beaumont.**

Étienne Beaumont raconte ensuite sa visite. Que va-t-il dire?

	Oui	Non
a) Hier, je suis allé à Communication et Couleurs.	☐	☐
b) L'agence est située dans le centre-ville.	☐	☐
c) Les locaux sont très modernes.	☐	☐
d) Serge Vidal m'a fait visiter l'agence.	☐	☐
e) Les bureaux sont de très petites salles.	☐	☐
f) Tout le monde se réunit dans l'atrium pour discuter des projets.	☐	☐
g) L'agence réalise des films.	☐	☐

associé (m.)	*partner*	bureau (m.) paysagé	*open-plan office*
moi de même	*I am too / me too*	partout	*everywhere*
cadre (m.)	*(here) environment, setting*	faciliter ...	*to make ... easier*
		dérangé(e)	*disturbed*
d'un autre côté	*on the other hand*	tout à fait	*exactly*
se sentir	*to feel*	atrium (m.)	*atrium*
isolé(e)	*isolated*	se réunir	*to meet*
locaux (m.pl.)	*premises*	décor (m.)	*decorations, setting*
faire visiter	*to show round*	audiovisuel(le)	*audio visual*
services (m.pl.) administratifs	*administration department*	réaliser un film	*to produce a film*
		effectuer	*to carry out*
département (m.)	*department*	conception (f.)	*design*
suivre	*to follow*		

Serge Vidal reçoit un nouvel associé, Étienne Beaumont

Serge Vidal	Bienvenue à Communication et Couleurs! Je suis content de vous revoir Monsieur Beaumont!
Étienne Beaumont	Moi de même, Monsieur Vidal … Vous êtes très bien installés ici!
Serge Vidal	Oui, un parc d'affaires a ses avantages, le cadre est très agréable, mais d'un autre côté on est loin de la ville et on se sent un peu isolés.
Étienne Beaumont	Peut-être, mais vos locaux sont ultramodernes.
Serge Vidal	Oui, nous sommes très bien équipés. Mais venez, je vais vous faire visiter les différents départements. Si vous voulez bien me suivre … Vous avez ici mon bureau avec les services administratifs à côté. Ici on se trouve au département média et un peu plus loin à celui de production.
Étienne Beaumont	Je vois que vous avez des bureaux paysagés partout.
Serge Vidal	Oui, ça facilite la communication entre les employés, mais nous avons aussi trois petites salles de réunion.
Étienne Beaumont	Je vois, vous pouvez recevoir des clients sans être dérangés.
Serge Vidal	Tout à fait, et là-bas en bas, vous voyez, nous avons un atrium où nous nous réunissons souvent le soir pour discuter un projet, c'est beaucoup plus convivial qu'une salle.
Étienne Beaumont	En effet c'est très clair et le décor invite à la réflexion.
	Vous avez également une salle audio-visuelle, n'est-ce pas? Vous faites des films aussi?
Serge Vidal	Non, nous ne les réalisons pas mais nous effectuons toute la conception ici …
	Mais venez, je vais vous présenter à mes collègues.

Je vois que vous avez …	*I see that you have …*
sans être dérangés	*without being disturbed*

A verb following **sans** is always in the infinitive.

N'est-ce pas?	*Don't you?*

ACTIVITÉ 2

Étudiant(e) A Vous recevez un visiteur à votre lieu de travail (*place of work*). Faites un plan de vos locaux et recherchez les mots dans le dictionnaire ou demandez à votre professeur.

Étudiant(e) B Vous êtes le visiteur, posez des questions et faites des commentaires. Voir à la page 244.

expressions utiles

Étudiant(e) A
Bienvenue à …
si vous voulez me suivre
le cadre est …
la salle est …
les locaux / les bureaux sont …
anciens / neufs / commodes /
spacieux
ici on se trouve …
ici vous avez …
là-bas c'est …
on a …

ACTIVITÉ 3

Changez de rôle!

ACTIVITÉ 4

Étudiez les notes sur les pronoms possessifs à la page 192 et faites *En pratique 3*.

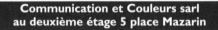

**Communication et Couleurs sarl
au deuxième étage 5 place Mazarin**

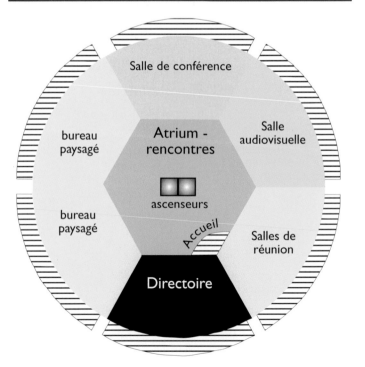

Salle de conférence

Salle audiovisuelle

bureau paysagé

Atrium - rencontres

ascenseurs

bureau paysagé

Accueil

Salles de réunion

Directoire

ACTIVITÉ 5

Quand on visite d'autres locaux, on compare …

Étudiez les **Mots-clés**.

Écoutez Serge Vidal et les commentaires d'Étienne Beaumont. Arrêtez la bande et complétez ses pensées.

équipement (m.) informatique	computer facilities
dater	to date, (here) to be dated
ordinateur (m.)	computer
imprimante (f.)	printer

exemple:

Serge Vidal Et voici la pièce où je travaille!

Étienne Beaumont Très très bien!

> Son bureau est plus grand que **le mien**!

a)

Serge Vidal Oui, il est très agréable.

Ah, je vous présente Jean, mon assistant, je crois qu'il a déjà tout préparé pour notre réunion.

Étienne Beaumont

> hum, il est beaucoup plus organisé que _____ (*mine*).

b)

Serge Vidal Pourtant je dois dire que mon équipement informatique date un peu.

Étienne Beaumont Quand l'avez-vous acheté?

> _____ (*ours*) est un peu plus récent.

c)

Serge Vidal   J'ai changé mon ordinateur il y a 3 ans.

Étienne Beaumont   Oui, les systèmes évoluent très vite.

Je dois changer _____ (*mine*) cette année!

d)

Serge Vidal   Voici ma nouvelle imprimante couleur.

Étienne Beaumont   Très sophistiquée!

_____ (*mine*) est en noir et blanc!

e)

Serge Vidal   Est-ce que je peux vous offrir une tasse de café?

Étienne Beaumont   Volontiers!

ACTIVITÉ 6

Le programme de la journée

Vous êtes Claire Chosal, vous répondez aux questions d'une collaboratrice intéressée par la visite de Serge Vidal. Lisez la note de service et répondez.

a) À quelle heure est-ce qu' Étienne Beaumont arrive?

b) Qu'est-ce qu'il fait tout d'abord?

c) Et après, qu'est-ce qu'il discute avec Serge Vidal?

d) Est-ce qu'il déjeune à l'agence?

e) Quand est-ce que vous le rencontrez?

f) Et nous, les collaborateurs, est-ce que nous le voyons?

g) Est-ce que c'est une présentation formelle?

Note de service

De: Serge Vidal

À: Philippe Vitrant, Directeur financier
Claire Chosal, Directrice production
Béatrice Leclerc, Directrice média

Je vous rappelle que notre nouvel associé Étienne Beaumont passera la journée avec nous demain. Voici le programme prévu:

- 10.00 Accueil d'Étienne Beaumont par Serge Vidal.
- Visite de l'agence.
- 11.00 Café dans le bureau de Serge Vidal.
- Discussion du contrat de collaboration.
- 12.30 Déjeuner au restaurant EB / SV.
- 14.00 Réunion avec PV, CC et BL Comment travailler ensemble.
- 16.00 Boissons fraîches et présentation de toute l'équipe des collaborateurs, réunion informelle.
- 17.00 Départ d'Étienne Beaumont.

réunion (f.)	*meeting*
boisson (f.)	*drink*
frais, fraîche	(here) *cold*
équipe (f.)	*team*

ACTIVITÉ 7

Béatrice Leclerc n'a pas reçu la note de service à la page 179. Vous lui expliquez le programme de la journée.

expressions utiles

... arrive à ...
accueille
lui fait visiter
prendre le café
discuter
se réunir
rencontrer
bavarder *to have a chat*
d'abord, puis / ensuite, après, enfin

ACTIVITÉ 8

Étudiez les notes sur **venir de** et faites *En pratique* 1 page 191.

ACTIVITÉ 9

Vous êtes Serge Vidal. Qu'est-ce que vous dites à Étienne Beaumont? Regardez le programme de la journée à la page 179 et utilisez les verbes indiqués ci-dessous. (*Use* **venir de** *and* **aller** + verb *for the future.*)

exemple:
à 11.00: (visiter) (prendre le café)
Nous **venons de visiter** l'agence, maintenant nous **allons prendre** le café dans mon bureau.

a) *à 12.30*: (discuter)(déjeuner)

b) *à 14.00*: (bien déjeuner)(rencontrer)

c) *à 16.00*: (avoir une réunion intéressante)
(bavarder avec)

The immediate past
venir de   *to have just done*

➤ **page 191**

The immediate future
Nous allons prendre   *We are going to have*
le café.   *coffee.*
Je vais visiter les   *I am going to visit the*
bureaux.   *offices.*

➤ **page 101**

B Au restaurant d'affaires

Serge Vidal vous a invité(e) avec un collègue américain au restaurant La Tour Dorée. Vous regardez le menu à la carte. Cherchez les mots dans le dictionnaire et répondez aux questions de votre collègue.

Les entrées

Soufflé au fromage 45 F
Potage au cresson 30 F
Clafoutis aux légumes à la tomate 54 F
Moules marinières 60 F

a) What sort of soup will it be?

b) I thought clafoutis was a dessert!

c) Would it be shellfish by any chance?

e) Are there any fish dishes here?

Les plats chauds

Filet de boeuf rôti à la provençale 110 F
Blanquette de veau à l'ancienne 95 F
Filet de rascasse au basilic 99 F
Noisette de porc à la milanaise 89 F
Gigot d'agneau aux herbes 110 F
Côte de saumon au beurre d'anis 115 F
Le plateau de fromages 35 F

d) If I choose blanquette de veau what sort of meat will I get?

f) I want a light dessert with fruit. What would you advise?

Les desserts

Choux à la crème 60 F
Tarte des demoiselles Tatin 55 F
Ananas surprise 50 F
Fondant glacé au chocolat amer 45 F
Sorbet fruits frais 45 F

g) Is there a dessert with dark chocolate?

h) Do I have to allow 10% for service?

PRIX NETS

Aucun supplément au titre du service n'est dû par le client. La carafe d'eau est mise à la disposition du client.

i) Do we have to buy water?

OÙ MANGER EN FRANCE?

Les Français sont réputés (*are known*) pour apprécier la bonne cuisine, et si on vous invite à un déjeuner ou à un dîner familial, la maîtresse de maison mettra en général son point d'honneur à cuisiner (*to cook*) des plats de fête pour ses invités.

Si vous désirez manger dans un restaurant, vous avez le choix entre plusieurs types d'établissements.

Pour les petits budgets il y a la brasserie qui propose des menus très simples, omelette-frites ou steak-frites par exemple, à un bon rapport qualité-prix (*good value for money*). Le café-restaurant et le bistrot offrent un service semblable à celui de la brasserie. Vous y trouverez parfois le seul plat du jour (*dish of the day*), souvent inspiré de la cuisine de la région, à un prix très raisonnable.

Le restaurant libre-service ou 'self' est un type de restauration rapide (*fast food*), pas toujours bon marché (*cheap*). Les MacDonalds (MacDo' pour les Français) sont surtout appréciés par les jeunes.

*i*nfo France

Si vous êtes un fin gourmet et que vous ne voulez pas avoir de mauvaises surprises, vous pouvez sélectionner un restaurant du Guide Michelin ou du Gault-Millau. Dans ces deux guides, les restaurants sont classés, par étoiles (*stars*) dans le Michelin et par toques (*chef's hats*) dans le Gault-Millau. La cuisine devient alors un art … On vous présentera le menu et vous aurez le choix entre les menus à prix fixes ou le menu à la carte (toujours plus cher). Vous choisirez les boissons sur la carte des vins (*wine list*). La description des plats vous intriguera peut-être; dans ce cas, n'hésitez pas à demander des explications. Dans tous les restaurants, le pain est gratuit (*free*) et à volonté (*as much as you wish*) de même que la carafe d'eau fraîche. Lorsque vous aurez terminé votre repas, vous demanderez l'addition (*the bill*) et vous vérifierez si le service est compris (*included*).

Les Menus de Midi

Le Menu du Jour : 120 F

Entrée
Poisson ou Viande
Dessert

Le Menu Fraîcheur : 150 F

Melon au Carvi
Pavé de Saumon
Soupe de Figues
le Verre de Sancerre
Café

For advice on wines, cheese, recipes try:
htpp://194.78.5410/user
pages/**FN**eulens/pages/sommaire.htm

Vous avez choisi?

Étudiez ou révisez d'abord les *expressions utiles* puis choisissez votre rôle.

Étudiant(e) A Vous êtes Étienne Beaumont.

Étudiant(e) B Vous êtes le garçon.

Étudiant(e) C Vous êtes Serge Vidal.

expressions utiles

> Vous êtes prêts Messieurs?
> Vous désirez comme …
> entrée / dessert?
> Est-ce que vous désirez …
> un vin rouge / blanc?
> Je vais prendre …
> Pour moi ce sera …
> Et pour vous?
> Est-ce que nous pouvons
> avoir … du pain / de l'eau?
> Je préfère …
> une bouteille de …

À la foire du vin.

Une promotion à ne pas manquer! Étudiez les *expressions utiles* puis écoutez la description des vins, vous êtes un acheteur et vous complétez vos notes.

Notre sélection

Saint-émilion grand cru, château Cap de Mourlin, 1982, 106,80 F.

a

Saint Émilion grand cru

Château Cap de Moulin, 1982

vintage: average ☐ good ☐ excellent ☐
mature: yes ☐ no ☐
recommended: yes ☐ no ☐

Notre sélection

Loupiac, château Dauphine Rondillot, 1990, 43,50 F.

b

Loupiac

Château Dauphine Rondillot, 1990
type: white ☐ red ☐
       sweet ☐ dry ☐
drink with: _____
price: _____

Notre sélection

Beaune Cent Vignes, dom. Besancenot-Mathouillet, 1989, 69,50F.

c

Beaune Cent Vignes

Domaine Besancenot-Mathouillet, 1989

type of red wine: _____
drink with: _____
drink now: yes ☐ no ☐

Notre sélection

Savennières, Roche aux Moines, Les Blanchards, 1987, 45 F.

d

Savennières

Roche aux Moines, Les Blanchards, 1987

region of France: _____
type: white ☐ red ☐
drink with: _____
drink now: yes ☐ no ☐

Pour la dégustation idéale
Bordeaux 17 à 18° Bourgogne 15 à 16°
Beaujolais 10° Champagne 7 à 8°
Vins Blancs & Rosés 6 à 12°

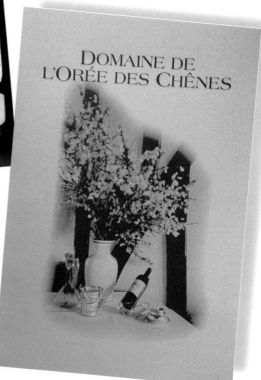

DOMAINE DE L'ORÉE DES CHÊNES

expressions utiles

atteindre *to reach*
un petit vin *table wine*
sec *dry*
demi sec *medium dry*
mousseux *sparkling*
à (faire) vieillir *to keep,*
to lay down
fruité *fruity*
millésime *vintage*
liquoreux *sweet*

C Les bonnes manières

PARIS 8ᵉ

UN PATIO UNIQUE au calme des Ch-Élysées

FLORA DANICA (165 F)
(Bière ou eau)
COPENHAGUE Salle climatisé

MENU 240 F (boisson comprise)
SAUMON, RENNE, CANARD SALÉ.

142, avenue des Ch.Elysées - 01.44.13.36.26

PARIS 9ᵉ

TY COZ 01.48.78.42.95/34.61
35, rue St Georges
POISSONS - CRUSTACÉS
FRUIT de MER
Menu de la "Mer" le soir : 170 F
F/dim., lundi soir - Climatisé

La **TAVERNE**
KRONENBOURG

"Menu de l'Ecailler"
à 139F
30 Huîtres de Normandie N°5
Dessert, 1/4 de vin, Café

24 Boulevard des Italiens.
Paris 9ᵉ. Tél.: 01 47 70 16 64

MONDE" pour vos annonces
77.36 - (Fax : 01.44.43.77.30)

PARIS 12ᵉ

Face au port de la Bastille
LE MANGETOUT
Cuisine traditionnelle
Spécialités Rouergue, Quercy, Aveyron
Menu saveur 190 F (vin compris)
Menu du jour 99,50 F + Carte 150/180
24, bd de la Bastille Tél. 01.43.43.95.15.
Le soir - Service après OPÉRA et Spectacles.

PARIS 13ᵉ

**LES
VIEUX MÉTIERS
DE FRANCE**
Michel MOISAN

13, boulevard Auguste Blanqui
Tél. 01.45.88.90.03 - 01.45.81.07.07
- Ouvert tous les jours -

AUBERGE ETCHEGORRY

Spécialités du Sud Ouest
Foies gras - Chipirons farcis
Cassoulet aux haricots tarbais
grand choix de desserts.

**Menu Carte Gastronomique
175 F ou 215 F** (vin compris)
Hôtel 3***. Chambres donnant
sur jardin privatif et vigne.
41, rue Croulebarbe - Paris 13ᵉ
☎ 01.44.08.83.51 / Fermé dimanche

PARIS 16ᵉ

**RESTAURANT ET SALONS DE
L'AEROCLUB DE FRANCE**

Menu carte à midi : **168 F**

6, rue Galilée - 75116 PARIS
Tél. : 01.47.20.42.51 - Fax : 01.47.20.68.35

LA DENT CREUSE
VOUS
PROPOSE
MENU TOURISTIQUE 95

FICELLE PICARDE
OU PATE DE CANARD
JAMBONNEAU BRAISE
OU CONTREFILET GRILLE
OU PLAT DU JOUR

ROTI DE BOEUF SAUCE
PORTO. FRITES. HARICOTS RPS

FROMAGES OU DESSERT

L'EXPRESS DE 12 H 75
PLAT DU JOUR
OU CONTREFILET GRILLE
FROMAGES OU DESSERT

Le Plat du Jour 52
OU
Le Contrefilet Grille
LE MIDI UNIQUEMENT
SAUF DIMANCHES ETJOURS FERIES

SEINE ET MARNE

**LA MARE
AU
DIABLE**
le restaurant romantique
de George Sand

Un havre de paix, pour déjeuner ou
dîner, auprès des grandes cheminées.
Menu d'affaires 215 F (vin et café comp.)
Menus découvertes 245 F.
Menu dégustation 350 F + Carte.
Dîner aux chandelles
direct autoroute

ACTIVITÉ 13

Le magazine *Management Tomorrow* vous
a demandé d'écrire un court article sur
les repas d'affaires en France. Pour vous
aider vous avez trouvé ce texte dans
Le Monde. Étudiez les **Mots-clés**, lisez,
puis écrivez en anglais. Le journaliste
vous a donné les grands points à couvrir.

The points I would like you to cover:

- *What business lunches used to be like in France*
- *A few figures and statistics*
- *Changes in attitudes*
- *Typical business lunches now: how many courses, what do people drink, how long do they stay at table?*
- *What are the alternatives, their advantages and disadvantages?*

En France le repas d'affaires était, il y a peu de temps encore, un moment privilégié où hôtes et invités s'évaluaient et où débutaient les négociations serrées. Aujourd'hui, on parle de déjeuner professionnel en surveillant l'addition d'un oeil inquiet. Selon une étude réalisée par Gira-Sic Conseil, les repas d'affaires ne représentent plus que 0,8% des couverts servis dans les restaurants, contre 2% il y a dix ans. Tout se passe comme s'il existait une limite à ne pas dépasser, que l'on peut fixer à 300 francs par repas hors vins.

Moins cher, le repas d'affaires tend aussi à être plus léger et moins long: "Les clients souhaitent un service plus rapide; ils boivent moins et surveillent leur alimentation pour rester actifs l'après-midi," indique un restaurateur. La conséquence: l'apéritif est de plus en plus rare, le digestif a pratiquement disparu, le repas s'organise en deux plats au lieu de trois, la bouteille d'eau minérale remplace souvent le cru millésimé et le restaurant est désert dès 15 heures …

Une formule alternative se développe de plus en plus: le petit déjeuner d'affaires. Plus rapide et moins coûteux (à partir de 100 francs), même lorsqu'il est organisé dans un hôtel prestigieux, le petit-déjeuner permet de gagner du temps. Il y a aussi les traiteurs qui proposent d'apporter les repas et les boissons jusqu'à la porte du bureau; en 1996 le groupe Flo a distribué environ 250000 coffrets-repas, de 96 à 198 francs, du jambon à l'os au médaillon de homard sauce curry. Mais les promoteurs de cette solution oublient que les cadres, après des réunions non stop toute la matinée, ont autant besoin de se changer les idées que de manger!

(d'après *Le Monde* février 1997)

Menu Affaires

Les Entrées
Salade de la mer au coulis de concombre
Fricassée de champignons des bois aux écrevisses
Eminçé de homards aux pommes de terre tièdes
Foie gras frais poêlé au miel et aux mangues

Les Plats Chauds
Gougeonnette de sole aux girolles
Chevreuil au vin rouge
Noisette d'agneau sauce verte
Cuissot de lapin aux figues en fleurs
Filet de bar aux juliennes de légumes frits
Montgolfière du pêcheur

Les Desserts
Poires en feuilleté au caramel
Fondant chocolat et café
Sabayon de pamplemousse
Flambée de bananes aux clémentines

310 Francs
Ce menu est établi par notre chef
en fonction du marché du jour

| autant … que | as much … as |
| en surveillant … | while keeping an eye on … |

en + verb ending in **-ant**

➤ **page 193**

s'évaluer	to gauge each other
débuter	to start
serré(e)(s)	tough
surveiller	(here) to keep an eye on
inquiet	worried
réalisé(e)	(here) carried out
couvert (m.)	place setting (here) meal
tout se passe comme si …	it is as if …
dépasser	to overstep
hors vins	without the wines
digestif (m.)	liqueur
dès 15 heures	as early as 3 pm
traiteur (m.)	caterer
homard (m.)	lobster

14

Un peu d'éducation s'il vous plaît!

Qu'est-ce qu'ils ne doivent pas faire? Étudiez Les Règles De Bonne Conduite (*rules of good behaviour*) et comparez avec les dessins. Donnez votre avis (*say what you think*), parlez ou écrivez.

briquet (m.)	*cigarette lighter*
pire	*worse*
moquerie (f.)	*mockery, sarcasm*
rire de, se moquer de	*to laugh at*
un coup de fil (fam.)	*a ring (telephone)*

LES RÈGLES DE BONNE CONDUITE

● Pour profiter pleinement de vos invités, organisez-vous pour ne pas devoir passer toute la soirée dans la cuisine.

● Si le téléphone sonne, répondez rapidement et évitez de passer des heures à parler à votre interlocuteur invisible en abandonnant vos invités.

● Ne parlez pas la bouche pleine et ne portez pas votre couteau à la bouche. Cela fait vraiment mauvaise impression!

● Lorsque que l'on passe au fromage, ne coupez pas 'le nez' (*the point of a slice*) du Brie, simplement parce que si vous le faites, certains invités n'auront que la croûte!

● Si vous êtes fumeur, avant de sortir votre briquet et cigarettes ou pire votre pipe, demandez l'autorisation à vos voisins et essayez de ne pas fumer avant le fromage.

● Ne confondez pas humour et moquerie. Ne riez pas des absents et il n'est pas recommandé de se moquer des présents non plus!

● N'oubliez pas que c'est toujours agréable pour ceux qui vous ont invité(e) de recevoir quelques jours après un coup de fil ou un petit mot de remerciement.

Donnez votre avis

a

On ne doit pas …

b

Il ne faut pas …

c

Ce n'est pas …

d

Vous ne devez pas …

expressions utiles

ce n'est pas …
poli polite
on ne doit pas …
il ne faut pas …
agréable pleasant
déranger disturb
gentil(le) kind

À vous!

Qu'en pensez-vous? Selon vous, ces remarques,
sont-elles correctes?

Les étrangers vus par les Français

À la question *"How do you do?"* répondez la même chose et ne parlez pas de vos problèmes. La conversation ne doit pas s'orienter vers un sujet personnel, les Anglais parlent de la pluie et du beau temps.

expressions utiles

je crois que
c'est vrai
en partie
ce n'est pas vrai du tout
personnellement

Il est toujours conseillé de laisser quelque chose dans son assiette, afin de signifier qu'on a mangé suffisamment.

ACTIVITÉ 15

Lisez la carte envoyée par Étienne pour remercier Serge Vidal de son hospitalité.

Cher Monsieur,

Ces quelques lignes pour vous remercier de l'excellente journée passée en votre compagnie à Communication et Couleurs.

Les réunions ont été utiles pour notre future collaboration et j'ai apprécié le déjeuner léger mais fin au restaurant, qui nous a permis de mieux faire connaissance. J'espère avoir l'occasion de vous rendre l'invitation dans un avenir proche.

Meilleurs sentiments,

Étienne Beaumont

À vous!

Des amis français vous ont invité(e) à dîner. A votre tour, vous écrivez un mot de remerciement.

Tell them that:

- you spent a very pleasant evening
- the meal was delicious, fine cooking and very good wine
- happy to have made Cécile's acquaintance
- hope to return the invitation soon

Finish your letter. (See page 155, Comment terminer votre lettre?)

expressions utiles

ces quelques lignes …
merci pour …
la soirée / la journée /
le dîner
très agréable / excellent(e) /
délicieux / fin
avec vous / en votre compagnie
j'ai été très heureux /
(-euse) de …
faire la connaissance de quelqu'un
to make someone's acquaintance
bavarder *to have a chat*
rendre l'invitation
to return the invitation

Cher / Chère / Chers / Chères …

Notes

The immediate past: *venir de*

When you want to say that you have just done something use the phrase **venir de** in the present followed by a verb in the infinitive. Remember that **venir** is an irregular verb:

je viens, tu viens, il / elle / on vient
nous venons, vous venez, ils / elles viennent

Je viens de téléphoner à la banque.	*I have just rung the bank.*
Ils viennent d'arriver.	*They have just arrived.*

If you want to say that you had just done something, use the same phrase **venir de** in the imperfect, followed by a verb in the infinitive. **Venir** is regular in the imperfect:

je venais, tu venais, il / elle / on venait
nous venions, vous veniez, ils / elles venaient

Je venais de téléphoner à la banque.	*I had just telephoned the bank.*

En pratique

1 Turn the verbs in the following sentences into the past with **venir de**.

   e.g. Il est arrivé. **Il vient d'arriver.**

   a) Il a accueilli les participants.
   b) Ils ont vendu leur vieille voiture.
   c) Vous avez mangé au restaurant?
   d) Elle nous a présenté le nouveau directeur.
   e) Nous lui avons envoyé un fax.

2 Turn the verbs in the following sentences into the past with **venir de**.

   e.g. Il était arrivé. **Il venait d'arriver.**

   a) Nous avons terminé le repas.
   b) Ils ont pris le café dans le jardin.
   c) Vous avez reçu vos amis?
   d) J'ai visité l'usine.
   e) On a bu du champagne.

Possessive pronouns: *le mien, la mienne*

You already know possessive adjectives (**mon**, **ma**, **mes**, **ton**, **ta**, **tes** etc.) that are followed by nouns:

mon jardin	*my garden*
ma voiture	*my car*
mes amis	*my friends*

Here are the possessive pronouns:

m. sing.	*f. sing.*	*m. pl.*	*f. pl.*	
le mien	la mienne	les miens	les miennes	*mine*
le tien	la tienne	les tiens	les tiennes	*yours*
le sien	la sienne	les siens	les siennes	*his / hers*
le nôtre	la nôtre	les nôtres	les nôtres	*ours*
le vôtre	la vôtre	les vôtres	les vôtres	*yours*
le leur	la leur	les leurs	les leurs	*theirs*

Possessive pronouns replace the possessive adjective + noun:
C'est ma voiture, c'est **la mienne**.

Like possessive adjectives, possessive pronouns relate to the possessed thing, not to the possessor – **la mienne** relates to **voiture** which is feminine, not to the speaker who might be a man.

Nous avons nos problèmes, vous avez les vôtres. *We have our problems, you have yours.*
J'ai ma clé, où est la tienne? *I've got my key, where is yours?*

When **à** or **de** precedes a possessive pronoun beginning with **le** or **les** it combines respectively to become **au** / **aux** or **du** / **des**:

Prends un autre dictionnaire, j'ai besoin **du** mien.
Parlez-en à vos enfants, j'en ai parlé aux **miens**.

En pratique

3 Replace the words in italics by possessive pronouns:

e.g. Nous allons vendre *notre maison*. **Nous allons vendre la nôtre.**

a) Je dois écrire *leur adresse*.

b) Il prend *ses vacances* en juillet.

c) ... mais vous recevez *vos amis* le week-end prochain.

d) Tu as téléphoné *à tes enfants*.

e) On a *son numéro de téléphone*.

f) Ils ont besoin de *leurs livres*.

en + present participle

To form the present participle, drop the ending -**ons** from the **nous** form of the present tense, and add -**ant**: **allons → allant**.

En + present participle can be translated in different ways in English according to its meaning in the sentence:

On parle de déjeuner professionnel **en surveillant** l'addition.

*People talk of business lunches **while keeping an eye on** the cost.*

J'ai réussi **en travaillant** beaucoup.

*I succeeded **by working** hard.*

En arrivant, il a trouvé la salle déserte.

***On arriving** he found the room deserted.*

Another use of **en** + present participle can be found in the following type of sentence:

Il est entré dans la salle en courant.

He ran into the room (literally: He came into the room, running).

En pratique

4 How would you translate the following sentences into English?

a) Les cadres peuvent continuer à discuter en prenant leur déjeuner.

b) Il l'a contacté en téléphonant chez lui.

c) En partant plus tôt nous aurons le temps de nous arrêter pour déjeuner au restaurant.

d) Son frère est sorti en courant.

e) Ne parlez pas en mangeant!

Faisons le point!

1   Using **venir de** or **aller**, complete the following sentences so that they make sense.

a) Nous _____ visiter la salle des ordinateurs et maintenant nous _____ voir le laboratoire.
b) Elle _____ téléphoner pour s'excuser, elle est en retard et nous demande de commencer la réunion sans elle.
c) Nous _____ changer l'heure bientôt, nous pourrons nous lever plus tard.
d) Nos collaborateurs _____ terminer leur projet, ils _____ le présenter demain à la direction.
e) Non, Monsieur Vidal n'est pas à son bureau, il _____ partir.

Check your answers. Any problems? Then read the grammar notes on page 191.

2   Complete the following sentences with the appropriate possessive pronoun.

a) Est-ce que vous avez un parapluie? Voulez-vous _____ ? (*mine*)
b) Voici mon adresse, est-ce que vous pouvez me donner _____ ? (*yours*, formal)
c) Tu connais ma femme mais tu n'as jamais rencontré _____ ! (*his*)
d) Nos vacances ont été formidables et _____ ? (*yours*, informal)
e) Je viens de visiter vos locaux, pourquoi ne pas venir voir _____ ? (*ours*)

Check your answers. Any problems? Then read the grammar notes on page 192.

3   Complete the following sentences with **en** + present participle.

a) J'ai commencé à comprendre la situation _____ (**lire**) le rapport.
b) Il rencontre les employés _____ (**visiter**) l'unité de production tous les mois.
c) Nous l'avons vu il y a 15 jours _____ (**aller**) à la réunion.
d) André est revenu _____ (**chanter**).
e) Il parlait au téléphone tout _____ (**fumer**) son cigare.

Check your answers. Any problems? Then read the grammar notes on page 193.

Vocabulaire

LES LOCAUX

bureau (m.) paysagé	*open-plan office*
bureaux (m.pl.) individuels	*individual offices*
salle (f.) informatique	*computer centre*
imprimante (f.)	*printer*
ordinateur (m.)	*computer*
réseau (m.)	*network*
parc (m.) d'affaires	*business park*
parc (m.) d'activités	*business park*
locaux (m.pl.)	*premises*
services (m.pl.) administratifs	*administration department*
salle (f.) de formation	*training room*
salle (f.) de réunion	*meeting room*
salle (f.) audio-visuelle	*audio-visual room*
salle (f.) de conférence	*conference room*
salle (f.) de détente	*relaxation room*
associé (m.)	*partner*
cadre (m.)	*(here) environment, setting*
isolé(e)	*isolated*
département (m.)	*department*
atrium (m.)	*atrium*
accueil (m.)	*reception*
réception (f.)	*reception*
décor (m.)	*decoration*
ascenseur (m.)	*lift*
couloir (m.)	*corridor*
restaurant (m.) du personnel	*staff restaurant*
distributeur (m.) de boissons	*drinks dispenser*
étage (m.)	*floor, storey*
climatisation (f.)	*air conditioning*
climatisé(e)	*air conditioned*

LES ACTIVITÉS AU BUREAU

faciliter	*to facilitate, make ... easier*
tenir une réunion	*to hold a meeting*
discuter un projet	*to discuss a project*
rédiger un rapport	*to draft a report*
rédiger le courrier	*to write the letters*
effectuer	*to carry out*
conception (f.)	*design*
sans être dérangé(e)	*without being disturbed*
partout	*everywhere*
convivial(e)	*friendly, welcoming*
se réunir	*to meet, to have a meeting*
bavarder	*to have a chat*
recevoir des clients	*to meet customers*
rencontrer	*to meet*

AUTRES EXPRESSIONS UTILES

se sentir	*to feel*
d'un autre côté	*on the other hand*
moi de même	*I am too / me too*
évoluer	*to develop*

RECEVOIR LES GENS

je vais vous présenter à mes collègues	*I'll introduce you to my colleagues*
bienvenue à ...	*welcome to ...*
Si vous voulez bien me suivre	*If you would like to follow me*
faire visiter ...	*to show round ...*
anciens / neufs / commodes / spacieux	*old / new / practical / spacious*
ici on se trouve ...	*we are ... (location)*

LES VINS ET SPIRITUEUX

apéritif (m.)	*aperitif*
digestif (m.)	*liqueur*
une bouteille de ...	*a bottle of ...*
liquoreux(-se)	*sweet*
cru (m.)	*wine from*
petit vin (m.)	*table wine*
grand vin (m.)	*great wine*
tannique	*with a lot of tannin*
sec	*dry*
demi sec	*medium dry*
mousseux	*sparkling*
à (faire) vieillir	*to keep, to lay down*
fruité(e)	*fruity*
millésime (m.)	*vintage*
brut	*dry*

AU RESTAURANT

Qu'est-ce que vous désirez comme ... (entrée / dessert) ...	*What would you like for ... (entrée / dessert)?*
Je vais prendre / pour moi ce sera ...	*I'll have, for me ...*
Et pour vous?	*And for you?*
Est-ce que nous pouvons avoir ... (du pain / de l'eau)?	*Can we have ... (some bread / some water)?*
Je préfère ...	*I prefer ...*
l'addition s'il vous plaît	*the bill please*

LE MENU, LA CARTE

langouste (f.)	*crayfish*
homard (m.)	*lobster*

bon rapport (m.) qualité-prix	*good value for money*	gibier (m.)	*game*
plat (m.) du jour	*dish of the day*	poisson (m.)	*fish*
bon marché	*cheap*	gigot (m.) d'agneau	*leg of lamb*
cuisine (f.)	*cooking*	plateau (m.) de fromages	*cheeseboard*
prix (m.) fixe	*fixed-price menu*	ananas (m.)	*pineapple*
menu (m.) à la carte	*à la carte menu*	sorbet (m.)	*sorbet*
boisson (f.)	*drink*	prix nets	*prices include service*
carte (f.) des vins	*wine list*	supplément (m.)	*supplement*
plat (m.)	*dish*	carafe (f.) d'eau	*carafe of water*
gratuit(e)	*free*		
repas (m.)	*meal*	OÙ MANGER?	
addition (f.)	*bill*	restaurant (m.)	*restaurant*
service (m.) compris	*service included*	restaurant (m.) libre-service	*self service restaurant*
soufflé (m.) au fromage	*cheese soufflé*	restauration (f.) rapide	*fast food*
potage (m.) au cresson	*cress soup*	MacDo' (m.)	*MacDonald's*
moules (f.pl.)	*mussels*	self (m.)	*self service restaurant*
les plats (m.pl.) chauds	*hot dishes*		
rôti (m.)	*roast*	restaurant (m.) gastronomique	*gastronomic restaurant*
basilic (m.)	*basil*	grill (m.)	*grill*
thym (m.)	*thyme*	café (m.)	*café*
fenouil (m.)	*fennel*	café-restaurant (m.)	*café serving food*
ail (m.)	*garlic*	bistrot (m.)	*bistro*
romarin (m.)	*rosemary*	brasserie (f.)	*bar / restaurant*
estragon (m.)	*tarragon*	étoile (f.)	*star*
poulet (m.)	*chicken*	toque (f.)	*chef's hat*
volaille (f.)	*fowl*		

Now you have completed Unit 9, can you:

tick

1 Greet a visitor and explain the programme for the day?
See pages 176 and 179. ☐

2 Present aspects of your place of work (or home)?
See page 175. ☐

3 Make suitable comments when being shown round someone's offices?
See pages 175 and 177. ☐

4 Give your impression of a glass of wine?
See page 184. ☐

5 Answer questions about a menu?
See page 181. ☐

6 Write a short note thanking someone for their hospitality?
See page 190. ☐

10 Acheter et vendre

- Buying and selling
- The conditional
- Tenses with **si**
- Order of object pronouns
- Following instructions and making recommendations

A Vous désirez messieurs-dames?

ACTIVITÉ 1

Étudiez les notes **The conditional** et **Tenses with *si*** (pages 211 and 212) et faites *En pratique* 1 et 2.

ACTIVITÉ 2

Étudiez les *Mots-clés*, écoutez le dialogue et complétez la fiche de chaque machine.

a

Expresso vapeur
prix: . . . .
contenance: . . . .
expresso: oui ☐   non ☐
café filtre: oui ☐   non ☐
garantie: . . . .

b

Séverin
prix: . . . .
contenance: . . . .
expresso: oui ☐   non ☐
café filtre: oui ☐   non ☐
garantie: . . . .

d

Lauréat qualité
prix: 1400 F
contenance: 2,3 litres ou 12 tasses
expresso: oui ☑   non ☐
café filtre: oui ☐   non ☑
garantie: 1 an

c

Seb
prix: . . . .
contenance: . . . .
expresso: oui ☐   non ☐
café filtre: oui ☐   non ☐
garantie: . . . .

Quelle machine Pierre et Cécile achètent-ils?

Dans un magasin d'appareils ménagers Pierre et Cécile cherchent un cadeau de mariage.

Vendeur	Vous désirez messieurs-dames?
Pierre	On voudrait voir des machines à expresso s'il vous plaît.
Vendeur	Mais certainement, si vous voulez me suivre … alors nous avons plusieurs modèles: il y a d'abord celui-ci qui coûte 280 F, c'est le plus petit. Nous l'avons en blanc mais il existe en noir, il fait deux tasses d'expresso.
Cécile	Oui …, c'est peut-être un peu petit … c'est pour un cadeau de mariage alors nous voudrions quelque chose de plus important.
Vendeur	Alors si vous voulez le modèle supérieur nous avons ce modèle-ci à 725 F. Vous pouvez faire le cappuccino et il y a un réservoir d'un litre d'eau qui permet de faire 15 tasses en continu.
Pierre	Et ce modèle là-bas combien est-ce qu'il fait?
Vendeur	Alors le prix de celui-là est de 790 F, il est assez intéressant parce qu'il prépare soit un expresso soit un café filtre classique. Le réservoir a une contenance de 1,2 litre.
Cécile	Oui, il n'est pas mal du tout, il offre plusieurs possibilités et le prix est très raisonnable.
Pierre	Il y a une garantie d'un an?
Vendeur	Oui, comme pour toutes nos machines ici.
Cécile	Qu'est-ce que tu en dis Pierre, on le prend?
Pierre	Oui … ah, si on était plus riche, on prendrait le modèle haut de gamme, regarde celui-là Cécile!
Vendeur	Oui, il est magnifique, mais évidemment son prix est assez élevé 1400 F …

cadeau (m.) de mariage	*wedding present*
modèle (m.)	*model*
tasse (f.)	*cup*
important(e)	*(here) big*
réservoir (m.)	*(here) reservoir*
litre (m.)	*litre*
en continu	*one after the other*
contenance (f.)	*capacity*
raisonnable	*reasonable*
garantie (f.)	*guarantee*

Vous avez convaincu un ami français d'acheter une bouilloire électrique. Vous regardez les différents modèles. Étudiez les **Mots-clés**. Lisez la description des produits. Avez-vous compris? Répondez aux questions.

La Bouilloire Séverin

- 1 litre d'eau bouillante en 3 mn environ
- réglage automatique de la température
- sécurité contre la surchauffe
- indicateur de niveau
- puissance 1500 W
- coloris: blanc, rouge ou brun
- garantie: 1 an

249 F

La Bouilloire sans cordon ABC

- très commode: le corps est amovible, seule la base est branchée
- contenance: 1,7 litre
- puissance 2000 W pour une montée en température très rapide.
- protection contre la surchauffe et le fonctionnement à vide.
- interrupteur lumineux
- coloris: en blanc uniquement
- garantie: 1 an

La Bouilloire inox psk 299 F

- contenance: 1,7 litre
- corps en inox
- arrêt automatique dès l'ébullition
- longueur cordon: 90 cm
- garantie: 1 an

299 F

La bouilloire

169 F

Mots-clés	
bouilloire (f.)	kettle
bouillant(e)	boiling (adjective)
réglage (m.)	adjustment
sécurité (f.)	safety
surchauffe (f.)	overheating
niveau (m.)	level
cordon (m.)	cord
commode	convenient
corps (m.)	body
amovible	removable
branché(e)	connected
interrupteur (m.)	switch
inox (m.)	stainless steel
ébullition (f.)	boiling
longueur (f.)	length

Look at the Séverin kettle:

a) What does it produce in 3 minutes?
b) What happens if the kettle boils dry?
c) What colours are available?

Now look at the ABC kettle:

d) Why is this kettle so convenient?
e) Why doesn't it take long to boil?
f) How many colours can you choose from?

Look at the PSK Kettle:

g) What material is the body of the kettle made of?
h) Do you have to switch the kettle off when the water boils?

ACTIVITÉ 4

Vous conseillez maintenant votre ami. Complétez les phrases (plusieurs temps sont possibles), parlez ou écrivez.

a) Si tu … (**prendre**) la bouilloire Séverin tu … (**pouvoir**) choisir entre 3 coloris.

b) Si tu … (**préférer**) une bouilloire inox alors, la psk … (**être**) idéale.

c) Si tu … (**vouloir**) une bouilloire très rapide tu … (**devoir**) opter pour l'ABC.

d) Si tu … (**choisir**) l'ABC tu … (**trouver**) qu'une bouilloire sans cordon est très commode.

ACTIVITÉ 5

Étudiant(e) A Vous êtes vendeur dans un magasin d'appareils ménagers.

Étudiant(e) B Vous désirez acheter une bouilloire électrique (regardez vos questions à la page 245).

Étudiant(e) A

expressions utiles

vous avez ce modèle-ci / -là
il coûte… / il fait …
il existe en blanc / brun …
si vous voulez …
il y a … qui permet …
le prix de … est de …
c'est un modèle haut de gamme / bas de gamme
il / elle a une puissance de

B Satisfait ou remboursé

ACTIVITÉ 6

Étudiez les **Mots-clés**. Louise et Sébastien viennent d'acheter une voiture. Ils racontent à leurs amis. Écoutez et répondez aux questions.

a) When did Louise and Sébastien buy their car?

b) What sort of car did they want to buy first?

c) What features of the car did they have no choice about?

d) How long did they have to wait for the car to be ready?

e) What was the weather like when they collected the car?

f) Why did they have to go back to the garage?

s'améliorer	to improve
salle (f.) d'exposition	showroom
vers	towards
voiture (f) d'occasion	second hand car
réduction (f.) de prix	price reduction
moteur (m.)	engine
rapport qualité-prix	value for money
méthodes (f.pl.) de paiement	methods of payment
commande (f.)	(here) control
balais (m.pl.)	windscreen wipers
marcher	(here) to work (for a machine)

ACTIVITÉ 7

Une enquête de satisfaction.

Sébastien a reçu un questionnaire: aidez-le à le remplir (*help him to fill it in*). Écoutez à nouveau Louise et Sébastien.

Pour nous permettre d'améliorer notre service et de répondre à vos attentes dans les meilleures conditions, nous vous demandons de remplir ce questionnaire et de nous le retourner.

1) Vous avez acheté:
   a) une voiture neuve ☐
   b) une voiture d'occasion ☐

2) Lorsque vous êtes entré dans nos locaux combien de temps avez-vous attendu?
   a) quelques minutes ☐
   b) environ cinq minutes ☐
   c) de cinq à dix minutes ☐

3) Êtes-vous satisfait de l'accueil de notre représentant?
   Écrivez un chiffre de 1 à 5
   (1 = pas satisfait du tout,
     5 = très satisfait) ☐

4) Vous a-t-on proposé d'essayer la voiture avant de prendre votre décision?
   Oui ☐ Non ☐

5) Notre représentant vous a-t-il donné toutes les explications nécessaires concernant:
   a) la garantie?
      Oui ☐ Non ☐
   b) les méthodes de paiement?
      Oui ☐ Non ☐

6) Avez-vous eu le choix:
   a) de la couleur?
      Oui ☐ Non ☐
   b) de la puissance du moteur?
      Oui ☐ Non ☐

7) Notre représentant vous a-t-il expliqué toutes les commandes?
   Oui ☐ Non ☐

8) Lorsque vous avez pris possession du véhicule, celui-ci était-il prêt à l'heure convenue?
   Oui ☐ Non ☐

9) Selon vous le rapport qualité prix de la voiture est-il …
   a) excellent? ☐
   b) bon? ☐
   c) moyen? ☐
   d) médiocre? ☐

Merci de vos réponses: retournez-les nous dans l'enveloppe ci-jointe.

ACTIVITÉ 8

Et vous? Quand avez-vous acheté votre dernière voiture?
Est-ce que vous vous souvenez de la qualité du service?
Répondez à l'enquête de satisfaction.

ACTIVITÉ 9

Avec votre partenaire: Vous avez répondu
au questionnaire. Échangez vos expériences
respectives.

exemple:
j'ai acheté ..., lorsque je suis entré ...,
on m'a proposé ...

*i*nfo *France*

CONSOMMATEURS – OÙ ACHETER EN FRANCE?

On peut considérer que la distribution moderne est née en
France avec l'ouverture en Bretagne du premier centre Édouard
Leclerc en 1949. En raison de (*because of*) ses prix très
concurrentiels (*competitive*) ce genre de vente a bientôt
supplanté (*supplanted, replaced*) les magasins traditionnels des
centres villes. Les grandes surfaces (*general term for
supermarkets*), comme on les appelle souvent, font maintenant
partie du paysage (*landscape*) de toutes les banlieues (*suburbs*)
des villes françaises.

Les supermarchés ont une surface de vente entre 400 et 2500
m² et la superficie des hypermarchés dépasse 2500 m².
Carrefour, Auchan, Continent sont parmi les plus grands noms
de ces vastes lieux de vente où on trouve aussi bien
l'alimentation (*food*) que l'habillement (*clothes*), les hi-fi ou les
ordinateurs. Certaines chaînes sont spécialisées dans des
domaines particuliers: Darty dans les appareils électroménagers
et Castorama dans le bricolage (*DIY*) par exemple.

La VPC ou vente par correspondance (*mail order*) s'est
également beaucoup développée depuis une vingtaine d'années:
La Redoute et les Trois Suisses sont certainement les groupes
les plus connus.

On trouve cependant encore des magasins spécialisés qui
mettent l'accent (*emphasise*) sur la qualité de leurs produits et
surtout sur l'accueil et les conseils personnalisés proposés aux
clients.

CE SIGNE **A** COMME **A**VANTAGE
VOUS GARANTIT LE MEILLEUR RAPPORT
QUALITÉ PRIX

C Des produits de qualité

A C T I V I T É
10

Étudiez les **Mots-clés** puis lisez les trois publicités.
Cyrille, votre ami français, ne connaît pas la Camif et
vous pose des questions sur les services. Répondez-lui.
(La Camif est une coopérative pour les membres de
l'Éducation nationale).

Accueil et services :
choisir et acheter
en toute confiance.

LE SERVICE "CONCEPTION CUISINES"
Dans tous nos magasins, nos spécialistes, sur rendez-vous,
établissent gratuitement l'implantation personnalisée et le
devis de votre future cuisine.
Grâce à notre logiciel de conception, vous pouvez visualiser
concrètement votre projet sur ordinateur.

LE SERVICE "LISTE DE MARIAGE"
A Niort, Lille et Toulouse, les futurs mariés élaborent leur
liste avec une hôtesse spécialisée et peuvent ainsi s'équiper
en proposant à leur entourage un grand choix d'idées-
cadeaux. Avantage supplémentaire, le magasin offre un bon
d'achat d'une valeur de 5% du montant total de la liste.

**Dans vos Magasins CAMIF vous retrouverez en exposition la majorité des articles de vos catalogues
et bénéficierez de l'expérience de nos vendeurs-conseils.
Chaque magasin vous propose ses propres services, parmi ceux-ci :**

■ réglage de votre téléviseur ou magnétoscope, ■ réglage de vos articles de sport : cycles, raquettes de tennis,
■ antenne après-vente pour tous vos équipements achetés sur place ou sur catalogue, ■ restaurant climatisé...

Pour connaître les services du Magasin près de chez vous, contactez-le directement (voir coordonnées page ci-contre).

MAGASIN
C
CAMIF

LES MAGASINS
Le conseil
de vrais spécialistes

Dans vos Magasins multispécialistes : NIORT - LILLE - TOULOUSE et dans vos Magasins spécialisés Mobilier : PARIS et maintenant LYON

CAMIF 1025

Désormais, plus de 10 000 articles livrés encore plus vite avec l'option "Demain Chez Vous"

Mode, chaussures ville et sport, électroménager, audiovisuel…
il y a désormais dix fois plus d'articles,
qui bénéficient de l'option "Demain Chez Vous".
Vous commandez avant midi par téléphone, Minitel ou
serveur vocal Télia, vous avez l'assurance de recevoir vos achats
à votre domicile dès le lendemain.
Cette option vous offre la possibilité d'être livré
encore plus vite, pour un tarif compétitif.

LA LIVRAISON

*L'efficacité
à la carte.*

entourage (m.)	*family, friends*	conseil (m.)	*(here) advice*
bon (m.) d'achat	*voucher*	mobilier (m.)	*furniture*
montant (m.)	*amount*	désormais	*from now on*
conception (f.)	*design*	article (m.)	*item, article*
établir	*to establish, to draw up*	livrer	*to deliver*
implantation (f.)	*(here) the design*	livraison (f.)	*delivery*
devis (m.)	*estimate*	mode (f.)	*fashion*
logiciel (m.)	*software*	commander	*to order*
vendeur-conseil (m.)	*sales advisor*	achat (m.)	*purchase*
parmi	*among*	être livré(e)	*(here) to have*
raquette (f.)	*racket*		*something delivered*
antenne (f.) après-vente	*after-sales service point*		
sur place	*on the spot, (here)*		
	in our shops		
climatisé(e)	*air-conditioned*		

Cyrille	Tu me parles de la Camif mais est-ce que c'est un magasin ou un catalogue de vente par correspondance? (*mail order*)
Vous	…
Cyrille	… Bon d'accord, alors tu sais que Véronique et moi on va se marier, on peut donner notre liste de mariage à la Camif?
Vous	…
Cyrille	Si on veut acheter une cuisine, est-ce que le vendeur nous conseille aussi?
Vous	…
Cyrille	Hum, intéressant … et si je veux commander sur catalogue alors, quand est-ce que je peux recevoir les articles?
Vous	…
Cyrille	Si je veux passer la journée à Lille, est-ce que je peux manger au magasin?
Vous	…

expressions utiles

> bien sûr
> conseiller
> et en plus
> il y a … qui
> le lendemain *the day after*
> commander
> recevoir
> les achats

Le serveur vocal Télia :
36 67 79 79* en ligne directe
24 h/24 avec vous.

Jour et nuit, 24 h/ 24, votre serveur vocal Télia vous guide au téléphone. Disponibilité des articles, délais de livraison, "Baisses en direct"… Télia répond à vos questions. Bien informé vous pouvez passer immédiatement vos commandes en toute confidentialité… Rapide, toujours disponible, Télia vous facilite la vie : en commandant plus vite vous êtes livré plus tôt.

* Ne pas faire précéder du 16 ni du 16 (1).

TÉLIA

ACTIVITÉ 11

Un de vos amis anglais vient d'acheter un magnétoscope mais il a perdu le manuel d'instructions en anglais. Vous lui expliquez les choses les plus importantes. Étudiez d'abord les **Mots-clés** et la grammaire, lisez et traduisez les passages surlignés (*highlighted*).

sécurité (f.)	*safety*
incendie (m.)	*fire*
électrocution (f.)	*electrocution*
exposer	*(here) to leave, to expose*
humidité (f.)	*humidity*
réparateur (m.)	*repairer*
en cas de	*in case of*
avec soin	*with care*
recommander	*to recommend*
effectuer	*to carry out*
entretien (m.)	*maintenance*
retirer	*to remove*
poussière (f.)	*dust*
huiler	*to oil*
à proximité de	*in the vicinity of*
ranger	*to put away, to store*

PRÉCAUTIONS DE SÉCURITÉ

- Pour éviter les risques d'incendie ou d'électrocution **ne pas exposer l'appareil à l'humidité.**

- Ne pas ouvrir l'appareil. Toutes les pièces ont été réglées en usine et le **magnétoscope doit être inspecté par un réparateur qualifié en cas de problème.**

- Manipuler le magnétoscope avec soin.

- Ne pas placer d'objets lourds sur le magnétoscope.

- **L'appareil sera utilisé uniquement en position horizontale.**

- Nous vous recommandons d'effectuer l'entretien régulièrement (**retirer la poussière, huiler certains éléments etc.**).

- Ne pas exposer les cassettes vidéo en plein soleil ou à proximité d'une source de chaleur.

- Les cassettes seront de préférence placées dans des boîtes spéciales et rangées verticalement.

ne pas ouvrir, manipuler
Verbs often appear in the infinitive in written instructions.
ont été réglées, **sera utilisé** are passive structures

See **The passive** ➤ page 214

ACTIVITÉ 12

Your friend wants a few more explanations.
Answer his / her questions.

a) Why is it dangerous to leave the video player in a damp atmosphere?
b) Can't I adjust any of the parts inside?
c) I see the word **objets** that means *object* doesn't it? What is this recommendation about?
d) **Cassettes video** is obviously *video cassettes*. What should or shouldn't I do with them?

ACTIVITÉ 13

Lisez la grammaire ci-contre et les *expressions utiles*. Un(e) ami(e) français(e) vient d'acheter un nouvel appareil photo. Les instructions sont en anglais.

Étudiant(e) A Lisez les instructions ci-dessous et répondez aux questions de votre ami(e). Ne traduisez pas ce texte mais relisez le texte et le vocabulaire de l'activité 11 et réutilisez les expressions.

Chasseur d'Images

Willy Ronis
La maîtrise

Photo-tests
- Pentax MZ-5ɴ
- Nikon FM-10
- 11 projecteurs diapos
- Canon Ixus L-1
- Leica Z2X
- Rollei 35 QZ
- Accus BIG
- Ekta Infrarouge E6

Vidéo-test
- Canon MV-1

Dpi-tests
- Olympus Camedia
- Epson PC-600
- Sony Mavica
- Fuji DX-5

Doubleurs
La solution économique

28-105/28-200/35-350
Quel objectif universel ?

La casse du matériel

PRECAUTIONS

- This camera is not resistant to water and should not be used outdoors in snow or rain.

- Protect it from humidity.

- Do not attempt to disassemble the camera yourself. Always take it to an authorised service facility for repair.

- Remove the battery if you do not use the camera for about 3 weeks.

- When storing the camera, place it in a cool, dry, dust-free place.

- Be sure to keep the camera out of direct sunlight and do not expose it to high temperatures (e.g. in a car in the summer).

Étudiant(e) B Regardez vos questions à la page 245.

expressions utiles

utiliser à l'extérieur
quand il pleut
neiger
ouvrir
porter *to take*
un réparateur qualifié
retirer
une pile *a battery*
températures excessives
ranger
frais
sec
un endroit
exposer

Étudiant(e) A (avec l'aide de l'**Étudiant(e) B**).

Vous écrivez la liste des recommandations.

exemple:
Ne pas utiliser l'appareil photo à l'extérieur
quand il pleut.

Continuez!

À vous!

Vous allez échanger votre maison / appartement avec
des ami(e)s français(es). Préparez une liste d'instructions
pour la machine à laver, le chauffage central, le
magnétoscope, le four à micro ondes. Utilisez un
dictionnaire.

Faites un test – est-ce que les autres étudiant(e)s
comprennent vos instructions?

How to make recommendations
tu dois / vous devez + verb *you should, must*
il faut + verb *it is necessary to*
il ne faut pas + verb *one mustn't, you shouldn't*
Infinitive of verb: ne pas exposer, huiler,
manipuler   *don't expose, oil, handle*

Pour poser des questions
Est-ce que je peux ...?
Qu'est-ce que je dois faire ...?
Où est-ce que je ...?

Notes

The conditional

The conditional is formed by adding the following endings to the infinitive: **-ais, -ais, -ait, -ions, -iez, -aient**.

Verbs ending in **-er**:

parler *to speak*
je parlerais	nous parlerions
tu parlerais	vous parleriez
il / elle / on parlerait	ils / elles parleraient

Verbs ending in **-ir**:

finir *to finish*
je finirais	nous finirions
tu finirais	vous finiriez
il / elle / on finirait	ils / elles finiraient

Verbs ending in **-re** drop their **e**:

prendre *to take*
je prendrais	nous prendrions
tu prendrais	vous prendriez
il / elle / on prendrait	ils / elle prendraient

Verbs that are irregular in the future are also irregular in the conditional:

vouloir *to want*
je voudrais	nous voudrions
tu voudrais	vous voudriez
il / elle / on voudrait	ils / elles voudraient

avoir *to have*
j'aurais	nous aurions
tu aurais	vous auriez
il / elle / on aurait	ils / elles auraient

être *to be*
je serais	nous serions
tu serais	vous seriez
il / elle / on serait	ils / elles seraient

faire *to do*
je ferais	nous ferions
tu ferais	vous feriez
il / elle / on ferait	ils / elles feraient

See the table of irregular verbs in the future tense, page 101.

The conditional is equivalent to *would* or *should* in English. Its most common use is for polite requests and suggestions:

Je voudrais un kilo de tomates s'il vous plaît.   *I would like a kilo of tomatoes please.*
On voudrait partir plus tôt.   *We would like to leave earlier.*
Pourriez-vous confirmer ma réservation?   *Could you confirm my reservation?*
Serait-il possible d'amener ma fille?   *May I bring my daughter?*

In sentences where **si** is followed by the imperfect, the conditional is used to express what would happen:

Si on était riche on prendrait ce modèle-là.   *If we were rich we would take that model.*

En pratique

1   Complete the following sentences with verbs in the conditional.

    a) On _____ (**vouloir**) deux chambres pour deux nuits.
    b) Si nous gagnions à la loterie nous _____ (**acheter**) une nouvelle voiture.
    c) Est-ce que tu _____ (**vouloir**) vraiment prendre ta retraite tout de suite?
    d) Si ta copine venait on _____ (**pouvoir**) aller à la plage.
    e) Si j'avais le temps je _____ (**finir**) cette lettre.

Tenses with *si*

When **si** is followed by the present tense the second verb will be either in the present or in the future:

Si vous voulez le modèle supérieur, nous avons ce modèle-ci.
If you want the next model we have this one.

Si vous venez demain vous rencontrerez mon cousin.
If you come tomorrow, you'll meet my cousin.

When **si** is followed by an imperfect, the second verb will always be in the conditional:

Si j'avais le temps je finirais cette lettre. *If I had the time I'd finish this letter.*

En pratique

2   Conjugate the verb in brackets so that the sentence is correct.

    a) Si vous voulez, je lui _____ (**téléphoner**) demain. (Two tenses possible.)
    b) Si on allait en ville on _____ (**pouvoir**) manger au restaurant.
    c) Ils _____ (**acheter**) une maison en France s'ils vendaient la leur ici.
    d) Si ma petite amie avait de longues vacances nous _____ (**aller**) aux États-Unis.
    e) Si je le vois, je lui _____ (**demander**) de vous contacter. (Two tenses possible.)

Order of object pronouns

You saw all the personal pronouns in units 6, 7 and 8.
Here is the list again.

subject	direct object	indirect object	emphatic / disjunctive
je	me (m')	me (m')	moi
tu	te (t')	te (t')	toi
il	le (l')	lui	lui
elle	la (l')	lui	elle
nous	nous	nous	nous
vous	vous	vous	vous
ils / elles	les	leur	eux / elles

When two object pronouns are used together:

• **me**, **te**, **nous** and **vous** come before **le**, **la** or **les**:

> Ces lettres, tu **me les** donnes. ... *you are giving them to me.*
>
>   ind obj   dir obj

> L'adresse, vous **nous la** donnez. ... *you are giving it to us.*
>
>   ind obj dir obj

> Le résultat, je **vous le** donne. ... *I am giving it to you.*
>
>   ind obj   dir obj

• **le**, **la**, **les** come before **lui** and **leur**:
Ces lettres, tu **les leur** donnes.   ... *you are giving them to them.*
L'adresse, vous **la lui** donnez.   ... *you are giving it to him / her.*

With a positive command the order will be different:

Apporte-les-moi!   *Bring them to me!*
Retournez-les-nous!   *Return them to us!*

• **y** and **en** follow other pronouns:
Il **m'en** donne.   *He gives some to me.*
Nous **les y** emmenons.   *We take them there.*
Je **lui en** ai donné.   *I gave her some.*
Elle **vous y** attend.   *She is waiting for you there.*

• Here is the order of pronouns before the verb, except in a passive command:

me				
te	le	lui		
se	la	leur	y	en
nous	les			
vous				

En pratique

3 Replace the words in italics by object pronouns.

e.g. Nous avons retourné *le questionnaire au représentant*. **Nous le lui avons retourné**.

a) Les vendeurs expliquent toujours *les garanties aux clients*.
b) Pouvez-vous nous donner *votre passeport*?
c) J'ai rendu *le document à la cliente*.
d) Elle a apporté *le cadeau à Sophie et à moi*.
e) Donnez *votre numéro de téléphone à la réceptionniste*.

The passive

In a passive sentence the subject of the verb does not perform the action but is subjected to it (e.g. the mouse <u>has been eaten</u>).

Passives are formed with the verb **être** followed by the past participle:

Ce livre est publié par Hachette. *This book is published by Hachette.*

subject   verb   past participle

Les pièces ont été réglées.   *The parts have been adjusted.*
L'appareil sera utilisé.   *The machine must be used.*
                                   (lit. *will be used*)

The past participle agrees with the subject.

Here are the forms of the passive verb in the main tenses:

present: les pièces sont réglées (*are adjusted*)
perfect: les pièces ont été réglées (*have been adjusted, were adjusted*)
imperfect: les pièces étaient réglées (*were adjusted, used to be adjusted*)
future: les pièces seront réglées (*will be adjusted*)
immediate future: les pièces vont être réglées (*are going to be adjusted*)
conditional: les pièces seraient réglées (*would be adjusted*)

En pratique

4 In the following sentences, conjugate the verbs in the passive voice in the tense indicated.

a) L'appareil _____ (**vendre**) avec le cordon. (present)
b) Je suis désolé, cette voiture _____ (**acheter**) hier. (perfect)
c) Vous n'aurez rien à faire, tout _____ (**organiser**) par notre représentant. (future)
d) Il y a quelques années, les machines _____ (**réparer**) par le magasin qui les vendait. (imperfect)
e) Ne t'inquiète pas, la machine _____ (**régler**) par le spécialiste. (immediate future)

Faisons le point!

1 Match the two halves of the sentences.

a) Si vous achetiez ce modèle-ci　　　　i) tu pourras poster la lettre.
b) Si tu vas en ville　　　　　　　　　　ii) nous avons celui-ci.
c) S'il préfère un T-shirt blanc　　　　iii) notre représentant vous la laisserait
　　　　　　　　　　　　　　　　　　　　　　pour le week-end.
d) Si vous vouliez essayer la voiture　 iv) nous pourrions vous faire une
　　　　　　　　　　　　　　　　　　　　　　réduction.
e) Si je passais te prendre à 10 heures　v) est-ce que tu serais prêt?

Check your answers. Any problems? Then read the grammar notes on page 212.

---

2 Taking into account the conjugated verb in the sentence, conjugate the other one in the correct tense.

e.g. Ils achèteront une maison s'ils _____ (**vendre**) la leur en France. **Ils achèteront une maison s'ils vendent la leur en France.**

a) Nous _____ (**prendre**) le modèle supérieur si j'avais assez d'argent sur moi.
b) Si le temps le permet on _____ (**aller**) à la plage.
c) S'il _____ (**pleuvoir**) ils pourraient aller au cinéma.
d) Si les appareils étaient réglés en usine les clients _____ (**avoir**) moins de problèmes.
e) Nous le _____ (**voir**) s'il a le temps de venir.

Check your answers. Any problems? Then read the grammar notes on page 212.

---

3 Replace the words in italics by pronouns (subject, direct object or indirect object).

a) Jérôme a donné *le paquet au facteur*.
b) Les étudiants *retournent les questionnaires au professeur*.
c) *Ma soeur* nous envoie toujours *notre cadeau* après Noël.
e) *Nos copains* ont téléphoné *le résultat de l'examen à Édouard et à Romain*.
f) Je t'ai acheté *un nouveau CD*.

Check your answers. Any problems? Then read the grammar notes on page 213.

Vocabulaire

LES PRODUITS, LES PRIX

garantie (f.)	*guarantee*
prix (m.)	*price*
méthodes (f.pl.) de paiement	*methods of payment*
modèle (m.) haut de gamme / bas de gamme	*top of the range, bottom of the range model*
rapport qualité-prix	*value for money*
prix raisonnable	*reasonable price*
bon marché	*cheap*

LES APPAREILS MÉNAGERS

réfrigérateur (m.)	*fridge*
congélateur (m.)	*freezer*
cafetière (f.)	*coffee maker*
robot (m.) de cuisine	*food processor*
grille-pain (m.)	*toaster*
cuisinière (f.)	*cooker*
cuisinière (f.) à gaz	*gas cooker*
four (m.)	*oven*
hi-fi (f.)	*hi fi*
téléviseur (m.)	*television*
station (f.) multimédia	*multimedia computer*
aspirateur (m.)	*vacuum cleaner*
radio (f.)	*radio*
logiciel (m.)	*software*
jeu (m.) vidéo	*video game*

CARACTÉRISTIQUES

contenance (f.)	*volume*
tasse (f.)	*cup*
il existe en … (blanc, noir)	*it comes in …(white, black)*
réglage (m.)	*adjustment, setting*
puissance (f.)	*power*
coloris (m.)	*colour*
amovible	*movable*
brancher	*to plug in*
cordon (m.)	*(electric) lead*
prise (f.)	*plug*
inox (acier (m.) inoxydable)	*stainless steel*
interrupteur (m.)	*switch*
longueur (f.)	*length*
largeur (f.)	*width*
très commode	*very easy to use*
convivial(e)	*user-friendly, easy to use*
fiable	*reliable*
robuste	*strongly made*

ACHETER – VENDRE

Vous désirez messieurs-dames?	*Can I help you?*
On voudrait voir …	*We would like to see …*
Combien est-ce qu'il fait?	*How much is it?*
Il offre plusieurs possibilités	*It's quite versatile*
Le prix est très raisonnable	*The price is very reasonable*
On prend …	*We'll take …*

LES VOITURES

salle (f.) d'exposition	*showroom*
modèle (m.) supérieur	*the next model up*
voiture (f.) d'occasion	*second-hand car*
réduction (f.) de prix	*price reduction*
moteur (m.)	*engine*
commande (f.)	*(here) control*
balais (m.pl.)	*windscreen wipers*
marcher	*(here) to work (for a machine)*
carrosserie (f.)	*bodywork*
accessoires (m.pl)	*accessories*
équipement (m.) d'origine	*original equipment*
pièces (f.pl.) détachées	*spare parts*

LES MAGASINS

commander	*to order*
achat (m.)	*purchase*
acheter	*to buy*
bon (m.) d'achat	*voucher*
montant (m.)	*amount*
conception (f.)	*design*
devis (m.)	*estimate*
vendeur-conseil (m.)	*sales advisor*
antenne (f.) après-vente	*after-sales service point*
réclamation (f.)	*complaint*
réclamer	*to complain*
être remboursé(e)	*to get your money back*
conseil	*(here) advice*
conseiller	*to advise*
mobilier (m.)	*furniture*
article (m.)	*item, article*
marchandises (f.pl.)	*goods*
livrer	*to deliver*
livraison (f.)	*delivery*
mode (f.)	*fashion*
être livré(e)	*(here) to have something delivered*

magasin (m.) spécialisé	*specialised shop*
vente (f.) par correspondance	*mail order sales*
grande surface (f.)	*supermarket*
magasin (m.) de proximité	*corner shop, neighbourhood shop*
magasin (m.) de détail	*retail shop*
magasin (m.) à rayons multiples	*department store*
grand magasin (m.)	*department store*
magasin (m.) d'alimentation	*food store / shop*
papeterie (f.)	*stationery shop*
librairie (f.)	*bookshop*
grossiste (m.)	*wholesaler*
hypermarché (m.)	*hypermarket*
supermarché (m.)	*supermarket*
vendeur (m.) / vendeuse (f.)	*sales assistant*
magasin (m.) d'appareils ménagers	*domestic applicances shop, white goods shop*
cadeau (m.) de mariage	*wedding gift*
alimentation (f.)	*food*
habillement (m.)	*clothes*
hi-fi (f.)	*hi-fi*
ordinateur (m.)	*computer*
chaîne (f.)	*chain of shops*
appareil (m.) électroménager	*household electrical equipment*
bricolage (m.)	*DIY, Do It Yourself*

LES INSTRUCTIONS

recommandations (f.pl.)	*recommendations*
ne pas …	*do not …*
ne jamais …	*never …*
il ne faut pas	*you must not*
sécurité (f.)	*safety*
incendie (m.)	*fire*
électrocution (f.)	*electrocution*
exposer	*(here) to leave, to expose*
humidité (f.)	*humidity*
réparateur (m.)	*repairer*
en cas de	*in case of*
avec soin	*with care*
recommander	*to recommend*
effectuer	*to carry out*
entretien (m.)	*maintenance*
retirer	*to remove*
poussière (f.)	*dust*
huiler	*to oil*
à proximité de	*in the vicinity of*
ranger	*to put away, to store*

Now you have completed Unit 10, can you:

tick

1 Compare the advantages of two products (price, quality, reliability, power) with a French friend?
   See page 201. ☐

2 Deal with a French customer in a shop?
   See page 201. ☐

3 Talk to a French visitor about a mail order company that you know?
   See page 205. ☐

4 Give advice about how to use a household appliance that you are lending to a French neighbour?
   See page 218. ☐

5 Describe the main types of shop in a town you know?
   See pages 216–7. ☐

Problèmes et solutions

■ Explaining
   problems
■ Complaining,
   dealing with
   complaints
■ Introduction to
   the subjunctive and
   the pluperfect

A La chambre ne correspond pas à celle que nous avons réservée.

ACTIVITÉ 1

Étudiez la note, **Relative pronouns:** *qui* and *que* à la page 233. Puis faites les exercices *En pratique 1* et *2*.

Douche W.C.	220 F	250F	260F
Douche W.C. Lits Jumeaux			280F
Bain W.C.			290F
Bain W.C. Lits Jumeaux			320F
Bain W.C. 4 Personnes			420F

Petit Déjeuner 38F

ACTIVITÉ 2

Lisez les questions, puis écoutez et répondez.

The problem:
a) What has Jean-Michel noticed?
b) Where is room 202 situated?
c) What sort of room did they want?

The cause of the problem:
d) What does the receptionist check?
e) Whose mistake was it?

The solution:
f) What does the receptionist give Jean-Michel?
g) What does she wish him?

HOTEL RESTAURANT
La Gerbe d'Or
MENU A PARTIR DE
55 FOO
CHAMBRE
TOUT CONFORT
180 F / **2** PERSONNE

Qui and **Que**
La chambre que nous avons réservée.
The room that we reserved.
La chambre 202 qui donne sur la cour.
Room 202 which overlooks the courtyard.

Qui and **que** are relative pronouns.

➤ **page 233**

réclamation (f.)	*complaint*
correspondre	*to correspond*
rappeler quelque chose à quelqu'un	*to remind someone of something*
donner sur ...	*to open on to ...*
(avec) vue sur ...	*opening on to ...*
bruyant(e)	*noisy*
faire erreur	*to make a mistake*
rendre	*to hand back*
ce n'est pas grave	*that's all right*

À la réception de l'hôtel Beau Rivage

Jean-Michel   Nous venons de monter à notre chambre et nous avons remarqué qu'elle ne correspond pas à la chambre que nous avons réservée.

Réceptionniste   Pouvez-vous me rappeler votre nom et le numéro de la chambre s'il vous plaît?

Jean-Michel   Monsieur et Madame Réza; nous avons la chambre 202 qui donne sur la cour; elle est aussi au-dessus du bar et elle sera certainement bruyante ce soir! On voulait une chambre calme avec vue sur le lac.

Réceptionniste   Un instant Monsieur Réza, je vérifie sur notre système de réservations (*checks details on computer*) ... Ah, je crois que ma collègue a fait erreur quand elle vous a donné les clés. On a réservé le numéro 205 pour vous. Excusez-nous, Monsieur.

Jean-Michel   Ce n'est pas grave ... je vous rends les clés de la 202 alors?

Réceptionniste   Oui, merci, et je vous donne celles de la 205. Bon séjour Monsieur!

Des problèmes à l'hôtel

Étudiant(e) A
Vous êtes à la réception. Trouvez la solution.

changez de chambre
remboursez
offrez des excuses

expressions utiles

nous pouvons …
il nous reste …
il est possible de …
veuillez nous excuser
nous allons …

Étudiant(e) B
Vous êtes un(e) client(e). Vos réclamations sont
à la page 245.

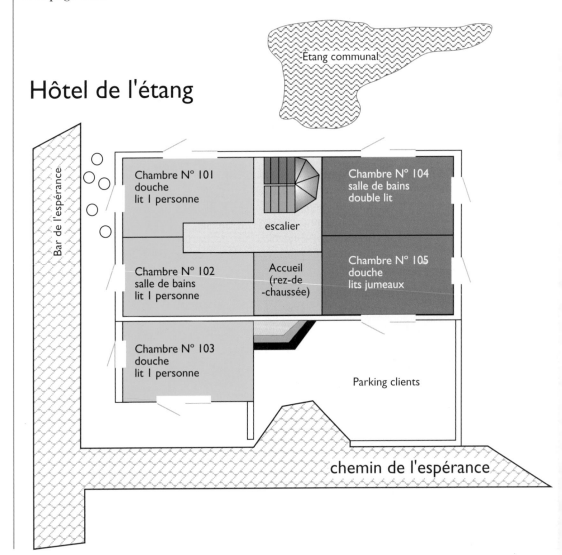

Étang communal

Hôtel de l'étang

Bar de l'espérance

Chambre N° 101
douche
lit 1 personne

escalier

Chambre N° 104
salle de bains
double lit

Chambre N° 102
salle de bains
lit 1 personne

Accueil
(rez-de
-chaussée)

Chambre N° 105
douche
lits jumeaux

Chambre N° 103
douche
lit 1 personne

Parking clients

chemin de l'espérance

ACTIVITÉ 4

Vous voulez voyager avec la formule Train + Hôtel; vous lisez la charte de qualité pour connaître les conditions. Avez-vous bien compris? (Vous devez chercher certains mots dans le dictionnaire ou les demander à votre professeur). Répondez en anglais.

a) What sort of welcome can you expect?
b) At what time do you have to vacate the rooms?
c) What would happen if you couldn't get the room you wanted?
d) What would happen if you were offered a room over 500 metres away from the original one?
e) In what circumstances could a hotel be taken off the list of hotels in the Train + Hôtel scheme?

train + hôtel
PAR MINITEL 3615 CODE FRANTOUR

20h sur 24 (de 4h à minuit) 7 jours sur 7
Simple et rapide, il est toujours là
Prêt à vous servir

Par Minitel, vous êtes en direct.

Composez le 3615, tapez le code FRANTOUR, vous êtes en direct avec Frantour.
• Consultez nos promotions
• Découvrez Frantour
• Choisissez l'accès à Frantour Train + Hôtel et...

Réservez ou informez-vous.

RÉSERVEZ
• Pour toute destination Train + Hôtel pour les jours et les mois à venir.
• Une option vous sera accordée jusqu'au lendemain soir (ou au surlendemain soir si vous réservez le samedi).
• Pour être validée, vous devez confirmer votre réservation d'ici là dans une des gares SNCF ou agences de voyages accréditées SNCF.

INFORMEZ-VOUS
• Consultez le descriptif de tous les hôtels Train + Hôtel.
• Tarifs : calculez le prix de votre forfait Train + Hôtel.
• Consultez toutes les disponibilités hôtelières réactualisées à chaque instant par type de chambre, par hôtel pour chaque destination, par date pour les jours et les mois à venir.

Cumulez les avantages

• Par minitel, vous vous informez ou réservez immédiatement de votre domicile ou de votre bureau.
• En vous rendant dans l'un de nos points de vente en France, vous pourrez confirmer votre réservation, acheter votre forfait et recevoir votre carnet de voyages.

Alors n'hésitez pas...
Il y a sûrement un point de vente
"TRAIN + HOTEL" près de chez vous.

3615 CODE FRANTOUR

FRANTOUR
train + hôtel

et pour les horaires
de train par minitel,
en fin de consultation
3615 code FRANTOUR,
tapez :

connexion
fin

puis code SNCF.

LA CHARTE DE QUALITE

L'accueil

Le client Train + Hôtel est reconnu par l'hôtelier comme un client individuel, bénéficiant donc d'un accueil personnalisé.

Mise à disposition des chambres

Au plus tard à 14 heures, elles devront être libérées par les clients avant midi.

Confort de la chambre

Dans tous les cas, l'hôtelier devra attribuer au client Train + Hôtel, une chambre d'un confort au moins égal à celui contracté par Train + Hôtel.

Prix affiché dans la chambre

S'il est inférieur à celui de la nuit supplémentaire Train + Hôtel pour les mêmes prestations, Train + Hôtel remboursera la différence.

Délogement

En cas de force majeure, si l'hôtelier déloge un client Train + Hôtel, il doit fournir, en remplacement, une chambre d'un confort au moins égal à celui de l'hôtel initialement réservé. Si l'hôtel de substitution est à plus de 500 mètres du précédent, Train + Hôtel assure la prise en charge du transfert par taxi.

Réclamation du client

Dans ce cas, Train + Hôtel accuse réception du courrier. A partir de cette date, Train + Hôtel garantit une réponse circonstanciée au client dans un délai d'un mois. A défaut, Train + Hôtel remboursera au client l'intégralité de la part hôtelière de son séjour.

Indice de satisfaction

Il est établi d'après l'exploitation des fiches de sondage Train + Hôtel. Si le qualificatif : mauvais ou très mauvais concernant l'accueil, la propreté ou la restauration de l'hôtel est utilisé par plus de 5% des clients Train + Hôtel y ayant séjourné, cet hôtel est retiré de la sélection Train + Hôtel.

4

ACTIVITÉ
5

Vous avez loué un gîte. Quand vous arrivez, la maison ne correspond pas à la description.

Lisez la fiche du gîte et étudiez les ***expressions utiles***. Écoutez le propriétaire qui vous fait visiter et expliquez votre surprise.

Propriétaire	Entrez, je vous en prie. Alors vous avez ici la salle de séjour avec un divan lit pour une personne.
Vous	…
Propriétaire	Il y a certainement erreur sur la fiche qu'on vous a envoyée! Voici la cuisine.
Vous	…
Propriétaire	C'est vraiment surprenant! Cette description ne correspond pas du tout au gîte!
Vous	…
Propriétaire	Attendez, je regarde … une salle d'eau au 1er étage, mais il n'y a pas de salle d'eau!
Vous	…
Propriétaire	Je crois que c'est une bonne idée!

expressions utiles

indiquer *to indicate*
il y a certainement erreur
there must be a mistake
lave-linge (m.)
washing machine
lave-vaisselle (m.)
dish washer
avoir besoin de …
surprenant
on voulait vraiment
des invités
leur écrire

Madame, Monsieur,

Nous avons le plaisir de vous proposer la réservation d'un séjour dont vous trouverez la description complète sur la fiche ci-jointe.

Espérant que cette proposition retiendra votre attention, nous vous adressons nos sincères salutations.

Gilles Hamet
Propriétaire

Gilles Hamet

FICHE DESCRIPTIVE

Capacité: 6 personnes

rez-de-chaussée:
Cuisine: cuisinière à gaz, lave-linge, lave-vaisselle, réfrigérateur
Salle de bains
Salle de séjour-Salon: divan-lit 2 personnes, TV couleur

1er étage
Chambre 1: 1 lit 2 personnes
Chambre 2: 2 lits 1 personne
Salle d'eau

Jardin clos avec balançoire et barbecue

L'inventaire de l'équipement et des meubles sera dressé lors de votre arrivée.

CONTRAT DE LOCATION

Locataire: Mr Smith-Klein
Composition de la famille: 2 adultes
  3 enfants
Tél domicile:
Tél travail:
Les animaux ne sont pas acceptés.

Caution demandée à l'arrivée:
  1000 Francs français
La fiche descriptive jointe au présent contrat précise l'ensemble des caractéristiques de l'hébergement.

Dates du séjour: du 4 août 16h au
  11 août 8h
Prix du séjour: 2400 Francs français
Ce prix comprend: les frais
  d'électricité et d'eau
Taxe de séjour en sus
Le linge n'est pas fourni.

For practical information on complaints try:
http://www.pratique.fr/vieprat/

ACTIVITÉ **6**

Vous avez trouvé quelques modèles de lettres de réclamation. Avant d'écrire au centre de réservation, vous les étudiez et vous répondez aux questions.

Avez-vous compris l'objet des deux lettres de réclamation?

a) What did C. Tarlée receive on 25 June?

b) What are the two problems referred to in the letter from C. Tarlée?

c) Is C. Tarlée keeping the unwanted item?

d) What did P. Jaussaud notice when he got the letter confirming the booking?

e) What is he asking the hotel to do?

Monsieur,

J'ai réservé il y a 10 jours deux chambres simples dans votre établissement pour le week-end du 14 mai.

En recevant votre lettre de confirmation, j'ai remarqué avec surprise que la réservation était pour deux chambres doubles. Je vous serais obligé de rectifier et de me confirmer la modification dans les meilleurs délais.

Je vous prie d'agréer, Monsieur, mes salutations distinguées.

P. Jaussaud

P. Jaussaud

Monsieur,

J'ai le regret de vous faire savoir que je ne suis pas entièrement satisfaite de ma commande reçue le 25 juin. Deux articles manquaient et un autre ne correspondait pas à la commande.

Je vous retourne l'article non conforme et vous serais obligée de m'envoyer les deux articles manquants ainsi que l'article correspondant à ma commande.

Je vous prie d'agréer, Monsieur, mes sentiments les meilleurs.

C. Tarlée

C. Tarlée

commande (f.)	order
article (m.)	article, item
manquer	to miss, to be lacking
non conforme	(here) wrong
lettre (f.) de confirmation	letter of confirmation
rectifier	to rectify, to put right

Vie Pratique

Comment exprimer une réclamation par écrit

J'ai le regret de vous faire savoir que …	*I regret to tell you that …*
J'ai remarqué avec surprise que …	*I was surprised to note that …*
Je vous fais part ici de mon mécontentement.	*I am writing to express my dissatisfaction.*
Je vous serais obligé(e) de : rectifier / modifier / changer / retourner / rembourser etc.	*I would be grateful if you could rectify / modify / change / return / refund etc.*
dans les meilleurs délais	*as soon as possible*

Faire ses excuses

Excusez-moi / nous d'avoir fait une erreur.	*I am / we are sorry to have made a mistake.*
Veuillez m' / nous excuser de …	*Please accept my / our apologies for …*
Je suis vraiment désolé(e) de ce retard.	*I am very sorry about the delay.*
J'ai le regret de devoir vous annoncer que …	*I must regretfully inform you that …*
Veuillez lui transmettre mes excuses.	*Please give him / her my apologies.*

ACTIVITÉ 7

À vous!

Étudiez les **Mots-clés** (page 224) et **Vie Pratique**.

Écrivez votre lettre de réclamation (ré-écoutez **Activité 5** si vous le désirez).

Vos points

arrived at Gîte – surprised
did not correspond to the booking (no dishwasher, no shower)
very dissatisfied
mistake in booking system
wish to be refunded in part (**en partie**)

B Des retards très ennuyeux!

Étudiez les structures ci-contre. Écoutez le dialogue – avez-vous compris le problème? Répondez en anglais.

a) What is the problem?
b) What is the cause of the problem?
c) What is Sylvain asking the secretary to do?

Je suis bien au bureau de ...?
Am I at / Is this ...'s office?
Revise phrases that you say on the phone

➤ **page 235**

être en retard d'une heure
to be late by one hour, to be an hour late
transmettre mes excuses *to give my apologies*
ce sera fait *'will do, it'll be done*

Étudiant(e) A
Vous allez rendre visite à des amis français mais vous êtes retardé et vous leur téléphonez. Choisissez votre scénario.

Les causes possibles de votre retard:

- you missed the ferry
- serious accident on the road
- your car broke down
- you got lost
- your flight was cancelled.

Étudiant(e) B
Vous êtes l'ami, vous répondez et vous demandez des explications. Voir page 246.

expressions utiles

manquer
to miss

se perdre *to get lost*

vol annulé *flight cancelled*

il y a eu *there was*

un accident grave
a serious accident
un embouteillage
a traffic jam

tomber en panne
to break down

Étudiez les *Mots-clés*, les notes sur *dont* (page 234) et
The pluperfect (page 235). Faites *En pratique 3* et *4*.

ACTIVITÉ 11

Vous êtes en vacances au village de Thennes. Lisez
l'article. Votre partenaire qui veut aller au bal vous pose
quelques questions.

a) Is the ball going to take place in the new village hall?
b) When was the new village hall supposed to be
   finished?
c) What are the reasons for the delay?
d) Are they saying where the ball is going to take place?

Un retard qui décevra beaucoup de gens!

La salle des fêtes dont l'achèvement était prévu pour la fin juin n'est pas encore terminée. La déception est grande parmi les responsables du comité des fêtes qui avaient déjà organisé et annoncé les festivités du 14 juillet: le bal traditionnel devait en effet avoir lieu dans la nouvelle salle. Malheureusement, celle-ci ne sera pas inaugurée avant la fin du mois de juillet. L'entrepreneur chargé des travaux a indiqué les raisons du retard: "les grandes pluies de l'automne dernier ont retardé le début de la construction et la grève des transports nous a également beaucoup handicapés avec des retards importants dans la livraison des matériaux". Ces explications ne donnent cependant pas la solution du problème et tous les habitants se demandent avec impatience où le bal pourrait avoir lieu …

dont l'achèvement
the completion of which
qui avaient déjà organisé
who had already organised

See **the pluperfect** ➤ page 235

devait	(here) *was to take place*
décevoir	*to disappoint*
déception (f.)	*disappointment*
salle (f.) des fêtes	*village hall*
achèvement (m.)	*completion*
parmi	*among*
comité (m.) des fêtes	*the festival committee*
bal (m.)	*ball*
avoir lieu	*to take place*
inaugurer	*to open*
entrepreneur (m.)	*builder*
construction (f.)	*building*
handicaper	*(here) to hinder*
matériaux (m.pl.)	*materials*

ACTIVITÉ
12

À vous!

Vous faites partie du comité des fêtes: à vous de trouver une solution. Discutez avec votre partenaire avec l'aide des *expressions utiles*.

retraite (f.) aux flambeaux	*torchlight procession*
feu (m.) d'artifice	*fireworks*
buvette (f.)	*refreshment stall*
chapiteau (m.)	*marquee*

expressions utiles

on pourrait …?
et si on organisait …?
louer
en plein air *in the open air*
si le temps le permet
sous le chapiteau *in the big tent*
sur la place
dans la rue

Fête Nationale

Dimanche 13 Juillet

- *Retraite aux Flambeaux :*

- *Départ au Monument de Bertenucourt à 22h00, circuit : Mairie, Château, Eglise et Salle des Fêtes de Thennes (1)*

- *Feu d'Artifice*

- *Bal à Thennes*

- *Buvette*

(1) *l'an prochain : départ Ferme Claude Roger, Mairie de Thennes, Monument, Eglise et Château de Bertenucourt.*

~ ~ ~ ~ ~ ~ ~

Jeux Traditionnels

Toute l'Après-Midi

- *Tir à la Corde*
- *Course aux Sacs*
- *Course à l'Oeuf*
- *Tartines*
- *Tir au But, etc ...*

~ ~ ~ ~ ~ ~ ~

Buvette - Frites - Grillades

~ ~ ~ ~ ~ ~ ~

Repas Champêtre

Sous Chapiteau
dès 12 heures

*Au Menu : Kir,
Crudités,
Rôti Froid,
Fromage,
Tarte*

*Tarifs :   50 francs
et 30 francs pour les moins de 12 ans.*

* *Les personnes ayant des difficultés pour se rendre sur le site, peuvent se faire connaître au : 03.22.42.23.53 et au 03.22.42.20.88.*

ACTIVITÉ
13

ACTIVITÉ
14

C Des problèmes, même en vacances!

Étudiez la note **The subjunctive** à la page 235 et faites *En pratique 5*.

Écoutez trois touristes du Cap d'Agde qui parlent au Dr Jouvet. Vous êtes la secrétaire médicale, vous prenez des notes (en anglais).

Touriste 1   Je n'ai pas besoin de vous expliquer mon problème docteur! Regardez! Pourtant je ne me suis pas exposée au soleil très longtemps! Mon dos est très rouge et douloureux et je n'arrive pas à dormir la nuit! Qu'est-ce que vous pouvez me donner?

Dr Jouvet   Vous avez un terrible coup de soleil, et je ne peux malheureusement pas grand chose! Il faut que vous restiez à l'ombre pour quelques jours et je vais vous prescrire une crème calmante. C'est tout ce que je peux faire!

Tourist 1
symptoms:
diagnostic:
advice / treatment:

douloureux(-euse)	*painful*
arriver à	*to manage to*
coup (m.) de soleil	*sunburn*
pas grand chose	*nothing much*
prescrire	*to prescribe*
crème (f.) calmante	*soothing cream*

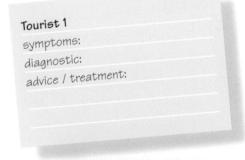

DOCTEUR GERRER

ANCIEN EXTERNE DES HOPITAUX DE PARIS

BERNARD
MEDIUM - MAGNETISEUR
(PRATICIEN DE THERAPEUTIE NATURELLE)

SUR R.V. ET A DOMICILE

⟶ ENTREE PAR LE MAGASIN

Touriste 2   Je crois que je me suis cassé le poignet docteur! Je suis tombé et j'ai très mal depuis 2 jours.

Dr Jouvet   Voyons … est-ce que vous pouvez bouger la main, les doigts? Très bien … Non, votre poignet n'est pas cassé, il est seulement foulé, mais je vais faire une radio pour être sûr …

Touriste 2   Qu'est-ce que je peux faire alors?

Dr Jouvet   Il faut simplement que vous portiez un bandage très serré pour une semaine au moins, c'est tout.

Tourist 2

symptoms:

diagnostic:

advice / treatment:

poignet (m.)	*the wrist*
avoir mal	*to be in pain*
bouger	*to move*
foulé(e)	*sprained*
faire une radio	*to take an X ray*
porter	*to wear*
bandage (m.)	*bandage*
serré(e)	*tight*

Touriste 3   J'ai vomi toute la nuit, je ne peux ni boire ni manger.

Dr Jouvet   Qu'est-ce que vous avez mangé hier?

Touriste 3   Des fruits de mer.

Dr Jouvet   Hum, je crois que vous avez une intoxication alimentaire. Je vais vous donner des comprimés et il faut que vous buviez beaucoup d'eau.

Tourist 3

symptoms:

diagnostic:

advice / treatment:

vomir	*to be sick*
avoir mal à la tête	*to have a headache*
estomac (m.)	*stomach*
intoxication (f.) alimentaire	*food poisoning*
comprimé (m.)	*pill, tablet*

avoir mal à l'estomac	*to have stomach ache*
il faut que vous restiez	*you must stay*
il faut que vous buviez	*you must drink*

see **The subjunctive** ➤ **page 235**

je me suis cassé le poignet	*I broke my wrist*
ni … ni …	*neither … nor*

ACTIVITÉ 15

Vous n'êtes pas docteur mais vous donnez des conseils:
que diriez-vous dans les cas suivants? (Utilisez **tu** ou
vous). Revisez les notes sur le subjonctif si besoin.

exemple:
– J'ai un coup de soleil!
– Il faut que vous restiez à l'ombre.

a) Je me suis foulé la cheville (*ankle*).
b) J'ai mal à la tête.
c) Je suis très fatigué(e).
d) J'ai vomi toute la nuit.
e) Je me suis coupé le doigt.

mots à utiliser

prendre
un aspirine
porter
un bandage très serré
se reposer
(ne pas) manger
désinfecter
tout de suite

Vie Pratique

Si vous êtes malade en France ...
Vous pouvez aller au cabinet médical du médecin de votre
choix; les heures de consultation (*surgery hours*) sont en général
affichées (*displayed*). Vous pouvez aussi demander une visite du
médecin à votre domicile. Le médecin vous examinera et vous
délivrera une ordonnance (*prescription*). Vous devrez payer la
consultation ou la visite, somme qui vous sera remboursée
(*refunded*) par la Sécurité sociale (*national health system*).
Il faut ensuite que vous alliez à la pharmacie pour acheter
les médicaments (*medecine*) prescrits. Là aussi vous devez
payer d'abord.

CONSULTATIONS
10H30 – 11H30 SAUF MERCREDI
16H30 – 18H30 SAUF MERCREDI
*SAMEDI 10H30 – 11H30
VISITES À DOMICILE: TOUS LES JOURS
–
POUR ENTRER : APPUYEZ À GAUCHE
SUR LE BOUTON BLANC ET POUSSEZ
–
SECRETARIAT : APPUYEZ, À DROITE
SUR LE BOITIER METAL

Info France

LES FRANÇAIS ET LA SANTÉ

Sachez que les Français sont les plus gros consommateurs de soins médicaux (*medical care*) en Europe. Ainsi, les Français achètent trois fois plus d'antibiotiques que les Britanniques.

C'est peut-être aussi pour le petit verre de vin quotidien que l'espérance de vie (*life expectancy*) en France est une des plus élevées du monde: 73,3 ans en moyenne (*on average*) pour les hommes et 81,5 ans en moyenne pour les femmes.

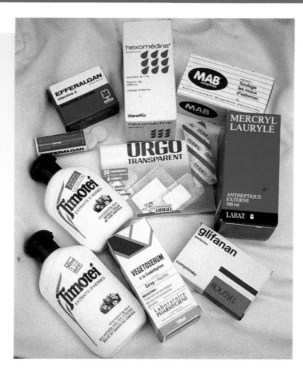

ACTIVITÉ 16

On a volé les bagages!

Revisez d'abord la note de grammaire **The pluperfect** à la page 235. Lisez les *expressions utiles*.

Étudiant(e) A

Vous avez garé votre voiture au Havre en attendant le ferry; lorsque vous êtes revenus tous les bagages avaient disparu! Vous allez au commissariat et vous expliquez la situation.

Étudiant(e) B

Vous travaillez au commissariat et vous posez des questions au touriste. Tournez à la page 246.

ACTIVITÉ 17

À vous!

D'autres problèmes en vacances? La voiture qui tombe en panne? Les cartes de crédit perdues?

Avec un(e) partenaire ou un groupe de trois ou quatre recherchez le vocabulaire pour expliquer un problème, et trouvez la solution! Demandez à votre professeur de vérifier.

ACTIVITÉ 18

Sondage: faites une liste des problèmes en vacances.
Combien de gens   ont été volés?
                  ont eu des accidents?
                  ont eu des piqûres d'insectes (*have been stung by insects*)?

expressions utiles

Étudiant A
garer la voiture / un parking
fermer à clé
les objets volés
casser une vitre
laisser les billets / l'argent /
l'appareil photo /
les bagages
ouvrir

voler / prendre
(past participle: pris)
revenir
(past participle: revenu)
une assurance contre le vol
auto-radio
compagnie d'assurance
être assuré
faire une liste
faire une déclaration
de vol auprès du
commissariat
envoyer

Notes

Relative pronouns: *qui* and *que*

Qui has the meaning of *who, which, that* and can refer to things or persons:

La chambre qui donne sur la cour.   *The room that overlooks the courtyard.*
C'est la réceptionniste qui m'a donné les clés. *It's the receptionist who gave me the keys.*

Qui is always the subject of the verb.

Que has the meaning of *who(m), which, that*. It can refer to things or persons:

la chambre que nous avons réservée   *the room which / that we booked*
Le garçon que tu as vu est mon cousin.   *The boy who / that you saw is my cousin.*

Que is always the object of the verb. It becomes **qu'** before a vowel or a silent **h**.
Que is often not translated in English but is obligatory in French.

As **qui** and **que** are both translated by the same words in English, make sure that you understand whether *who / which / that* is the subject or object of the verb. For example, in the following sentence, *who* is the subject of the verb *talked* and will translate as **qui**:

The man who talked to me is my father.   L'homme **qui** m'a parlé est mon père.

But in the next sentence *that* is the object of the verb *see* (the man does not see but is seen) and will translate as **que**:

The man that you see is my father.   L'homme **que** tu vois est mon père.

N.B When **que** follows a verb it is not a relative pronoun: Je crois que nous irons à Paris. *I think (that) we'll go to Paris.*

En pratique

1 Using **qui** link the following sentences.

e.g. La chambre donne sur la rue; la chambre est bruyante. **La chambre qui donne sur la rue est bruyante.**

a) La dame parle au téléphone; la dame est la réceptionniste.
b) Le vendeur s'occupe de l'électroménager; le vendeur t'aidera.
c) L'hôtel se trouve près du lac; l'hôtel semble très calme.
d) La voiture avait gagné les 24 heures du Mans; la voiture était une Ferrari.

En pratique

2 Using **que** link the two sentences.

e.g. Tu vois la bouilloire là-bas; la bouilloire est sans cordon. **La bouilloire que tu vois là-bas est sans cordon.**

a) J'ai fait le problème; le problème était difficile.
b) J'ai rencontré le représentant; le représentant était très compétent.
c) J'ai organisé le voyage; le voyage a été un succès.
d) Tu conduis la voiture; la voiture consomme beaucoup.
e) Je rencontre le collègue chaque vendredi; le collègue est responsable du marketing.

The relative pronoun: *dont*

Dont translates *of which*, *of whom*, or *whose*. It is often avoided in everyday conversation and its use is not always easy, even among native speakers who sometimes make mistakes!

Dont is used in association with structures including **de**:
C'est le livre dont j'ai besoin. (avoir besoin de)   *It's the book (which) I need.*

Note the word order of a sentence including dont: **dont** + subject + verb (+ object). The English does not necessarily follow the same structure.

Other examples:
C'est une réussite dont il est fier.   *It's a success he is proud of.*

C'est un film dont j'ai oublié le nom.
Literally, *It's a film, the name of which I have forgotten.*

More naturally, we could say: *It's a film whose name I have forgotten*, or simply *I've forgotten the name of the film.*

Ma voisine, dont le mari est handicapé, travaille chez Renault.
My neighbour, whose husband is handicapped, works at Renault.

Note that the noun after **dont** takes the article.

En pratique

3 Using dont, link the two sentences below.

e.g. Je ne trouve pas le livre; j'ai besoin du livre. **Je ne trouve pas le livre dont j'ai besoin.**

a) La salle de séjour paraît plus claire; j'ai repeint les murs de la salle de séjour en blanc.
b) Mon copain vient demain; tu as vu la soeur de mon copain hier.
c) Le village était plus calme; je me souviens du village.
d) La bouilloire ne peut pas être utilisée; tu as cassé le socle de la bouilloire.
e) J'ai dû vendre la voiture; j'étais pourtant très content de la voiture.

Some useful telephone phrases

Je suis bien au N° ... ?
Est-ce que je peux parler à Madame ...?
Est-ce que vous pouvez me passer Madame ...?
Est-ce que je peux laisser un message?
Est-ce que vous pouvez lui dire que ...?

The pluperfect: an introduction

In French the pluperfect, like the present perfect, is a compound tense i.e. it is composed of an auxiliary (**avoir** or **être**) in the imperfect and a past participle (e.g. **organisé**). Similarly in English, the pluperfect is formed with the auxiliary *had* and a past participle (e.g. *organised*):

Les responsables du comité **avaient** déjà **organisé** les festivités.
*The officials of the committee **had** already **organised** the festivities.*
Elle **était tombée** parce qu'elle **avait glissé** sur une peau de banane.
*She **had fallen** over because she **had slipped** on a banana skin.*

Here are the forms of a regular -**er** verb conjugated in the pluperfect:

j'avais organisé   nous avions organisé
tu avais organisé   vous aviez organisé
il / elle / on avait organisé   ils / elles avaient organisé

When the verb takes **être** as the auxiliary, the past participle agrees with the subject:

Elle était tombée. Nous étions partis. Ils étaient revenus.

En pratique

4 Conjugate the verbs in brackets in the pluperfect. Check the past participles, some are irregular.
e.g. Je te _____ (**dire**) qu'elle ne reviendrait pas. **Je t'avais dit qu'elle ne reviendrait pas.**

a) Il _____ (**pleuvoir**) toute la nuit et la rivière était grosse.
b) On lui _____ (**acheter**) une hi-fi toute neuve mais elle ne lui plaisait pas.
c) Le client _____ (**arriver**) mais il n'y avait personne pour le recevoir.
d) Ma soeur _____ (**partir**) quand il a téléphoné.

The subjunctive: an introduction

Il faut que vous restiez.   *You must stay.*
Il faut que vous buviez.   *You must drink.*

The subjunctive is much more common in French than in English. In English it only survives in a few structures e.g. *so be it, be that as it may, lest it should happen again, I insist that the hotel repay the money.*

Here are the forms of the present subjunctive of regular verbs.

parler	**finir**	**vendre**
que je parle	que je finisse	que je vende
que tu parles	que tu finisses	que tu vendes
qu'il / elle / on parle	qu'il / elle / on finisse	qu'il / elle / on vende
que nous parlions	que nous finissions	que nous vendions
que vous parliez	que vous finissiez	que vous vendiez
qu'ils / elles parlent	qu'ils / elles finissent	qu'ils / elles vendent

The subjunctive must be used after:

- Impersonal constructions expressing necessity, possibility, doubt:

Il faut que vous buviez.	lit. *It is necessary that you drink.* *You must drink.*
Il n'est pas sûr qu'elle vende sa voiture.	*It is not certain that she will sell her car.*
Il est important que vous finissiez votre rapport.	*It is important that you finish your report.*
Il est possible qu'elle vende sa voiture.	*It is possible that she may sell her car.*

- Verbs of emotion:

Je suis content que vous aimiez la maison.	*I am pleased that you like the house.*
Il est désolé que nous ne restions pas plus longtemps.	*He is sorry that we aren't staying any longer.*

- Verbs of wishing and willing:

Je veux que vous finissiez votre travail.	*I want you to finish your work.*
Il souhaite que nous vendions la maison.	*He wants us to sell the house.*

Note that the English structure is totally different.

- Phrases including **que** like:

bien que (*although*), sans que (*without*), pour que (*in order to*), à condition que (*on condition that*).

N.B. Although the subjunctive is always introduced by **que**, **que** is not necessarily followed by a subjunctive.

There are a number of irregular verbs in the subjunctive; here are the most common ones.

être	que je sois	que nous soyons
	que tu sois	que vous soyez
	qu'il / qu'elle / que l'on soit	qu'ils / qu'elles soient
avoir	que j'aie	que nous ayons
	que tu aies	que vous ayez
	qu'il / qu'elle / que l'on ait	qu'ils / qu'elles aient
aller	que j'aille	que nous allions
	que tu ailles	que vous alliez
	qu'il / qu'elle / que l'on aille	qu'ils / qu'elles aillent

devoir	que je doive	que nous devions
	que tu doives	que vous deviez
	qu'il / qu'elle / que l'on doive	qu'ils / qu'elles doivent
dire	que je dise	que nous disions
	que tu dises	que vous disiez
	qu'il / qu'elle / que l'on dise	qu'ils / qu'elles disent
savoir	que je sache	que nous sachions
	que tu saches	que vous sachiez
	qu'il / qu'elle / que l'on sache	qu'ils / qu'elles sachent
faire	que je fasse	que nous fassions
	que tu fasses	que vous fassiez
	qu'il / qu'elle / que l'on fasse	qu'ils / qu'elles fassent
prendre	que je prenne	que nous prenions
	que tu prennes	que vous preniez
	qu'il / qu'elle / qu'on prenne	qu'ils / qu'elles prennent

En pratique

5 Conjugate the verbs in brackets in the subjunctive.

   a) Je travaille, bien que je _____ (**être**) en vacances.
   b) Il faut que tu _____ (**aller**) chez le docteur.
   c) On veut qu'il _____ (**dire**) la vérité.
   d) Elle est partie sans que je _____ (**savoir**) pourquoi.
   e) Il est possible qu'ils _____ (**faire**) le tour du monde.

Faisons le point!

1   How would you express the following in French?

   a) The man you can see over there is my doctor.
   b) The room which is above the restaurant is very noisy.
   c) The house that we rented (**louions**) was very large.
   d) I have contacted the person who organised the ball.
   e) I have a friend whose daughter lives in Australia.

Check your answers. Any problems? Then read the grammar notes on page 233.

---

2   Turn the following sentences into the pluperfect.

   e.g. Elle est tombée parce qu'elle a glissé. **Elle était tombée parce qu'elle avait glissé.**

   a) Nous sommes retournés en Sologne l'année suivante.
   b) Ils ont décidé d'aller au restaurant.
   c) J'ai trouvé un hôtel très calme.
   d) Les enfants sont partis à Paris.
   e) Elle a dû attendre un autre train.

Check your answers. Any problems? Then read the grammar notes on page 235.

Vocabulaire

DES PROBLÈMES AVEC ...

L'hôtel

réclamation (f.)	*complaint*
correspondre	*to correspond*
bruyant(e)	*noisy*
faire erreur	*to make a mistake*
sale	*dirty*
manquer	*to miss, to be lacking*
non conforme	(here) *wrong*
lettre (f.) de confirmation	*letter of confirmation*

Le rendez-vous

manquer (le train, le vol)	*to miss*
se perdre, se tromper de route	*to get lost, to take the wrong road*
il y a eu un accident grave	*there has been a serious accident*
embouteillage (m.)	*traffic jam*
tomber en panne	*to break down*
être en retard	*to be late*
être malade	*to be ill*

DES RÉCLAMATIONS

J'ai le regret de vous faire savoir que ...	*I regret to tell you that ...*
J'ai remarqué avec surprise que ...	*I was surprised to note that ...*
Je vous fait part ici de mon mécontentement	*I am writing to express my dissatisfaction*
Je vous serais obligé(e) de: rectifier/ modifier / changer / retourner / rembourser etc.	*I would be grateful if you could rectify / modify / change / return / refund etc.*
dans les meilleurs délais	*as soon as possible*

UN VOL

garer la voiture	*to park the car*
parking (m.)	*car park*
fermer à clé	*to lock*
casser une vitre	*break a window*
forcer la porte	*to force the door*
voler	*to steal*
vol (m.)	*theft*
auto-radio (m.)	*car radio*

une assurance contre le vol	*theft insurance*
être assuré	*to be insured*
faire une déclaration de vol auprès du commissariat	*to make a declaration of theft to the police station*

VOTRE SANTÉ

douloureux(-euse)	*painful*
coup (m.) de soleil	*sunburn*
pas grand chose	*nothing much*
avoir mal	*to be in pain*
foulé(e)	*sprained*
avoir mal à la tête	*to have a headache*
intoxication (f.) alimentaire	*food poisoning*
se blesser	*to hurt oneself*
blessure (f.)	*wound*
brûlure (f.)	*burn*
contusion (f.)	*bruise*
prendre rendez-vous chez un médecin	*to get an appointment with a doctor*

LES MÉDICAMENTS, LES TRAITEMENTS

comprimé (m.)	*pill, tablet*
faire une radio	*to take an X ray*
pansement (m.)	*(wound) dressing*
vomir	*to be sick*
prendre rendez-vous chez un médecin	*to make a doctor's appointment*
prescrire	*to prescribe*
crème (f.) calmante	*soothing cream*
ordonnance (f.)	*prescription (for medecine)*
prendre une aspirine	*to take an aspirin*
porter un bandage	*to wear a bandage*
se reposer	*to rest*
désinfecter	*to disinfect*

CONTACTER QUELQU'UN AU TÉLÉPHONE

Je suis bien au (Nº ...)?	*Is that (Nº ...)?*
Est-ce que je peux parler à Madame ...?	*Can I speak to Mrs ...?*
Est-ce que vous pouvez me passer Madame ...?	*Can you put me through to Mrs ...?*

Est-ce que je peux laisser un message?   *Can I leave a message?*

Est-ce que vous pouvez lui dire que …?   *Can you tell him/her that …?*

Veuillez lui transmettre mes excuses   *Please give him / her my apologies*

Je vous assure que cela ne se répétera pas   *I can assure you that this will not happen again*

Il y a certainement erreur   *There must be a mistake*

S'EXCUSER

Excusez-moi / nous d'avoir fait une erreur   *We are sorry to have made a mistake*

Veuillez m' / nous excuser de …   *Please accept my / our apologies for …*

Je suis vraiment désolé(e) de ce retard   *I am very sorry about the delay*

J'ai le regret de devoir vous annoncer que …   *I must regretfully inform you that …*

SOLUTIONS

on pourrait …?   *we could …*

et si on organisait …?   *what if we organised …?*

accepteriez-vous …?   *would you accept …?*

Now you have completed Unit 11, can you:

    tick

1 Complain about your hotel room? ☐
   See page 224.

2 Complain about rented accommodation and explain what is missing? ☐
   See page 224.

3 Make a formal apology to a customer who is unhappy about something? ☐
   See page 225.

4 Describe what minor illness or injury you have to a pharmacist
   and ask for some medecine? ☐
   See page 229.

5 Describe a theft, what was stolen, where from and when? ☐
   See page 232.

Étudiant(e) B

Unité 2

Étudiant(e) B

Ask:

- What time does the other person get up?
- What time do they leave for work / school / university?
- Do they have a lie in on Sundays? until what time?
- What time do they arrive at work?
- What do they usually do in the morning?

expressions utiles

> **Étudiant(e) B**
> À quelle heure?
> d'habitude
> quitter
> faire la grasse matinée
> jusqu'à

Unité 3

Étudiant(e) B

possible questions

Ask the candidate:

- how old he is
- where he comes from
- where he has studied
- if he has had any professional experience
- where he has worked
- what type of work he did
- what qualities his professional experience has developed
- how long he has been working
- how long he worked in France
- what he does in his leisure time

expressions utiles

> faire ses études
> expérience (f) professionnelle
> quelle sorte de travail ?
> quelles qualités?
> qu'est-ce que vous faites?
> pendant
> depuis / pendant combien de temps

Unité 4

Étudiant(e) B

- You worked in the publicity department.
- You were part of a team of 10 people.
- You organised the shows.
- You wrote literature on the new cars.
- You had to be creative and original but had to be organised as well.

expressions utiles

> hébergement (m.)
> *accommodation*
> manifestations culturelles
> quel type de ...?
> est-ce qu'il y a ...?
> qu'est-ce que Loches
> propose comme ...?

ACTIVITÉ **10**

Étudiant(e) B

Ask about:

- The types of industry
- Accommodation for tourists
- Restaurants
- Special events

Unité 5

ACTIVITÉ **11**

Étudiant(e) B

Your notes:

- products that sell well: ski boots, ski accessories
- golf clubs very popular- sales will increase
- roller blades
- customers will want a quality product
- shall have to invest in research
- shall improve communication and promotion

expressions utiles

augmenter
ventes (f.pl.), *sales*
accessoires de ski,
ski accessories
développer, club de golf
recherché *popular*
dans les années à venir,
in the years to come
des produits de qualité
investir *to invest*
recherche (f.) *research*
améliorer *to improve*
la communication
la promotion
les rollers

Unité 6

ACTIVITÉ **3**

Étudiant(e) B

a) You are mad on windsurfing.

Ask:

- if you can hire equipment at Bellebouche
- if it is free

b) You are married with two children aged three and five. You want to stay a few nights at the campsite.

Ask:

- how much is the pitch
- how much it is for each person
- what recreational facilities there are for young children

c) You are a nature lover and you want to rent a cabin for a week in July.

Ask:

- how much the cabin is
- if you have to bring the sheets for the beds
- if there are interesting walks and water activities

expressions utiles

je voudrais …
passer quelques nuits
combien coûte / fait …
quel est le tarif pour …
est-ce qu'il y a …
louer

ACTIVITÉ 11

Étudiant(e) B

Vous faites des réservations au téléphone.

There are four of you. You want:

- 1 double room with bathroom and toilet and one double bed.
- 1 double room with twin beds and shower.
- dates 28 and 29 June.
- If not available ask for an alternative room.
- Ask about prices.
- Ask if breakfast is included.
- Ask if the reservations service can confirm in writing.

expressions utiles

> nous sommes quatre
> une chambre double
> est-ce que vous avez
> est-ce qu'il y a
> confirmer par écrit / par télécopie (*fax*)

Unité 7

ACTIVITÉ 2

Étudiant(e) B

Vous indiquez où se trouvent les endroits intéressants et vous donnez des explications.

Vous commencez, "Alors on part de la rue Sainte Anne ..."

N° 44
Musée de cire Grévin de Québec

- more than sixty characters in wax, historical characters but also present VIPs
- open every day from 9 am to 11 pm.
- entrance $5 Canadian

N° 54
Québec Experience

- multimedia show
- history from explorers to modern times
- open every day from 10 am to 10 pm
- entrance $7 Canadian

You are not going, it's too early

N° 45
Musée de l'Amérique française

- again about history

You don't want to go there

N° 58
Spectacle son et lumière à la cathédrale Notre-Dame-de-Québec

- again a historical multimedia show
- again in the evening at 8 pm

N° 2
La Cathédrale Notre-Dame-de-Québec

- 17th Century
- guided visits – open every day 7.30 to 16.30
- entrance free

expressions utiles

> on prend à droite / à gauche
> on continue tout droit
> on a ..., on longe ...
> on arrive à côté de ...
> personnes importantes *VIPs*
> personnage (m.) *character*
> cire (f.) *wax*
> ouvert de ... à ...

> l'entrée (f.)
> le dollar canadien
> on y va, on n'y va pas
> spectacle (m.) multimédia
> au sujet de *about*
> explorateur (m.) *explorer*
> temps modernes *modern times*
> historique *historical*
> cathédrale (f.) *cathedral*
> guidé(e) *guided*
> gratuit(e) *free*
> c'est combien?

ACTIVITÉ 4

Étudiant(e) B

Vous demandez des renseignements. Écoutez **Étudiant(e) A** et complétez le plan.

a) You are a visitor, you want to go to the cold meat section – you want the foie gras stand.

b) You are a client, you've come to meet your supplier M.Bessat. He is having a meeting in room 202.

c) You are an exhibitor, you want to telephone – where are the public telephones?

expressions utiles

> Où se trouve … ?
> je cherche …
> pouvez-vous m'indiquer …
> je voudrais …
> une réunion

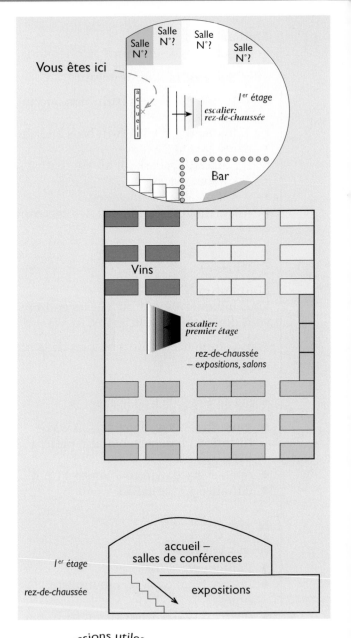

Unité 9

ACTIVITÉ 2

Étudiant(e) B

Posez des questions et faites des commentaires.

expressions utiles

> je vois que …
> c'est très moderne /
> intéressant / commode
> et là, qu'est-ce que vous avez?
> en effet …
> volontiers
> je vois que … vous avez …
> il y a …
> est-ce que vous avez … ?
> et là-bas …?
> qu'est-ce que c'est … ?

Unité 10

ACTIVITÉ 5

Étudiant(e) B

You want a kettle:

- with a large capacity
- with a cut off device when it is empty
- cordless because it is much more convenient
- you are not worried about the colour, white will do

expressions utiles

je voudrais …
avec une grande contenance
c'est beaucoup plus …
sûr *safe*
cela m'est égal *I don't mind*

ACTIVITÉ 13

Étudiant(e) B

Ask:

- if you can open and adjust the camera yourself
- if you can use the camera outdoors in snow or in rain
- what you have to do when you don't use the camera for a few weeks
- where you must store your camera
- if you can keep (**laisser**) your camera in your car in the summer

expressions utiles

utiliser à l'extérieur
quand il pleut
neiger
ouvrir
porter *to take*
un réparateur qualifié
retirer
une pile *a battery*
températures excessives
ranger
frais
sec
un endroit
exposer

Unité 11

ACTIVITÉ 3

Étudiant(e) B

Vous êtes un(e) client(e). Vos réclamations:

1er client(e)
- you are in room 101
- above the bar
- noisy
- Any other room?

2ème client(e)
- you are in room 102
- there are 2 of you
- you want a room with a double bed

3ème client(e)
- you are in room 105
- you paid for a room with a bath
- you only had a shower (cheaper)

expressions utiles

au-dessus de / du
bruyant(e)
est-ce qu'il est possible de …
est-ce qu'il y a …
nous sommes deux
nous étions
j'ai payé
moins cher

ACTIVITÉ 9

expressions utiles

Étudiant(e) B
pourquoi est-ce que …
comment
où
ce n'est pas grave
quand arrivez-vous?
passez par …
prenez votre temps
nous vous attendons

ACTIVITÉ 16

Étudiant(e) B
Ask:
- where he / she had parked the car
- if they had locked it
- what time it was when they came back to the car
- what they had left in the car (money, tickets)
- if they are insured

Tell Étudiant(e) A:
- to write to their insurance company
- to make a list of all the things stolen

expressions utiles

Où est-ce que …
revenir (past participle: revenu)
fermer à clé
laisser les billets / l'argent / l'appareil photo / les bagages
voler
être assuré
faire une liste
envoyer
compagnie d'assurance
les objets volés

Glossary

abbreviations used:
m., masculine
f., feminine
pl., plural

The meanings in English relate to the way the French word or phrase has been used in the book.

A

à l'intersection de …	at the … crossroads
à partir de …	from …
à point	(for cheese) ripe
à point	(for meat) medium cooked
à proximité de	in the vicinity of
à (faire) vieillir	(wine) to keep, to lay down
abord, d'un abord gentil	kind mannered
accessoires (m.pl.)	accessories
accueil (m.)	reception
accueillant(e)	welcoming
accueillir	to welcome, to meet
achat (m.)	purchase
acheter	to buy
addition (f.)	bill
adorer	to adore
affaires (f.pl.)	business
agneau (m.)	lamb
agréable	nice
ail (m.)	garlic
aimer	to like, to love
aimer mieux	to like better
aire (f.)	area
ajouter	to add
alimentation (f.)	food
allée (f.)	alleyway (between stands)
aller au restaurant	to go to the restaurant
alors que	whereas
ambiance (f.)	atmosphere

amélioration (f.)	improvement
améliorer	to improve
aménagé(e)	(here) refurbished
amovible	movable
amusant(e)	amusing, fun
amuse-bouches (f.pl.)	tit bits, nibbles
amuse-gueules (f.pl.)	tit bits, nibbles
ananas (m.)	pineapple
ancien(ne)	ancient, former
antenne (f.) après vente	after sales service point
apéritif (m.)	aperitif
appareil (m.) électroménager	household electrical
appétissant(e)	appetising
apporter	to bring
article (m.)	item, article
ascenseur (m.)	lift
aspirateur (m.)	vacuum cleaner
assez, j'aime assez	I like … quite a lot
associé (m.)	partner
assurance (f.) contre le vol	theft insurance
assuré(e), être assuré(e)	to be insured
atrium (m.)	atrium
au-dessous de	below
au-dessus de	above
au rez de chaussée	on the ground floor
au sein de	in the middle of
au sujet de	about
augmenter	to increase
auto radio (m.)	car radio
avec soin	with care

B

baignade (f.) surveillée	supervised bathing
balais (m.pl.)	windscreen wipers
balançoire (f.)	swing
barbecue (m.)	barbecue
barque (f.)	rowing boat
basilic (m.)	basil
bavarder	to have a chat
beurré(e)	buttered (greased)
bien chambré	at room temperature
bien cuit(e)	well cooked
bien fait	ripe (for cheese)
bienvenue à ...	welcome to ...
bistrot (m.)	bistro
blanc(-he)	white
blessure (f.)	wound
blond(e)	blond
boeuf (m.)	beef
BOF!	so so
boisson (f.)	drink
bon (m.) d'achat	voucher
bon marché	cheap
bon rapport (m.) qualité prix	good value for money
boucherie (f.)	butcher's
bouclé(e)	(hair) curly
boulangerie (f.)	baker's
boum (f.)	party
bouteille (f.) de ...	a bottle of ...
brancher	to plug in
brasserie (f.)	bar / restaurant
bricolage (m.)	DIY, Do It Yourself
brûlure (f.)	burn
brut	dry
bruyant(e)	noisy
bureau (m.)	office
bureau (m.) de poste	post office
bureau (m.) paysagé	open plan office
bureaux (m.pl.) individuels	individual offices

C

c'est délicieux!	It's delicious!
Ça a l'air ...	It looks ...
ça m'est égal	I don't mind
ça passe à ...	it's on at ...
cabine (f.) téléphonique	telephone box
cadeau (m.) de mariage	wedding gift
cadre (m.)	(here) environment, setting
café (m.)	café
café restaurant (m.)	café serving food
cafetière (f.)	coffee maker
camping, faire du camping	to go camping
cannelle (f.)	cinnamon
carafe (f.) d'eau	carafe of water
carré(e)	square
carrosserie (f.)	bodywork
carte (f.) des vins	wine list
casino (m.)	casino
casser une vitre	to break a window
cathédrale (f.)	cathedral
caution (f.)	deposit (against possible damage or loss)
centre (m.) commercial	shopping centre
centre (m.) de loisirs	sports centre
centre (m.) ville	town centre
chaîne (f.)	chain of shops
chaleureux (-se)	friendly
chambre (f.) simple / double	single double room
charcuterie (f.)	cold meat
châtain	brown
chauffage (m.)	heating
chercher mon ami à la gare	to collect my friend from the station
chercher	to look for
cheveux (m.pl.)	hair
cinéma (m.)	cinema
cinéma , aller au cinéma	to go to the cinema
circulation (f.)	the traffic
clair(e)	light
client (m.)	customer
climatisation (f.)	air conditioning
climatisé(e)	air conditioned
club (m.)	club
cœur, au cœur de / du / de la / de l'	in the centre of
collectionner	to collect
coloris (m.)	colour
combien fait ...	how much is ...
commander	to order
complètement	completely
comprimé (m.)	pill, tablet
compris	included
conception (f.)	design

concert (m.)	concert
concert (m.) de jazz	jazz concert
concert (m.) de musique classique	classical concert
conduire	to drive
confortable	comfortable
congélateur (m.)	freezer
conseil (m.)	(here) advice
conseiller	to advise
consommé (m.)	soup
constamment	constantly
construire	to build
contenance (f.)	volume
continuez tout droit	continue straight on
continuez votre chemin	carry straight on
contusion (f.)	bruise
convenir	to suit
convivial(e)	user friendly, easy to use
cordon (m.)	(electric) lead
de corpulence (f.) moyenne	average build
correspondre	to correspond
corsé	(wine) full bodied
couloir (m.)	corridor
coup (m.) de soleil	sunburn
couper	to cut
courses (f.pl.) faire les courses	go shopping
court(e)	short
crème (f.) calmante	soothing cream
crème (f.) liquide	single cream
crémeux(-se)	creamy
croître	to grow
crudités (f.pl.)	salads
cuillère (f.)	spoon(ful)
cuillère à café	coffee spoon
cuisine (f.)	cooking
cuisine (f.) équipée	fully equipped kitchen
cuisine (f.) régionale	regional cooking
cuisine, faire la cuisine	do the cooking
cuisinière (f.)	cooker
cuisson (f.)	cooking

D

d'abord	first
d'un autre côté	on the other hand
danser	to dance
débuter	to start
décor (m.)	decoration
déjeuner (m.)	lunch

délayer	to mix, to thin down
délicieux(-se)	delicious
déménager	to move
demi sec	medium dry
dense	(here) heavy
département (m.)	department
dépliant (m.)	a brochure
depuis / pendant combien de temps	since / for how long
derrière	behind
descendre	to go down
descriptif (m.) des lieux	inventory, description of
désinfecter	to disinfect
dessert (m.)	dessert
détente (f.)	relaxation
détester	to detest
devant	in front of
développer	to develop
devis (m.)	estimate
digestif (m.)	liqueur
disco (f.)	disco
discuter un projet	to discuss a project
disposer	to lay out
distributeur (m.) de boissons	drinks dispenser
doigt (m.)	finger
donner un coup de main	to give a hand
dormir	to sleep
douloureux(-se)	painful
drap (m.)	sheet for a bed
draps fournis	sheets supplied, bedlinen supplied
droit (m.) de mise à l'eau	water access fee

E

eau (f.) potable	drinking water
échantillon (m.)	sample
effectuer	to carry out
église (f.)	church
électrocution (f.)	electrocution
élégant(e)	elegant
embaucher	to take on, to hire (new staff)
embouteillage (m.)	traffic jam
emplacement (m.)	pitch (for a tent or caravan)
employés (m.pl.)	employees
en bas	downstairs

en cas de	in case of	fermeture (f.)	weekly closing
enchanté(e)!	pleased to meet you!	hebdomadaire	
endroit (m.)	place	fiable	reliable
enfin	finally	fois, une fois par jour	once a day
ennuyeux(-se)	boring	foncé(e)	dark
ensuite	after that, next	forcer la porte	to force the door
entre ... et ...	between ... and ...	forfait (m.)	all in price
entrée (f.)	entrance	formation (f.)	training
entretien (m.)	maintenance	formule (f.)	(here) package,
épais(-se)	thick		an option
épeler	to spell out	fort(e)	big, strong
éplucher	to peel	fou(folle), je suis fou	I'm mad about ...
équipe (f.)	team	(folle) de ...	
équipé(e)	equipped	foulé(e)	sprained
équipement (m.)	original equipment	four (m.)	oven
d'origine		four à micro	microwave oven
équitation (f.)	riding	ondes (m.)	
erreur (f.)	a mistake	fourni(e)	supplied
escargot (m.)	snail	frais, fraîche	cool
estragon (m.)	tarragon	fréquemment	frequently
étage (m.)	storey, floor	fromage (m.) à pâte	hard cheese
	(of a building)	dure	
au premier étage	on the first floor	fromage (m.) à pâte	soft fat cheese
état (m.) des lieux	state of the property	molle	
	(inventory)	fruité(e)	fruity
étoile (f.)	star		
être à votre disposition	to be at your disposal		
études, faire ses études	to study	**G**	
éventuellement	(here) if needed	garantie (f.)	guarantee
évoluer	to develop	gare (f.) routière	bus station
excellent(e)	excellent	gare (f.)	station
expérience (f.)	professional experience	garer la voiture	to park the car
professionnelle		gâteau (m.)	cake
explorateur (m.)	explorer	gibier (m.)	game
exposant (m.)	exhibitor	gigot (m.) d'agneau	leg of lamb
exposer	(here) to leave,	glace (f.)	ice cream
	to expose, to exhibit	golf (m.)	golf
extra	great, cool	goût (m.) délicat	delicate taste
		grand magasin (m.)	department store
		grand vin (m.)	great wine
		grande surface (f.)	supermarket
F		gratuit(e)	free
fabriquer	to make	grill (m.)	grill
face à	facing	grille pain (m.)	toaster
facilement	easily	gris(e)	grey
faciliter	to facilitate, make ...	grossiste (m.)	wholesaler
	easier		
faire cuire pendant ...	to cook for ... (time)		
farniente (m.)	relaxation		
fatigant(e)	tiring	**H**	
fenouil (m.)	fennel	habillement (m.)	clothes
fermer à clé	to lock	hébergement (m.)	accommodation

heureusement	*happily / luckily*
hi fi (f.)	*hi fi*
historique	*historical*
homard (m.)	*lobster*
horaire (m.)	*timetable, schedule*
hôte (m.)	*host*
hôtel (m.) de ville	*town hall*
HT hors taxe	*before tax*
huiler	*to oil*
humidité (f.)	*humidity*
hutte (f.)	*cabin*
hypermarché (m.)	*hypermarket*

I

ici on se trouve …	*we are … (location)*
il existe en … (blanc, noir)	*it comes in … (white, black)*
il ne faut pas …	*you must not …*
imprimante (f.)	*printer*
incendie (m.)	*fire*
indifférent(e), je suis indifférent(e)	*I don't care*
indiqué(e)	*indicated*
inox(m.), acier(m.) inoxydable	*stainless steel*
interrupteur (m.)	*switch*
intoxication (f.) alimentaire	*food poisoning*
isolé(e)	*isolated*

J

jamais	*never*
jardinage (m.)	*gardening*
jatte (f.)	*bowl*
jeu (m.) vidéo	*video game*
jouer	*to play*
jouer à la pétanque	*to play boules / pétanque*
jouer au foot(ball)	*to play football*
jouer au golf	*to play golf*
jouer au tennis	*to play tennis*
jouer aux cartes	*to play cards*
jouer aux dames	*to play draughts*
jouer aux échecs	*to play chess*
jouer du saxophone, de la guitare	*to play the saxophone, the guitare*
jours (m.pl.) fériés	*national holidays*

L

lac (m.)	*lake*
lancer un nouveau produit	*to launch a new product*
langouste (f.)	*crayfish*
largeur (f.)	*width*
laver la voiture	*to wash the car*
léger (légère)	*light, lighthearted*
lentement	*slowly*
lettre (f.) de confirmation	*letter of confirmation*
librairie (f.)	*bookshop*
libre	*free*
lieu (m.)	*place*
liquoreux(-se)	*sweet*
lit (m.)	*bed*
livraison (f.)	*delivery*
livrer	*to deliver*
locaux (m.pl.)	*premises*
logiciel (m.)	*software*
loisirs (m.pl.)	*leisure activities*
long(ue)	*long*
longer	*to go along, to walk along*
longueur (f.)	*length*
louer	*to hire, to rent*

M

MacDo' (m.)	*MacDonald's*
magasin (m.)	*shop*
magasin (m.) à rayons multiples	*department store*
magasin (m.) d'alimentation	*food store / shop*
magasin (m.) d'appareils ménagers	*domestic appliances store*
magasin (m.) de détail	*retail shop*
magasin (m.) de proximité	*corner shop, neighbourhood shop*
magasin (m.) spécialisé	*specialised shop*
mairie (f.)	*town hall*
(avoir) mal à la tête	*to have a headache*
(avoir) mal	*to be in pain*
malade	*to be ill*
manquer (le train, le vol)	*to miss (the train, the flight)*
manquer	*to miss, to be lacking*
marchandises (f.pl.)	*goods*
marcher	*(here) to work (for a machine)*

marrant	(familiar) *funny*
marron	*brown*
matinée (f.), faire la grasse matinée	*to have a lie in*
mélanger	*to mix*
ménage(m.), faire le ménage	*do the household chores*
menu (m.) à la carte	*à la carte menu*
mer (f.)	*sea*
méthodes (f.pl.) de paiement	*methods of payment*
millésime (m.)	*vintage*
mobilier (m.)	*furniture*
mode (f.)	*fashion*
modèle (m.) haut de gamme / bas de gamme	*top of the range / top of the range*
modèle (m.) supérieur	*the next model up*
moelleux	(cheese) *soft*
moelleux	(wine) *smooth*
moi de même	*I am too / me too*
moins, le moins …	*the least …*
montant (m.)	*amount*
monter	*to go up*
morceau (m.)	*piece*
moteur (m.)	*engine*
moules (f.pl.)	*mussels*
mousseux	*sparkling*
musée (m.)	*museum*

N

ne … jamais	*never …*
ne … pas	*do not …*
négocier	*to negotiate*
noir(e)	*black*
non conforme	(here) *wrong*
nourrissant(e)	*filling, rich*

O

ordinateur (m.)	*computer*
ordonnance (f.)	*prescription* (for medicine)
ouvert(e) de … à …	*open from … to …*
ouvert(e), ouvert(e) toute l'année	*open all the year*

P

panneau (m.)	(here) *road sign*
pansement (m.)	(wound) *dressing*
papeterie (f.)	*stationery shop*

parc (m.) d'activités	*business park*
parc (m.) d'affaires	*business park*
parcmètre (m.)	*parking meter*
parking (m.)	*car park, car lot*
parking souterrain	*underground car park*
participant (m.)	*delegate*
partie (f.)	*game*
partie (f.) de tennis	*game of tennis*
partir à la campagne	*to go to the country*
partout	*everywhere*
pas grand chose	*nothing much*
passe-temps (m.pl.)	*hobbies*
passer à table	*to sit down at table*
passer une quinzaine	*to spend a fortnight*
pâte (f.)	*pastry, mixture*
pâté (m.) de maisons	*the block* (of buildings)
pêche (f.) étangs et rivières	*lake and river fishing*
pédalo (m.)	*pedalboat*
peler	*to peel*
pendant	*during*
personnel (m.)	*staff*
petit bain (m.)	*shallow bathing area paddling area*
petit vin (m.)	*table wine*
pharmacie (f.)	*chemist's*
pièce (f.) de théâtre	*play*
pièces (f.pl.) détachées	*spare parts*
pincée (f.) de	*pinch of*
pique niquer	*to picnic*
piscine (f.)	*swimming pool*
place (f.)	*square*
plage (f.)	*beach*
plan (m.) de la ville	*town map*
plat (m.)	*dish*
plat (m.) du jour	*dish of the day*
plat (m.) principal	*main course*
plateau (m.) de fromages	*cheeseboard*
plats (m.pl.) chauds	*hot dishes*
plus, le plus …	*the most …*
plutôt que	*rather than*
PME (f.) (petite ou moyenne entreprise)	*SME (Small or Medium-sized Enterprise)*
point, à point	(for cheeses) *ripe*
poisson (m.)	*fish*
porc (m.)	*pork*
porter une bande	*to wear a bandage*
poser (votre) candidature	*to apply for a job*
pot (m.)	(here) *a drink*

potage (m.)	soup	recette (f.)	recipe
poulet (m.)	chicken	recevoir	to receive, to meet
poussière (f.)	dust	recevoir des clients	to meet customers
pratiquement	practically	réclamation (f.)	complaint
préchauffer	to preheat	réclamer	to complain
préférer	to prefer	recommandations (f.pl.)	recommendations
prendre des bains de soleil	to sunbathe	recommander	to recommend
		rédiger le courrier	to write the letters
prendre rendez vous chez un médecin	to get an appointment with a doctor	rédiger un rapport	to draft a report
		réduction (f.) de prix	price reduction
prendre une aspirine	to take an aspirin	réduire	to decrease
prenez l'ascenseur jusqu'à / au …	take the lift to	réfrigérateur (m.)	fridge
		réglage (m.)	adjustment, setting
prescrire	to prescribe	régulièrement	regularly
prévu, je n'ai rien de prévu	I've nothing planned	relever les compteurs	read the meters
		remboursé(e), être remboursé(e)	to get your money back
prise (f.)	plug		
prix (m.)	price	rencontrer	to meet
prix (m.) fixe	fixed price menu	réparateur (m.)	repairer
prix nets	prices include service	réparer	repair
prix raisonnable	reasonable price	repas (m.)	meal
prochain(e)	next	repas léger	light meal
produire	to produce	reposant(e)	restful
promenade (f.)	walk	réseau (m.)	network
faire des promenades	to go for walks	réserver des places	to reserve seats
proposer	to suggest	restaurant (m.)	restaurant
puis	then	restaurant (m.) du personnel	staff restaurant
puissance (f.)	power		
		restaurant (m.) gastronomique	gastronomic restaurant
Q		restaurant (m.) libre service ou "self"	self-service restaurant
quelquefois	sometimes		
quitter	to leave (a place)	restauration (f.) rapide	fast food
		rester	to stay
		retard (m.)	delay
R		retirer	to remove
radio (f.)	radio	retraite (f.)	retirement, pension
radio, faire une radio	to take an x-ray	rétroprojecteur (m.)	overhead projector
raffiné(e)	refined	réunion (f.)	meeting
randonnée (f.) pédestre	ramble country walk	réunion (f.) d'affaires	business meeting
		réussir	to succeed, to make a success of
faire une randonnée cyclotouristique	to go on a bike tour		
		rez de chaussée (m.)	ground floor
faire une randonnée équestre	to go horse riding	robot (m.) de cuisine	food processor
		robuste	strongly made
faire des randonnées	to go rambling, to go on long walks	romarin (m.)	rosemary
		rondelle (f.)	(here) a ring
ranger	to put away, to store	rôti (m.)	roast
rapidement	rapidly	roux(rousse)	red
rapport qualité prix	value for money		
rarement	rarely		
réception (f.)	reception		

S

s'amuser	*to have a good time*
s'ennuyer	*to get bored*
s'habiller	*to get dressed*
s'implanter	*to set up* (a new factory new offices)
s'occuper de	*to deal with*
sable (m.)	*sand*
saignant(e)	*rare* (meat)
sale	*dirty*
salle (f.)	*room*
salle (f.) à manger	*dining room*
salle (f.) audio visuelle	*audio visual room*
salle (f.) d'expositions	*exhibition room, showroom*
salle (f.) de conférences	*conference room*
salle (f.) de détente	*relaxation room*
salle (f.) de formation	*training room*
salle (f.) de jeux	*games room*
salle (f.) de réunion	*meeting room*
salle (f.) de séjour	*living room*
salle (f.) informatique	*computer centre*
salle polyvalente (f.)	(literally) *multipurpose room*
salon (m.)	(trade) *show*
salut!	*hi, hullo*
sanitaires (m.pl.)	*bathroom and toilet facilities*
sans	*without*
sauce (f.)	(here) *sauce, juice from the meat*
sauf	*except*
saupoudrer de	*to sprinkle with*
saut, faire un saut chez …	*to pop in on …* (a friend)
saveur (f.) subtile	*subtle flavour, taste*
se baigner	*to bathe, to paddle*
se blesser	*to hurt oneself*
se bronzer	*to sunbathe*
se coucher	*to go to bed*
se développer	*to develop*
se laver	*to wash*
se lever	*to get up*
se perdre	*to get lost*
se préparer	*to get ready*
se promener	*to go for a walk*
se raser	*to shave*
se reposer	*to rest*
se réunir	*to meet to have a meeting*
se sentir	*to feel*

se tromper de route	*to take the wrong road*
se vendre bien	*to sell well*
sec (sèche)	*dry*
sécurité (f.)	*safety*
séjour (m.)	*stay*
sel (m.)	*salt*
self (m.)	*self service restaurant*
sentier (m.) de découverte	*nature trail*
service (m.) compris	*service included*
service (m.) des réservations	*reservations service*
services (m.pl.) administratifs	*administration department*
si on prenait …	*shall we have …*
(faire du) ski	*to go skiing*
société (f.)	*company*
soi, rester chez soi	*to stay in* (at home)
soigneusement	*carefully*
sol, au sous-sol	*in the basement*
soleil (m.)	*sun*
sorbet (m.)	*sorbet*
soufflé (m.)	*soufflé*
souvent	*often*
spectacle (m.)	*show*
(faire du) sport	*to do some sport*
stage (m.)	*training period*
stand (m.)	*stand*
station (f.) multimédia	*multimedia computer*
station (f.) service	*petrol station*
(faire du) stop	*to hitch hike*
succulent(e)	*juicy, succulent*
sucre (m.) en poudre	*caster sugar*
suggérer	*to suggest*
suivre	*to follow*
superbe	*wonderful*
supérette (f.)	(small) *general self service store*
supermarché (m.)	*supermarket*
supplément (m.)	*supplement*
sus, petit-déjeuner en sus	*breakfast extra*

T

tableau (m.)	(here) *paper flip chart*
taille (f.)	(here) *size*
tannique	*with a lot of tannin* (wines)
tarif est de … par jour	*the rate is … per day*
tarifs (m.pl.)	*rates*
tasse (f.)	*cup*

téléviseur (m.)	television
temps (m.pl.) modernes	modern times
temps, de temps en temps	now and then
tendre	tender
tenir une réunion	to hold a meeting
tennis (m.)	tennis
théâtre (m.)	theatre
thym (m.)	thyme
tiédir, faire tiédir	to let cool down
toboggan (m.)	a flume, water slide
tomber en panne	to break down
toque (f.)	chef's hat
toujours	always
tournez tout de suite à gauche / droite	turn immediately left / right
tours, faire des tours à vélo / en voiture	to go on a bike / to go for a drive
tout à côté	right next to
tout confort	with all mod cons
tout est prévu	everything has been thought of
tout(e)	all
toutes taxes comprises TTC	all taxes included
travail (m.)	work
travailler	to work
traverser	to cross
très commode	very easy to use

U

usine (f.)	factory
utilement	usefully

V

vélo (m.) tout terrain, VTT	mountain bike
vendeur (m.) / vendeuse (f.)	sales assistant
vendeur conseil (m.)	sales advisor
vendre	to sell
vente (f.) par correspondance	mail order sales
verser	to pour out, to pay
verser une caution	to pay a deposit
vert(e)	green
visite (f.) guidée	guided tour
visiter	to visit
(faire) visiter	to show round
visiteur (m.)	visitor
(faire de) la voile	to go sailing
voir un spectacle	to see a show
voiture (f.) d'occasion	second hand car
vol (m.)	theft, fight
volaille (f.)	fowl
voler	to steal
vomir	to be sick
voyage (m.)	journey
(faire bon) voyage	to have a good journey
faire du VTT	to go mountain biking

Y

y compris	including

Z

zone (f.) d'activités	business park
zone (f.) industrielle	industrial zone